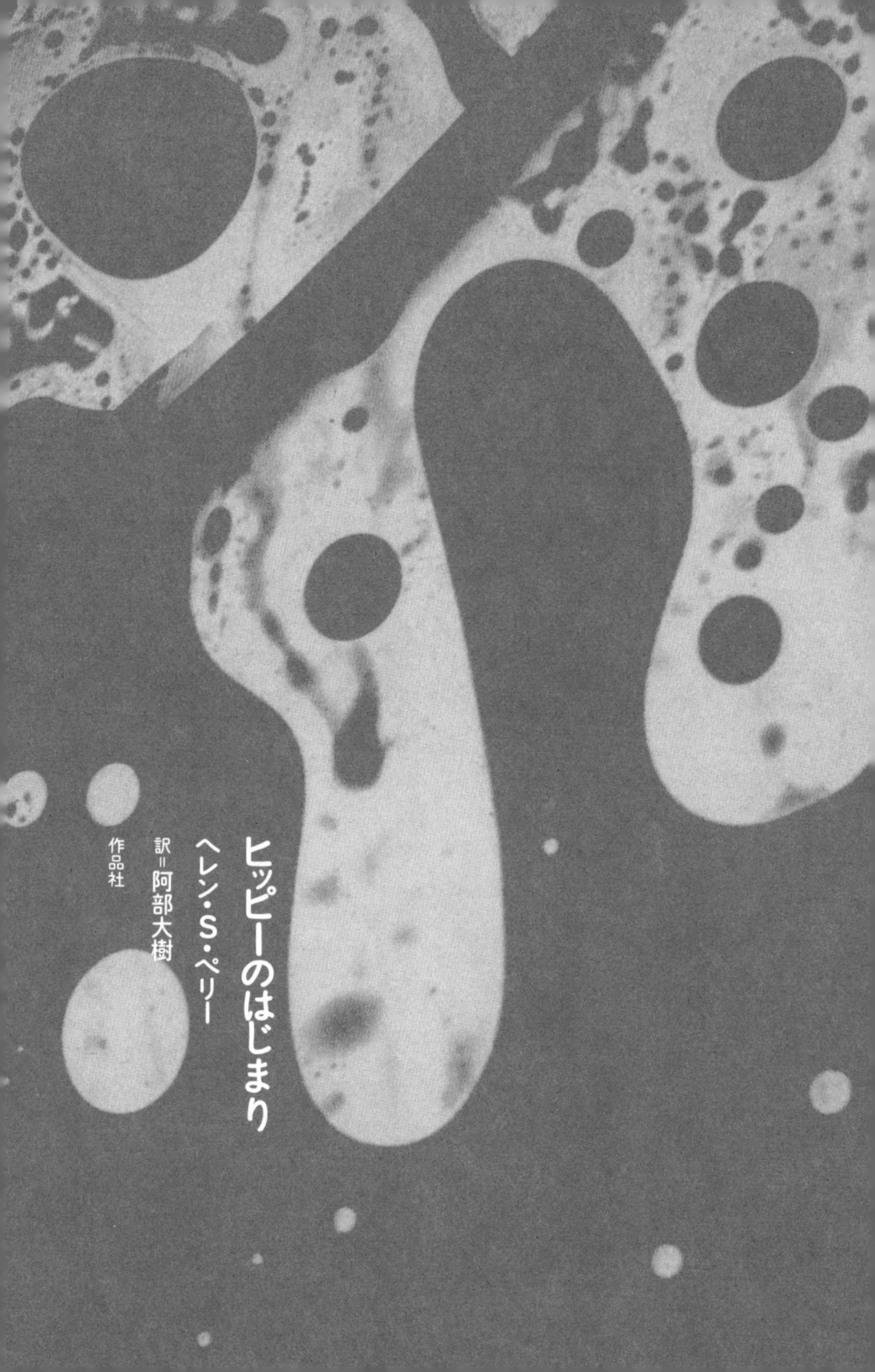

ヒッピーのはじまり

ヘレン・S・ペリー

訳＝阿部大樹

作品社

ヒッピーのはじまり｜目次

ヒッピーのはじまり

プロローグ

一九六七年十二月
ワシントンD.C.

一九六六年十月から六七年九月までのほぼ一年間、私はサンフランシスコのヘイト・アシュベリー地区の観察研究をした。合間にする他の仕事は、若者と交わることに比べれば取るに足らないことだった。アレン・ギンズバーグが若き求道者と呼んだこの街の青年および少女たちを知ることは、私を、つまり女性であり人類学者である私を、まったく別人にしてしまうほどの衝撃だったからである。おそらく私も「ヒッピー」になったということなのだろう。

その呼称が気に入っていたわけではないけれども、「ヒッピー」が点呼されるようなことがあれば躊躇なく立ち上がるつもりにさえなっていた。「これまで道に迷っていましたが、そしてそのためにアメリカ中産階級の中年女性という鎧をまとっていますけれども、今も、そして将来においても私はヒッピーの一員であります」と。街での経験はそれくらいに大きかった。

六七年の秋にヘイト・アシュベリーを離れてワシントンD.C.に移った。しばらくして何もかもが終わったことをニュースで知った。十月六日にヒッピーは自らの葬列を出し、翌日は喪に服し、そして三日目に復活の儀式をやったらしかった。「自由人」としての復活、狭い街区だけでなくアメリカのあらゆる街に散らばった存在としての再生がそこで宣言された。

避けられないことだったと思う。それ以上の期間、あの街でヒッピーであり続けることは無責任でもあった。それでも哀しい気持ちは消えない。癌に冒された親友を見ているようなものだ。いくら死が不可避であると理解していても心の準備などできるはずがない。

実験が一つ、終わった。大新聞やテレビ・ニュースで報道された失敗や破綻の数々は事実である。けれどもこの街で行われたものの美しさが損なわれることは永遠にないはずだ。

十九世紀のある時点まではアメリカこそ西欧世界にとってのヘイト・アシュベリーだった。自由の女神がニューヨーク港に建てられ、エマ・ラザルスの詩がその台座に刻まれた時代があった。

倦み疲れた者を我に与えよ、
貧しき者を、
自由に息しようと望む者を、
海岸の外へ押し出された者を、
家なく、大雨に攫われた人々をここに送れ
私は灯を掲げ、黄金の扉に迎え入れよう。

しかしいつの間にか、リンゴを選別するかのように人間を選り分けることがこの国では当たり前になった。移民割当法の名のもとに、助けを求める人々を排除することが、追い返すことが、あるいは自尊心のために排斥することが行われるようになった。各地の病院や学校まで今では選別装置の一部となってしまった。（数年前、未婚の母を支援するための救世軍の施設が、フロレンス・クリテントン・ハウスの受入基準に満たないものは対象にしないという規則をもっていることを知って、その理由を尋ねてみたことがある。救世軍のソーシャル・ワーカーは呆れたような様子で「だってそうしないと、フロレンス・クリテントンにさえ入れないような人ばっかりになっちゃうじゃないですか」と答えたのだった。）

疲れた者、奪われた者、コミュニティから押し出された者が集う場所としてヘイト・アシュベリーがあった。誰一人として蹴りだされないような仕組みをつくるための試行錯誤があった。全米、いや世界中からやってくる人間の全員を受け入れることを目指して。しかしそれは住民有志――ディガーズと呼ばれた一団――だけで背負い込むことはできないほどの重責だった。サンフランシスコ市政府は一切の援助をしなかった。

六七年夏、この街には全世界の視線が注がれていて、大学が夏休みに入れば若者が怒濤のように押し寄せてくることが予測されていた。ディガーズは食料備蓄や医療衛生上の施策をとるように繰り返し働きかけたが、市当局は「勝手にやってくるのだから放っておけばいい」の一点張りで何もしなかった。サマー・オブ・ラブと呼ばれたその夏、予想通りに学生が殺到し、群衆は食料もトイレもないまま街に溢れ、希望は絶望に変わった。その意味では市当局の目論見通りだったというべきかもしれない。

マーク・トウェインは生涯で一番寒かった冬をサンフランシスコで過ごしたと書いている。六七年の夏をあの街で過ごした若者も一カ月間をヘイト・ストリートにかかる霧とゴミの腐敗臭によって思い出すだろう。それでもディガーズは、供給が追い付かなくとも食料を分配し、路頭に迷った人がいれば相談に乗り、なんとか仮宿を手配しようとすることを諦めなかった。市当局からは諸悪の根源と理不尽にも罵られながら。この国から失われていた精神がヘイト・アシュベリーにはあった。汝の隣人を愛せよの掛け声がごく短期間だけ、空虚でなかった。

ヘイト・アシュベリーでは何かを受け取るときその資格があるかどうかと問われることがなかった。年齢、皮膚の色、宗教、衣服や方言にかかわらず、必要とされるものがあれば行きわたるように配慮された。情緒が安定しているかどうかも問題とはされなかった。居場所をなくしてやっと辿り着いた数千人に情緒の安定を求めて何になるだろうか。街にいる限り見捨てられることはなかった。全員が幸せだったと書くつもりはない。私自身、最初のうちには不愉快に思うことが少なからずあった。しかし同時に、そこで目撃した優しさは記憶のなかで薄まることがなかった。

街に出入りするようになるしばらく前から、私はカリフォルニア州立精神病院のある病棟に六週間おきに通っていた。病棟のバックヤードに入り、そこで医師や看護師の行動を観察しつつ記録するのが仕事だった。入院していた四十八人の女性患者についても徐々に知るようになる。カルテを読むと二、三十年の長期入院もあり、一番長いと四十五年にわたって精神病院に容れられたままであった。全員の病状記録を読み、そして話を聞いた。女性患者の幼少期に起きた事件の数々はヘイト・アシュベリーに流れ着いてきた少女たちの経験したものと驚くほど似ていた。もし数十年前にヒッピーが街に暮らしていたなら女性患者たちの人生も違っていたはずだ。

この頃、青年期危機がアメリカでは不可避のものであった。社会にほとんどビルト・インされていたと言っていい。「死者数」や「核戦争」といった用語が毎日のように脳に送り込まれた。ビートルズが「今朝の新聞を読んだかい」と歌ったのは偶然ではない。そしてヘイト・アシュベリーは運命からの束の間の逃避先だった。自殺するか、精神病院で一生を過ごすか、あるいは犯罪者となるか、その三択しか許されなかった境遇に置かれていた少年少女が多くいた。現在ではどうだろうか――。

三十数年前に精神科医ハリー・スタック・サリヴァンは、前青春期の一瞬だけアメリカ人は穏やかな生活を送るのだと書いている――そして「この時期をとおりすぎてしまうと、人生のかずかずの重圧が人間を歪め、人間は、その過去の下等な戯画的形態にすぎないものに堕してしまうのである。[1]」ヘイト・アシュベリーの若者はこの残酷な予定表にわずかな変更を加えることになった。希望ある日々を、二次性徴前後の限られた期間から、もう少しだけ長くすることに成功したのだ。

金色に輝く日々を延長しようとする試みには相当の犠牲もあった。大人たちが生きること、あるいは死ぬことの恐怖からアルコールや睡眠薬に依存しているのを見て、若者は自分たち自身で新しい化学物質を、目を逸らすためではなく直視するための方法を探さなければならないと考えた。彼らの求めていたのは日常に使うような薬物ではなく、通過儀礼としての化学物質であった。学究肌のヒッピーは特に、どのような化学物質も常用すれば危険だと繰り返し発言していた。しかし遥々やってきた大手メディアの記者にこの辺りのニュアンスが分かるはずもなく、結果として、ドラッグ使用ばかりが報道されて退廃的云々と喧伝された。古い癌が若い生命を攻撃する口実となってしまった。

ヘイト・アシュベリーを逃避行の最終地点としてみるのは誤りである。終着駅というよりも理想郷建設のための根拠地であった。その点ではブロンソン・オルコットの系譜に連なっている。十九世紀後半に活動した、今では憶えている人のいないこの思想家も、生命は無垢であると信じていて、あらゆる暴力を否定し、利潤を求めるよりも抑圧された人々に施すことを訴えた。躾けるためでなく育てるための学校について思索し、社会を水平なものとするために行動した。オルコット自身が山野を切り拓いて建設した理想郷〈実りの村《フリュツランド》〉は、その観点からもヘイト・アシュベリーの先駆けであったと言える。

〈実りの村〉もまた長くは続いていない——一八四三年六月十四日から一八四四年一月十四日までの七ヵ月である。オルコットの伝記記者であるオデル・シェパードは、七月にラルフ・ワルド・エマーソンがこの地を訪れたときの記録を残している。エマーソンの日記から以下に引用する。

> オルコット一家は、午後の日差しよりも、夕方の空よりも穏やかである。余計なものがなく、彼らの一挙手一投足は、どこか高貴であった。隠すものもなく、自慢するものもない——。自分たちで開墾した土地のなかに、ぴたりと居場所をもっている。紳士淑女、老若男女はこの村を一度は訪れるべきであろう。ここには厳しい農作業によって維持するに足る美しさがある。

1……ハリー・スタック・サリヴァン『現代精神医学の概念』中井久夫・山口隆訳（みすず書房、一九七六）七〇頁より改変。

この実験集落についてエマーソンは言葉の限りを尽くして賞賛している。一方で北部人《ヤンキー》特有の抜け目なさを発揮して、「今度ともずっと上手くいくかは分からない。七月に行ったときには良かった。十二月にはどうだろうか。」とも書いている。原注1

〈実りの村〉に終止符を打ったのはニューイングランドの厳しい冬だった。村の失敗を悟ったときオルコットはみずから生命を絶つことも考えた。そして借金返済と家族を養うことの義務を感じて思い留まる。死は彼にとって贅沢ですらあった。しかし後世に何も残らなかったわけではない。アメリカの歴史のなかに春の芽を出したのである。やはり短い期間であったけれども、北米大陸の反対側、カリフォルニア州の一角に理想郷は復活する。そして元祖の実験地とは好対照に、サンフランシスコ独特の肌寒い夏に終わった。つまり二度目の開花に私は立ち会ったことになる。この街にいるうちに過去は私にとっての意味を新しくした。最初あった恐怖は少しずつ前向きな感情に置きかわり、今では街の黄金時代が終わってしまったことが哀しい。悲劇の多発したことは事実である。けれども同時に、この街の目指したところが美しかったこともまた事実である。

第一章
異邦人、旧友

一九六六年十月、ヘイト・アシュベリーの若者たちを初めて目撃した。そのとき私はまるで、身ぐるみ剝がされて知らない世界に放り込まれたような気分になった。百年前にブロンソン・オルコットが開拓した土地で、寒さに震えながら林檎と種無しパンでも齧っていた方が、まだよほど生きた心地がしたと思う。たとえそこで戸外で用を足すように言いつけられたとしても——。

街の若者はまさに新しい〈実りの村〉を築こうとしていたのだった。まだ総数は少なく、三万人が住むうちに千人程度だっただろうか。しかしそれでも、ひどく目を引いた。異様な装束、和気藹々と路上で交わしている会話、いつも突飛な言動。この街に昔から住んでいる住人も、外からやってきた私のような人間も、この若者たちを無視して済ますことはできなかった。

私がこの地域に出入りするようになったのは、ヘイト・アシュベリーとフィン・タウンの精神保健を調査するためだった。だから当初は、奇妙な若者たちはフィールド・ワークを困難にするだけの雑音だった。ラングリー・ポーター精神医学研究所の同僚たちもすぐ消えるだろうと考えていたようだ。サンフランシスコにボヘミアンは居つかない、五〇年代のノース・ビーチ[1]をみれば分かるさ、と。

しかしヘイト・アシュベリーの新参者は、放蕩《ボヘミアン》の人というだけではなさそうだった。この頃のフィールド・ノートを見返すと、「着飾った人たちcostumed people」と書き付けてある。私はまだ「ヒッピーhippie」という用語を知らなかった。ぴたりと当てはまる言葉も思いつかなかった。周りを見ても「若い旅行者」とか「ヤク中」とかと呼ばれているだけだった。

ヒッピーという言葉を教えてくれたのは働き始めたばかりのソーシャル・ワーカーだった。（その地区にはカリフォルニア州立大学の病院施設群があって、彼女はそこの新米職員だった。）一体どう綴るのか、とっさに聞き返したことを今でも覚えている。そうして「ヒップスターhipster」という少し前に流行った言葉とは違うらしいと知った。

しばらくして「家賃の安いヘイト・アシュベリーに、古い一軒家を借りて共同生活するヤク中たち」というレポート記事が『サンフランシスコ・クロニクル』紙に載った。この時まだヒッピーという言葉は使われていない。それから一年もしないうちに世界中の新聞や雑誌はヒッピーの記事で溢れかえるわけだが、最初の頃、まだ話題がローカル・ペーパーに留まっているうちには、風変わりな衣装の麻薬愛好者くらいの扱いに過ぎなかった。

集団になってドラッグを吸っているのかと思うと、近づきたくなかった。かつて勤めていた病院ではL

1……ヘイト・アシュベリーから五キロメートルほど北にあるエリア。アレン・ギンズバーグやジャック・ケルアックの活動拠点として五〇年代ビート文学の中心地点であった。

ＳＤを使った実験治療も行われていたから、向精神薬の継続使用がどれほど危険であるかはよく知っているつもりだった。ドラッグが「ライフスタイル」の一部になるならなおさらだ。

しかしそれでもヘイト・アシュベリーに惹かれたのは、終わりがないように思えた精神病棟での研究から心が離れつつあったからだろうと思う。市井の人たち、そこに精神医療がどう関わるかということに私の興味は移っていた。

人間がそれぞれのコミュニティでどう生きていくのかを明らかにしたかったし、治療や矯正よりも予防精神医学がこれからは必要になるという確信もあった。研究対象としてヘイト・アシュベリーを選んだのは、この街がライフスタイルへの寛容を伝統としている穏健な都市型コミュニティとして知られていたからだった。

けれどもヒッピーの登場で街の空気は一時かなり険悪になった。近隣住民が抱いただろう感情も分からないではない。

「あいつらは病気だ」

「政治団体の手先だ」

「どうせ寝床と食べ物を恵んで欲しいだけだろう」

「子供を甘やかしたのが悪いんだ」

目につくようになってから数週間もすると、ヒッピーの一挙一動が街の最大の関心事になっていた。春には、アメリカ全土、さらには世界中の人々がこの狭い一帯にたむろする若者たちに注目するようになっていた。

好奇の視線が増えると批判の声もそれだけ大きくなった。しかし皮肉なことに、世界中から糾弾されるようになる頃には、ヘイト・アシュベリーの古参住民はすっかり慣れてしまって、むしろ擁護するくらいになっていた。人類学で言うところの「文化変容《アカルチュレーション》」と言っていいかもしれない。若者たちは聖ヴィトゥスの踊り[2]を舞っているわけではないのだと、昔からの住民たちも気付いたようだった。

街に若者たちが受け入れられていくプロセスは一様でなかった。そろりそろりと接近していった中年者。それまで苦い顔をしていたのに、何かちょっとしたきっかけがあってから若者に優しくなった老人。言葉にはならなくとも、ヒッピーの思想やライフスタイルに対する親近感は少しずつ増していった。

六六年十月三十日のよく晴れた午後、ゴールデン・ゲート・パーク付近のパンハンドルで「フェスティバル・オブ・ピープル」という仰々しい名前の集会があった。例の着飾った人たちといよいよ話ができると期待して足を運んだのだが、会場に着いてみると連邦議会選挙に向けた政治集会に過ぎなくて、この辺りに住むウィリー・ブラウン[3]が家族を連れて演説するというだけだった。教会や町内会がパンフレットを配りながらホットドッグやポップコーンを売っているのだが、十四時ころにはもう出涸らしのようになっ

2……ここでは神経疾患で生じる「舞踏病」(四肢の粗大な不随意運動)のこと。中世には感染症などを原因として舞踏病が集団発生し、それが宗教的事件として解釈された。

3……Willie Lewis Brown, Jr.(一九三四－)アメリカの政治家。テキサス州の貧しい家庭に生まれ、サンフランシスコ州立大学を卒業したのち、六四年から州議会議員。九六年に黒人として初めてサンフランシスコ市長となる。

ていた。富裕層相手の新興宗教「クリスチャン・サイエンス」から男が走り寄ってきて、私に広報誌を押し付ける――。

その日どれほど落胆したかフィールド・ノートが物語っている。

14:00に出て、数時間歩き回った。

鬱々としている、裏通りより悪い。

若者同士ほとんど交わらない、子供たちは少しいるが――。

男たちは互いに距離を置いておどおどしている、女たちは連れとつるんでばかり。

ほとんどがスキゾフレニアにみえる――。

若い女が――白人で長いブロンドの髪――ニグロ[原注1]の少女三人と――皮膚色ごく黒い――ふざけている。

女は私たちの近く、草の上に腰を下ろしている。

さっきまでは他の女と――少女たちには興味を示さず、フロイトの『文明への不満』を片手にして――喋っていた。

女は見られているのを半ば意識しながらそこにいる。

十一、二歳のニグロの子を相手に、女は大きくて重そうなボールを前に後ろに投げてあげている。

もう二人のニグロの子も輪に入れて欲しそうにしている。

突然、少女の一人が女のブロンドの髪を引っ張った。
（女はまるで妖精のようだ——）
何もなかったかのようにしている。仕返しすることはない。
いかにも、いいところのお嬢様といった様子。
そのうち一番小さな子が近づいて女をコツンと小突いた。
他の子たちの後ろにサッと隠れて様子を窺う。
いつでも逃げ出せるように、おもちゃを全部抱えて。
そのうち、仕方ないなというように女は小銭を出して、
少女たちに渡す。
それを受け取って彼女たちはポップコーンを買いに行く——。

明らかに異なるソーシャル・クラスの人間が——女は学生か何かだろうか——同じ場所にいる。
どうして女はここに座っているのだろう、
彼女のような人間にとって心地いい場所ではないはずだ。
子供たちの衣服は汚れて、下着は破れている。しばらく洗っていないに違いない——。

周りを見てもフェスティバルという雰囲気ではない。
若いニグロが何人かウィリー・ブラウンの周りで騒いでいる。

しかしそれ以外はほとんど押し黙っていて陰気。
私たちが来る前に悪い報せでもあったのだろうか、
そしてそのせいで大勢いなくなってしまったとでも？

交流の輪は全くない。
踊りやフォーク・ソングもない。
ウィリー・ブラウンがギターを抱えて、妻と一緒に呼びかけても、
誰も一緒に歌わない。
みんなが知っているはずの「漕げよマイケル」だが。

気分はとても重い。
若者たちの青ざめた惨めな姿は耐えがたい。

これはフィールド・ノートの一部、ありのままの感想である。ヒッピーの集まりといってもなお若者はこれほど隔絶されているのかと思った。

しかし後になって、これがヒッピーの集まりというよりも、ヘイト・アシュベリー地区協議会（HANC）の年次集会であったことを知った。HANCは地域のリベラルな古参住人を中心に構成された組織である。ヒッピーが一堂に会するフェスティバルと私一人が勘違いしていたのだった。

HANCの活動はヘイト・アシュベリーの下地となっていたものである。六六年の春から夏にかけて、HANCはパンハンドルを横切る巨大ハイウェイの建設計画に対する反対運動のリーダーシップを取っていた。連邦政府・州政府・市が一体となって建設主体となる大規模な土木事業であったが、ハイウェイによって緑地帯が生活の場から切り離されてしまうことをHANCが訴え、多くの住民を反対運動に巻き込むことに成功していた。HANCが中心となって、社会階層やエスニシティを超えて、さらには学生や芸術家まで連帯して抗議活動が行われた。パンハンドルに面する家々の窓には手描きされた建設反対のメッセージが貼られ、大人数の集会が連日開かれた。最終的にはこの地域一丸となった運動が功を奏して、建設計画は取り消される。言うまでもなく、これほどの規模の再開発計画が住民運動によって撤回されるのは稀なことである。

この反対運動の熱気が若者を街に惹き付けたのかもしれない。六六年の夏から秋にかけて着飾った人たちは倍の数になった。さすがのHANCも躊躇したようだ。街の風紀が乱れるのではないか、特にドラッグ濫用が子供に悪影響を与えるのではないかと心配したに違いない。(郊外への人口流出を止めるため断固として子息を地元の公立校に入学させるというほど、地域愛がもともと強いところだった。)

そうすると今度は若者たちの方が、HANCが自分たちを排除しようとしているのではないかと感じるようになる。ハイウェイ建設反対運動では自分たちだって相当の貢献をしたのに、と。フェスティバル・オブ・ピープルには高級クラブ並みの入場許可基準があって俺たちは入れないらしい、という噂が飛び交った。その結果として、普段はパンハンドルの辺りで過ごしている華やかな少年少女もその日に限って公園に寄り付かなかった。お祭りに参加した古くからの住民は、HANCとヒッピーの分裂を哀しい気持ちで眺めていた。そんな事情があって、その年のフェスティバルは例年よりもずっと陰鬱な空気に覆われていたのだ。

あの日、沈んだ眼で立ち尽くしていた若者たちは皆、私と同じ境遇にあったに違いない。フェスティバルの噂を聞いて、遠い街からやってきたのだろう、フラワー・チルドレンとの出会いに胸を躍らせて。誰の素性も知らなかった私は、青年たちの表情に透ける薄暗い絶望に愕然としたのだった。もうこの国では、どこに行っても同じなのか、どこに行っても若者たちは孤独で、行き先なく、さまようしかないのか、と。後になって市の担当者から聞き出した話では、当時テンダーロイン地区[4]で大規模な浄化運動があったらしい。警察から逃れるため、売春で長く生計を立てていた青年たちもヘイト・アシュベリーに流れ込んでいた。そのうちの多くは街を気に入り、そのまま移り住んだ。彼らの後ろ姿は、精神病棟に勤めていた頃を思い出すのに充分だった。精神病棟には、自分が異常者なんじゃないかという恐怖に押し潰されてスキゾフレニアになった若い男性が少なくなかった。

白人の女学生とニグロの少女をみたときの私の感想も、今から思えば的外れだった。ヘイト・アシュベリー北東のスラム街が再開発の対象となったために貧困層の黒人少年少女たちが市街区に流入していた。それをみてサンフランシスコ州立大学の学生たちは子供たちの保護・初等教育プログラムを立ち上げていた。そ中流階級に属する学生が中心となった支援運動には行き届かない部分もあったけれども、学生たちは問題意識をずっと捨てなかったし、時間が経つにつれてプログラムは少しずつ機能するように改善されていった。ただ街を歩いていただけの私は何も知らなかった。

これでもまだ私が抱いていた偏見のごく一部である。そしてこれと同じ歪みがメディアにおける報道、特に一九六七年夏に取材されたヒッピーについての一連のニュースにも表れていた。六六年冬までは地方紙記者が数人いただけだった。ヒッピーが全米各地に広がっていくにつれて興味をもつ学者も増えていったけれども、その始まりの土地で、その始まりのときから観察を続けていたのは私だけではないかと思う。

ヒッピーが活動の場を広げていく過程は間違いなく良性のものであった。しかし私でさえ今になってやっと自覚するような偏見も多い。外からやってきた大人たちが事態を素直に受け止めることは一層難しかっただろう。数え切れないほどの新聞記者や大学教授が入り込んできた。理解があるような顔をして、街中で所構わずカメラを向け、マイクを差し出した。そうと気づかず、記者が記者を取材していたこともあった。街の若者はすっかり疲弊していた。観光バスがヘイト・アシュベリーに雪崩れ込んでくるようになったのもこの頃である。

安定していたコミューンほど、六七年夏よりも前に、もう異変を感じて街を離れていた。移住先はビッグ・サーの森であったり、あるいはもっと遠く離れた、マリーン郡やメンドシノといった海岸地区だった。だから六七年夏に起きたことだけをみてヒッピーについて語るのは、あの時のフェスティバルだけをみてヘイト・アシュベリーを語るようなことだと思う。

4……当時、男性同性愛者や性風俗関係者が多く生活していた地区。

フェスティバルが終わった後にＨＡＮＣの会合を立ち聞きした。企画運営の責任者たちは安心したような顔で、旅行者の群れはやってこなかったし、お祭りも無事おわりましたと報告していた。出展者が順番に報告する段になるとクリスチャン・サイエンスのブースを出していた女性が立ち上がって「広報誌は〝大丈夫な人〟だけに配ったのですが、それでも全部、頒布できました」と言った。耳を疑った。広報誌を渡されたということは、私は「大丈夫な人」に分類されたのか？

フェスティバルは全ての人々《ピープル》のために開かれていた。たまたま着ていた服や肌の色で人間の何かが分かるはずはない。それなのに、あの日に重ねていた数枚の布で、私は「大丈夫な人」にされたのか。その日以来、若者たちと同じ服を、極彩色のロング・シャツとか日焼けしたマント、皺々の巨大帽子を私は身につけるようになった。街に出るときも、オフィスにいるときも。ヒッピーの習俗に私が染まるようになったきっかけは、会合を立ち聞きしたときの違和感だった。

ディガーズの活動を知ったことで、ますますヒッピーに近づきたくなった。知人の引き合わせで、ディガーズの一員、アルバートと初めて話をしたのは、ある小綺麗なアパートメントのキッチンだった。夕食のピラフを準備する彼に向かって私は、自分がヘイト・アシュベリー一帯の精神保健について調査していること、その結果によってはラングリー・ポーターの診療部門が閉じてしまう可能性もあることなどを話したのを覚えている。

アルバートは驚いていた。病院が閉鎖されるなんてあっていいはずがないと呟いて、こころよく協力を申し出てくれた。その日は時間がなかったので、家を出る前にアルバートと次に会う日時を決めようとしたところ「本当に大事なことはいつ起きるかわからないから」といって彼は時間を決めさせてくれなかった。それなのに次の用事があると渋る私に、構わず夕食を勧めるのだ。（結局私はアルバートの部屋に長居することになって次の予定には随分遅れてしまった。会う予定だった友人は少し怒っていた――アルバートの部屋には電話がなかった。）

アパートメントを出るとき、あなただったらひょっとしたら僕たちがやろうとしてることを分かってくれるかもしれない、と彼が言った。そうして私に、誰のだかよく分からない電話番号を伝えた。とりあえずそこに電話すれば僕に伝言はしてくれると思うから、と。私もアルバートに番号を教えた。共同で使っていたオフィスは住居用のエリアにあった建物で、アルバートの部屋からたった数ブロックの距離だった。

数日後、研究所で働いているとき「ディガーズのアルバートさんから」と電話が回ってきた。「病院の空きベッドを融通してもらえませんか？　僕たちのところには子供たちが、その、家出した子たちですが、落ち着いたところで話を聞いてもらって、二晩くらい頭を冷やせば家に帰れるような子がたくさんいるんです。」あの優しい声だった。

アルバートの依頼を受けられないかと、一瞬、考えた。

ラングリー・ポーターの脇を走るパルナサス通りではヒッピーをよく見かけたから、アルバートもそこを歩いていたのだろう。研究所の入口には「地域精神衛生トレーニング・プログラム」と掲げてあるから、ふらりと入ってこんな質問をしたのかもしれない。「何時までやってるんですか」「八時半から十七時までです」「お風呂はあるんですか」「お風呂とトイレが両方ある部屋が一つ、シャワールームが一つ、トイレが一つです」「あ、そりゃいい。クローゼットには寝具を入れておけますか？　そうすれば、夜だけ使わせてもらうことができるんですが」そんなやり取りが頭に浮かんだ。

ときどきはスタッフで集まって、夕食を食べながらミーティングをしてもいいかもしれない。ラングリー・ポーターは地域精神保健の研修施設でもあった。医学生とドラッグや共同生活のルールについて話し合ってもいい。街の困窮している人たちに施設を開放すれば最高の教育機会となるだろう。「じゃあ、いつからやりましょうか?」アルバートの声が響いた気がした。

けれどもわずかの思案のあと、「ごめんなさい」と私は受話器に告げていた。公共の研究施設をヒッピーの保養所にすることがどれほど非現実的か、本当は考えるまでもないことだった。同僚とか上層部の人間を説得できるはずもなかった。それに代わるアイディアもなかった。アルバートにそう伝えたとき、胸を掻きむしりたい衝動に駆られた。

それでも彼はその後、機会がある度にあれこれと何か使えるものはないかと聞いてくるようになった。研究所の立派な建物よりも、ディガーズのそういう姿勢の方がずっと頼りになるような気がした。

そんなことがあって、ヒッピーに対する感情は、数週間のうちにすっかり出来上がってしまった。若者たちは間違えることも多かったけれども、自分たちの誤りを修正しようとした。塗りつぶすのではなく。自分たち自身に対して批判的であったし、方向転換することを厭わなかった。

ヒッピーは私が大学生だった三十年前に読んでいたような本を読んでいた。D・H・ロレンス、フロイト、ジェイムズ・ジョイス、A・ハクスリー[5]……若者が集まる「サイケデリック・ショップ」には難解な書物がまるで図書館のように並べられて、熱心な読書会まで開かれていたのだった。アメリカ中流階級における子育ての問題点が論じられていることもあった。そんなときにはイスラエルのキブツが話題になって、まだ子供がいるはずもない年齢の少年少女までメルフォード・スパイロの『キブツの子供たち』を回し読みするものだから、背表紙はすっかり擦り切れていた。

ヒッピーからの影響で私自身も、ずっと気になっていたまま読んでいなかった本を手に取るようになった。トールキンの作品が特に印象に残った。幼いうちから童話を読むことの重要性にその頃やっと気づいたのだった。『指輪物語』は核戦争を前にした西洋社会の混乱の書として読まれていた。

トールキンの本で唯一、一貫した善の存在として描かれるのはホビットである。その世界ではホビットが一番低い地位に置かれている。ヒッピーは自分たちをよくホビットに喩えていた。冬が近づくと、人混みのひどい地区には「週末は騒動を起こさないこと。ガサ入れの可能性があります。善きホビットは巣に籠もりましょう」と掲げられているのを見かけた。自分たちを社会体制のなかにどう位置付けるかは若者たちがいつも自問するところだった。私自身、「第二の性」の人間だったし、学術界においても――そんなものがあるとして――正統派ではまったくなかった。もし私がこれまで陽の当たる一本道を歩いてきたのだったら、この街に居場所を見つけることはなかったかもしれない。探していた居場所をやっと見つけた人物をもう二人紹介しておこう。私の連れ合いと、とある医学生である。

六六年の冬、私と一緒に西海岸にやってきた夫もヘイト・アシュベリーの若者たちに興味をもつようになっていた。特に、（なんともお気楽な名前だが）ハプニング・スクールと呼ばれていた、路上で行われる実験

5……………Aldous Leonard Huxley（一八九四－一九六三）イギリスの小説家。名家に生まれるが第一次大戦後にはキリスト教や性道徳に幻滅し風刺的な作品を多く描くようになる。『知覚の扉』（一九五四）では自身の幻覚剤体験について詳細に記述した。

教育の試みである。州立大学の教授だったレオナルド・ウルフが中心になっていた。路上で高度な教育を実践するにはどうしたらいいか、週末のたびに街のあちらこちらで企画会議が開かれていた。

大学教員だった連れ合いもそれに興味を持って、ある日、聖公会教会の司祭館に向かった——十三時半からハプニング・スクールの企画会があるはずだった。ぴったりの時間に着いても、誰もいなかった。普段、学生が遅れてやってくるとイライラする彼であったが、その日に限っては何故か喜々として教会周りの雑草むしりを始めたらしい。三十分たっても誰も来なかった。さらに雑草むしりを続けていると、やっと次の参加者がやってきた。しかしそれでも、二人だけではどうしようもないので、やはりその人も草むしりを始めたのだった。

ヒッピーの時間感覚にはひどい伝染性があった。いつも、少しでも面白そうな事態の方が優先されるのだ。アポイントメントをとることに大した意味はなかった。そのうち僕もそうなってしまうのかなと、肩の荷が下りたように我が連れ合いは笑っていた。

二人目はヘイト・アシュベリーで地域精神医療の実習をしていた医学生である。彼は十週間の実習の総まとめの場で、自分がどれだけ多くをヒッピーから学んだか、同級生全員の前で語ったのだった。聴衆から「綺麗事じゃないか」と批判されたときの彼の反論を、以下にそのまま書き写しておく。

この発表を準備している最中ずっと、ヒッピーのやり方に一つでもネガティブなところがあるだろうかと考えていました。僕自身すっかり同化してしまったせいでしょうか、たった一つさえ思いつきません。それどころか、誰かがヒッピーのことを悪く言っているのを聞くと、まるで自分が言われているようで、身構えるようにさえなっています。ヘイト・アシュベリーで過ごした十週間で、皆がすっかり僕の家族、僕の文化になってしまったのです。そうしたいと思って街に出入りしていたのではありません。むしろ遠い世界の出来事だと思っていました。それでも魅了されたのです。ヒッピーの世界観には、世界はたしかに美しいと声を上げることも含まれています。まさに今、僕がやっていることです。公衆衛生の問題は確かにあります、でもそれは、あの街を下に見ることの理由にはならないと思うのです。ヒッピーが望んでいる世界、そしてヒッピーがそのために実行していること全部について、僕は支持します。[原注2]

この学生が育った社会経済的な環境を考え合わせれば、この発言にどれだけの勇気が必要だったかよく分かるはずだ。彼は上流家庭に生まれ、これまで両親の体現している価値観に何一つ疑問を感じることがなかった。勉学に打ち込み、成績もよかった。親からは高級車を買ってもらって、すでに結婚していたし、ロータリークラブに出入りしていた。徴兵期間を過ぎれば医者としての約束された将来があった。[6]

発表の後、この学生は私のところにやってきて、先生のせいで人生設計が狂ってしまいましたと朗らかに笑っていた。

6……一九四〇年から七三年までアメリカは徴兵制である。十八歳から二十五歳の男性が対象で、経済状況や就学歴によって徴兵リストの順位が設定されていた。（結果として貧困層ほど徴兵されることが多かった。）

私にとってヘイト・アシュベリーが「僕の家族、僕の文化」になる過程は、あの医学生の経験したものほど鮮烈ではなかったにしても、それでも、同じ道であったのは間違いない。教会も、大学人も、そしてHANCも同じ道を通った。新しい生活習慣に戸惑いつつも、ヒッピーが暮らしていることの意味は、深いところで理解が進んだ。時が経つほどに、住民皆がヒッピーに何かしらの共感を持つようになったし、あの手この手で下支えするようになった。そして反対に、そうなるほどに、市の有力者とか行政組織、警察官はヒッピーを恐れるようになり、排斥するようになった。

六七年春、若者の流入を抑制するためのキャンペーンが市当局によって開始された。その第一弾として、三月、サンフランシスコ市長ジョン・F・シェリーによって「貧困層青年の流入」に対する非難声明が発表された。『クロニクル』紙の三月二十四日付の報道によれば以下の文書が市管理委員会に送達されている。

　今夏予想される貧困層青年の市街地への流入に関して、市長として断固反対する。放蕩が認容されるとの流言があるが、市当局は毅然とした対応をとるものである。……若年者の移住は歓迎されない旨の声明を管理委員会からも発表されたい。市条例によって、公共の場への滞在や、その他の公衆衛生を毀損する行為は厳重な処罰の対象とされている。サンフランシスコ市は流入者に対して食事や滞在施設を用意しない。滞在先を事前に定めずに入市する者は、徒に混乱を招き、住民への多大なる損害が発生させるだけである——。

シェリー市長の声明を引き金にしてヘイト・アシュベリーに対する執拗な攻撃が始まった。行政当局によって一帯の一万四千戸の臨時査察が行われた。この査察によって非法行為が一つも見つからなかったのは、実際のところ偶然でしかないけれども、しかし市の衛生監督官は「衛生環境は懸念されていたほどには悪くなかった」と語っている（『クロニクル』紙、三月二十九日付）。市当局による一連のハラスメントに対して、HANCは地域住民の代表として強い抗議声明を発表した。四月に発表された声明文から以下に抜粋する。

ヘイト・アシュベリーは単なる地理学的区分の名称ではありません。街の歴史と住民の思想を描き出す言葉です。昨今、私たちの街が世界中から注目されています。私たちの伝統である、地球市民的な気質、多様な民族と様々な生活のあり方に対する寛容の風土の成果です。

市当局によって、まるで街がペスト菌の跋扈するところであるかのような発表がなされています。しかし実際のところ、他の人口密集地と比較して衛生状況が悪いという証拠はありません。ヒッピーであるか否かに関わらず、地域住民は法を尊守し、責任ある市民として行動しています。疑いがあるというだけで市民活動を制限することは明らかに合衆国憲法に違反しています。法律の範囲内で活動している限り、特定の社会集団を行政が攻撃することは自由社会の原則に反しています。かつて中国系であるというだけで市民の財産が奪われた、そして命が奪われた、サンフランシスコの歴史の汚点を市政府は忘れたのでしょうか。行政当局は、いま自分たち自身がテロリズムに加担していることを自覚しているのでしょうか。

コミュニティに対する攻撃は、どのような口実のもとであれ、認められません。地域警察によって、問題がないはずのところにトラブルが恣意的に作り出されています。衆目を集めているのは、むしろ警察の過剰反応の結果です。

一部地域だけを標的にして法が恣意的に運用されています。地域がそれを求めているからではありません。偽善の浮き彫りにされることを行政が恐れているからです。

また街の景観に対する責任は、第一義的には不動産所有者やその管理当局にあるものです。条例に規定されている通り、貸家や貸ビルディングを衛生基準に沿って管理するのは貸主側の義務です。同様に、道路や公共機関の衛生保持の責務も、まずは各担当機関が担うべきものです。しかも市当局は、急増する人口に見合う衛生管理予算を組むことを怠ってきました。市が果たすべき責任を住人に転嫁することは正しくありません。

都市住民の多様性に対して、行政はこれまで恐怖を煽ることしかしてきませんでした。そのような社会のなかで若者たちの抱えた孤独が、現在のヒッピー文化の根源にあります。迫害、威圧、不法な取り締まりはコミュニティの断裂を拡大するだけです。市民の自発的な努力は無視されるのでしょうか。

ヘイト・アシュベリーのこれまでの歴史に敬意が払われるなら、州政府、通商会議やその他の関係機関の協働を私たちは歓迎します。しかしながら、もしも市民の迫害がこれ以上続くならば、私たちは立ち上がり、抵抗するほかありません。世界中の視線が注がれている今、この街の住民には、市民の多様性を守る象徴となるべき義務があるのです。

公務員や官僚の職務は、市の発展を支えることであって、市民を支配することではありません。市民のライフ・スタイルを攻撃する資格はありません。サンフランシスコの歴史が、私たちにこのことを伝えるのです。

この声明を公にすることはヘイト・アシュベリーの古参住人たちにとって大きな決断だった。ヒッピーに対する寛容が中産階級市民の責任であると宣言したのだ。そして、住民たちはもう一度フェスティバル・オブ・ピープルを開催しようと呼びかけてもいる。古くからの住人にとって街の変革が無痛であったはずはない。しかしそれでも、年老いた人たちまで皆含めて、ヒッピーたちと連帯する意思が表明された。身にまとう装束がどれだけ違っても、同じ心臓をもつものとして、共にこの街で生活しているうちに皆がヒッピーの心をもったのだった。

しかしハイウェイ闘争のときの華々しい勝利は一度限りだった。六七年にはヒッピーに対する弾圧はほとんど国家的な規模になり、今度はＨＡＮＣもそれを押し返すことができなかった。

第二章

街が観光地になる前

いつだったか、六〇年代の初めころ、〈実りの村〉のあった丘に立ち寄ったことがある。かつてブロンソン・オルコットが人類の新しい故郷を築こうとした場所。彼が死んでから百年以上が過ぎたけれども、拓かれた土地の自然は変わることなく美しいままだった。澄み切った丘陵からはナシュア・リヴァーが一望できた。

理想郷を自らの手で建設することは、この北米の大地にこれまで何度となく試みられてきたことである。ウォールデン・ポンドやブルック・ファーム、オナイダ・コミュニティ[1]――そこに生活することを選んだ人たちはまるで豊穣に帰依しているかのようだった。そしてヘイト・アシュベリーの若者たちも理想郷を自分たちで切り拓こうとしていた。

確かにサンフランシスコは雑踏にぎやかな大都会に違いない、でも街区の中心地から木々の繁む丘陵地までほんの数分の距離である。ローン・マウンテンやブエナ・ヴィスタ・ヒルに行くと若者たちがいつも和やかに語り合っていた。スートロ山では薄紅色を帯びたスモモの花がエッジウッド・アヴェニューに舞い落ち、その向こうでは修道僧が瞑想に耽っていた。都市化した生活のなかで若者は大自然と再び一つになることを求めていた。

サンフランシスコのユートピア運動において特異であった点はむしろ、貧困問題の解決が目指されていたことである。六〇年代前半のフォーク・ムーブメント[2]を経て、学生たちの意識はすっかり変化していた。凄惨な貧困地域の生活を立て直すことこそ真っ先に取り組むべき課題であると受け止められていた。講義室や郊外の住宅地はもはや学生たちのいるべき場所ではなく、スラムの最深部、薄暗いビルの谷間こそ真の舞台だった。スラムは未開地であり、絶望が声ならぬ声として響く場所である。アメリカの約束した未来が、子供たち一人ひとりに届くような変革が必要であることを学生たちは理解していた。

ヘイト・アシュベリーの中心部からは爽やかなブエナ・ヴィスタ・ヒルも貧困ゲットーも同じくらいの距離である。特に東部のフィルモア地区はサンフランシスコで最も過酷なスラムであり、そこには陰惨な生活を送るニグロたちが住んでいた。できのいい大学生たちは、沈鬱な街区を前にして、あまりに無力であることに苛立ったことだろう。交流が深まるにつれて、貧困層の青少年と富裕層の学生たちの交わりは乱流のようになっていく。

秋が深まってくる頃、ヘイト・ストリート沿いの窓ガラスに黒人奴隷を思い出させる貼り紙を見つけた

1……ウォールデン・ポンドはアメリカの詩人ヘンリー・ソローが完全自給自足の生活の場所として選んだ池のほとり。ブルック・ファームはユニテリアン派牧師ジョージ・リプリーによって組織された教育と労働の一体化を目指した農場。オナイダ・コミュニティは宗教家ジョン・ノイズの始めた複婚を特徴とする共同体。いずれも十九世紀アメリカの代表的なユートピア建設運動である。

2……ジョーン・バエズやボブ・ディランをその旗手として、アイルランド民謡を素材としたフォーク・ミュージックが一九六〇年代の反戦運動や公民権運動を推し進めた。

ことがあった。「ここに鋤を入れた人間がいたことを忘れるな。」白人と黒人の間にある溝を乗り越えることは容易ではなかった。だからこそ若者たちは一心不乱になったのかもしれない。ポール・サイモンが歌ったように預言者の言葉は、地下鉄の壁に、安宿の隅に残されていた。

ヘイト・アシュベリーに新しい理想郷を建てようとするとき、貧困を解決することは欠かすことのできない要素であった。経済格差に対するこの積極的な問題意識は過去のユートピア運動にはみられない特徴である。(〈実りの村〉で奴隷労働による綿製品は避けられていたとはいえ、貧しい人々との協働が志向されたわけではなかった。オルコット自身それほど裕福ではなかったから、サンフランシスコの若者たちの感じた「後ろめたさ」はなかったのかもしれない。)

ヘイト・アシュベリーには寛容の伝統があった。港の近くには多くの芸術家が昔から暮らしていたし、五〇年代にはイタリア系移民が住むノース・ビーチにも若い作家や詩人が住み着くようにもなっている。しかし六六年の時点でヘイト・アシュベリーは単に「解放区」であっただけではない。

ある日、昔からこの街に住んでいる老人と立ち話をしていると、彼がこんな話を始めた。「ベルヴェデーレ・ストリートが「アメリカで最も多様な宗教、人種、社会階層の人が集う場所」に選ばれたんだそうだ。どこかの雑誌に載ってたらしい、素晴らしいと思わんかね」と。(正直にいうと、件の記事はどこを探しても見つからなかったのだが)見るべきところは発言の根拠というよりも、この多様性を誇りに思い、私のような新参者に自慢さえしてしまう気風にある。そうありふれた精神ではない。ヒッピーが目立つようになってからわずか数ヶ月のうちに、HANCを通して古参住民たちはヒッピーと協働していく姿勢をはっきり打ち出している。

多様性を守ろうとする風土は、いまやサンフランシスコ全体を見回してもヘイト・アシュベリーにしか残っていないかもしれない。街の地形的特徴も多少は関係しているだろうか。中心部から少し外れるとアシュベリー・ハイツが丘になっていて、なだらかな斜面にゆったりと住宅地が広がっている。標高が高くなればそれだけ地価も高くなるわけだけれども、公共バスは等高線沿いにジグザグを描きながらいくつもの停留所を経由するものだから、ちょっと買い物をするのにも、様々な人種、年齢、社会階層の人々と顔を合わせることになる。バスは周遊しながら、傾斜地の所々から砂粒を運んでいく。河口に着く頃には豊かな三角州が形成されていた。

聖アグネス教会のミサも華やかだった。教会の教区が、丘と谷の全体を含んでいたために、この多様性が守られた部分もあるのだろう。フラワー・チルドレンがやってくるよりもずっと前、一九五八年の写真をみても、多種彩々の人々が集まっていると分かる。[原注1] フィリピン系の女は刺繍をほどいたショールを頭に巻き、イタリア系の少女はピアスの穴に針金飾りをぶら下げている。黒人は作業着のまま、身なりの良い白人たちとやり取りしていた。夜勤明けのバス・ドライバーも大勢いた。

市街地と緑地帯の境界がはっきりしていたから、いつの間にか開発されてしまって緑地帯がなくなっていることもなかった。五十ブロックにわたる大緑地帯が海まで続いている。ヘイト・ストリートは東西に二十ブロック、東端はマーケット・ストリート、西端はゴールデン・ゲート・パークだ。公園に入ると小さな池があって、その脇のトンネルをくぐると芝生の斜面が広がっている。腰を下ろすと都会の喧騒は霞み、トラックの発する低周音も木々の向こうに遠かった。誰でも裏庭で寛いでいるような気分になれた。

そのうちにマーケット・ストリートからアル中たちもやってきて、若者と酒を酌み交わす。公園にはいつもマリファナの煙が立ち込めていたが、子供がトウモロコシのひげでつくった煙草を吸うような様子で、誰も不思議に思わなかった。大通りから離れていたから楽器を鳴らしても苦情はこなかったし、警察官がやってくることもなかった。

楽園を守るために、ヘイト・ストリートに向けて両腕をいっぱいに広げた聖フランシス像を建てることが構想されていた。アメリカスギの巨木から聖人像を彫りだして、全土から集まる悩める人々を出迎えるためのシンボルにしよう、と。

ヘイト・ストリートの北にはゴールデン・ゲート・パークからひょろりとパンハンドルが飛び出している。八ブロックくらいの緑の離島。その両側にサンセット地区とダウンタウンをつなぐ一方通行の幹線道路が走る。下っていくと急な坂道があって、そこを越えると聖イグナティウス教会の真っ白な尖塔が現れる。

パンハンドルを足台のようにしてヒッピーの思想は広がっていった。グレイトフル・デッドはここでフリー・コンサートをやって有名になったし、ディガーズが食べ物を配っていたのもこの広場である。

一帯で「チョーク・イン」が呼びかけられたこともあった。四方八方の道路が色とりどりのチョークで塗られた。誰ひとり見捨てられることのない自由と平和の理想がパンハンドルから発信されていった。物理的には北側の裕福な住民と南側のヒッピーがこの一角で隔てられていたことになるが、中間地点となることで交流はむしろ促進されたように思う。ハイウェイ闘争によって古参住民とヒッピーの間には連帯意識が芽生えていた。公園の北側に移住したヒッピーもいた。パンハンドル付近の交通量が増大するにつれて住宅価値が低下し、北側のビクトリア風の邸宅を何人かで借り上げることが可能になったからである。

街はツイン・ピークスの薄茶色に焼けた山貌を背にしている。剝き出しの空と山肌は荒々しいままだった。秋の晴れた朝には時々、ツイン・ピークスに登った。南側の斜面から見渡すと世界がどこまでも広がっていた。私のような東部生まれの人間は、無限に広がる赤い土の光景には立ち尽くすしかないのだ。冬の雨はまだ来ない。

ふもとのヘイト・ストリートにも西部開拓時代の空気が漂っている。街にはカウボーイやインディアンの格好をした青年が歩いている。混み合ったアパートメントは常緑の潅木と藪に隠れていた。遠くに視線を投げると、山麓に独特の高低差があって遠近感が奇妙に狂う。西にストートロ山、東にはブエナ・ヴィスタ・ヒルがあって、サンフランシスコの入江を眺めながら、着飾った若者たちの部族が儀式に耽っていた。太陽崇拝、瞑想、春節の祭祀——。

ヒッピーはこの地で、六七年夏、遂には自分たち自身の葬式までやることになる。自らに終止符を打ったのだ。そうしてヘイト・アシュベリーの実験は終わった、少なくとも最初のヒッピーについては。

ヘイト・ストリートはもともと寂れきった辛気臭い商店街だった。そこに六六年の初めころから、ぼつぼつと極彩色のヒッピー・ショップが開店していく——「イン・ギア」、「サイケデリック・ショップ」、「〈我と汝〉喫茶室」など。若者たちは賃料の安いところにしか出店できなかったので結果として一ヵ所にヒッピー・ショップが集中することになった。名もない商店街がもう少しでも栄えていたならヒッピーのコミュニティがこれほど大きくなることはなかっただろう。大恐慌の時代を知る昔からの商店主たちはペンキの匂いに若かりし頃を思い出したかもしれない。老商人はヒッピー流の「非営利」を胡散臭いと思っていたし、そのことを隠そうともしなかったけれども、商店街に活気が戻ったことで昔ながらの店までだいぶ懐を潤したことも事実である。

サイケデリック・ショップの向かいにあった空店舗を巡っての騒動もあった。モーズ書店の敏腕経営者モーリス・モスコウィッツ氏が、バークレーに続いてヘイト・アシュベリーに二号店を開こうとしたのだ。大型書店がやってくることに古参の商店主たちは反対した。「バークレーの平和行進だってモーズ書店の前から出発したんだ。またあの時みたいな衝突が起きたら……」という声もあった。ヘイト・ストリートに面した一番大きなビルが予定地だったから皆の関心の的である。商店主たちがこの時点でどれほどヒッピーと政治活動の結びつきを意識していたかは分からないけれども、もしかしたら商人の直観によって激変の前兆を摑んでいたのかもしれない。

確かに名門バークレー校の秀才集団とヘイト・アシュベリーのヒッピー集団は無関係でなかった。ベイ・エリアでの政治集会を通して学生や教職員とヒッピーの交流は深くなりつつあった。ヘイト・ストリートが新たなテレグラフ・アヴェニュー[3]になる可能性は決して小さくなかったのだ。六〇年代後半になると、政治意識の高い学生ほどヘイト・ストリートにやってくるようにさえなっていた。

学生の大量流入を恐れた商業組合は、あれこれと法的手段に訴えて書店の開店を大幅に延期させたのだが、しかし皮肉なことに、いつまでもテナントの入らない大きな空店舗は若者にとって格好の待ち合わせ場所になった。ポスターを売る「プリント・ミント」がいつからともなく開かれるようになって、熱烈な平和主義者の群れが、バークレーの大学院生が、世界中からの旅行者が殺到するようになる。フィルモア・イースト[4]や平和集会のポスター、アーティストのポラロイド、猥語に彩られたピンバッジも売られていた。いつの間にか商店主たちも、バツの悪そうな顔をして「遠くの孫に頼まれたんだ……」と言いつつ買いに来るようになった。

共振は小さな街を越えて広がった。アメリカ各地の大都市、閑静な住宅地にも着飾った修道僧が現れるようになった。状況は気づけば反転していて、むしろ身持ちのしっかりした大人でいる方が居心地の悪いことになっていた。朝早く起きて仕事に出かけて、夕方に帰ってくるとスーツを脱ぎ捨て、コスチュームに着替えて、瞑想をして、自然を謳うカントリー・ミュージックを聴くようになったビジネスマンもいた。休日にはフィルモア・イーストに出張してロックに身体を揺らした。

ヒッピーは大昔から存在していたのだ。ヘイト・アシュベリーの若者たちが華々しくそれを祭り上げたことで、少なくとも心根においてヒッピーであることが隠すべきものでなくなったらしい。それで隠れヒッピーが地表に顔をだした。この地殻変動は「部族の集い」、一九六七年一月十四日にゴールデン・ゲート・

3……カリフォルニア大学バークレー校につながる大通りで、六〇年代前半には公民権の保障を求めるデモンストレーションが多く行われた。
4……ニューヨーク・シティにあった伝説的ライブハウス。

パークで開かれた「ヒューマン・ビーイン」によってアメリカ社会の深いところに消えない爪痕を残すことになる。

ヘイト・アシュベリーの路上で知り合ったうちの多くが、大学教員や高度専門職者だった。運命の一捻りがあって、大学研究室や公官庁のビルディングではなく、あの混雑した街で私たちは出会った。文字通り「こんな格好で」やり取りしているのが不思議で仕方なかった。一部の問題にだけ精通し、専門外のことには一切関わらない「専門家」像に、はっきりと反対している人たち。

ある日、社会の側からもこの不満が噴きだす現場を見ることになった。六六年の十一月下旬のある晩、タウン・ミーティングが開かれて、古参住民とヒッピーたち、付近の大学や学術施設の教員など大勢が集合した。政治的な、苦々しい争いの場だった。一つ目の議題は新しいショップと古参商店主たちの対立について、そして二つ目は大学や付属の病院施設がコミュニティ内の問題に介入することの是非についてであった。特に二つ目は、一見すれば地味な問題であるけれども、始まると熾烈な応酬となった。バークレー校を含めて各大学が、自分たちに街をコントロールする権限があるかのような態度をとったためである。

住民の一人からこんな声が上がった。「この辺りの研究所やら大学やらに勤めているからといって、ここに住んでいるわけでもない人たちに、地域の意思決定に参画するだけの正当性があるのでしょうか。」これを聞いてそわそわと落ち着かない気持ちになった。この基準で言えば私にだってこの地域に関与する権利はない。しかし資格云々の話はそれ以上広がることがなかった。六六年も後半になると全米各地からの人口流入にどう対処するべきかの方がずっと差し迫った問題となっていて、この話を掘り下げるのは得策でないと皆が思ったのだろう。

集会の途中、紛うことなきフラワー・チルドレンの装束をまとった女性がマイクを握った。「コミュニティの内部で互いに協力することができれば、外からやってきた専門家やらが口を出す余地もなくなるでしょう。特に、ソーシャル・ワーカーの一群がやってきて若者たちにあれこれ指示するようなことは――」好意的な拍手で迎えられていたこの発言者を、私はどこかで見たことがあるような気がした。でもどれだけ目を凝らしても思い出せなかった。

――タウン・ミーティングが終わると、人混みをかき分けて、例の発言者が声を掛けてきたので、すっかり驚いてしまった。「ヒッピー」という言葉を教えてくれた、研究所のあの若いソーシャル・ワーカーだった。息苦しい職業集団の壁を、彼女はもう既に飛び越えていたのだ。

似たような事件が街中で起きていた。中年を過ぎた弁護士が妻と一緒に装束を着こんで子供と遊んでいた。ネクタイを締めているときよりも陽気に寛いでいた。文化人類学者からすればまさに文化変容としか言いようのない事態である。医学研究所の女性事務員たちとも深夜のアシュベリー・ストリートで遭遇した。例の装束に身を包むと「フル・タイムで」路上にいる若者たちと見分けがつかない。職場では見たことのない笑顔だった。研究所では、事務員は他の職員から一方的にファースト・ネームで呼ばれる。しかし街に出ると、年齢も人種も住んでいる場所も関係なく皆が互いにファースト・ネームを呼び合うのだった。

二重生活をしていたのはオフィス・ワーカーだけではない。サンフランシスコ州立大学の学生たちもそうだった。いや正確にいえば、学生はヒッピーよりも前からこの街に暮らしていたのだから、ヒッピーが学生に合流してきたことになる。騒ぎたい盛りの大学生たちが群れているだけだろうと最初は皆が思っていた。しかし本当はこの学生たちこそフラワー・チルドレンのつぼみだった。学生たちは街角で戦争や市民権について討論し、そして同時に、ギターを抱えて生命の喜びを歌っていた――〈実りの村〉の丘の中腹で、十九世紀の宗教者が大地の美しさを謳っていたように。

大学の講義棟から数マイルは離れていたのだが、それでもヘイト・ストリートはまるでキャンパスのようだった。（キャンパスはもともとヘイト・アシュベリーのすぐ近くにあったが、学生数が増加したためにサンセット地区に移転していた。）学生寮の抽選に外れた学生は離れたところに部屋を借りるしかなかった。スカンジナビア半島出身者の多いノウ・バレーやスペイン語の飛び交うミッション地区、そしてヘイト・アシュベリーが定番の下宿先だった。授業が終わると学生たちは路面電車に飛び乗ってツイン・ピークスの下を通るトンネルをくぐり、ブエナ・ヴィスタ・ヒルの南東に向かった。そこから各自が家に散っていく。次第に、学生とフラワー・チルドレンの見分けがつかなくなっていく。皆が家のクローゼットに装束をかけていて、遊びに出かける度にそれを着るようになっていた。

一月のある晩、カントリーでも聴こうと思って〈我と汝〉喫茶室に向かった。（州立大学出身の、マルティン・ブーバー[5]で修士論文を書いた男性が始めた店。）着いてみると、皆が薄緑のカーネーションの束を胸に抱えている。理由は最後まで分からなかったけれども、どこかに新しいショップが開いたとか、誰かに子供が生まれたとか、そんなことだったのだろうか。タバコを指に挟んでいるより花を抱きしめている方が美しいには違いない。店のバンドは演奏の合間に、州立大学の履修登録の面倒臭さについて冗談を飛ばしていた。観客は皆それに笑っている。この一幕がなかったら、客のほとんどがアメリカ有数の大学からやってきた学生であると私が気付くことはなかっただろうと思う。

六七年初頭のヘイト・アシュベリーには博士号取得者もいたし中退《ドロップ・アウト》者もいた。菜食主義者もいれば肉食者もいた。LSDに耽る若者もいれば、それを毛嫌いする者もいた。肌の色や宗教にかかわらず大量の人間が寄り集まっていた。肩を寄せ合って生活する、まるで集落生活だった。既存の価値観が塗り潰したものを新しく掬い上げようとしていた。六〇年代、世界中でこのムーブメントが動き始めていた。鬨の声を今でも私たちは若者たちの歌のなかに聴き取ることができる。

ヘイト・アシュベリーの疾風怒濤が六七年の春に始まったことは間違いない。けれどもそれより前から風は吹いていたのだ。若者が集まり、新しい思想、一つの世界という理想を築こうとしていた。理想のために若者が押し寄せた。人口がどれだけ増えてもコミュニティは受け入れることを最後まで諦めなかった。統計によれば、わずか数カ月の間に一万五千人のフラワー・チルドレンがこの一帯に入ってきたことになる。歴史上、類を見ない規模の人口流入である。

5……………Martin Buber（一八七八－一九六五）ドイツの哲学者。主著『我と汝』。

第三章

アメリカ西海岸の公民権運動

You say you'll change the constitution
Well you know
We all want to change your head
You tell me it's the institution
Well you know
You better free your mind instead

――ジョン・レノン、ポール・マッカートニー「レボリューション1」

人間社会における善き秩序を待ち望むようになって長い。変化はすぐにやってくるだろうという信念と、誰かがそれをやり遂げるだろうという信頼を私はこれまで持ち続けてきた。しかしいまや、ここにある思想は、誰かの統率を待っているだけでは不十分なのだと、一人ひとりが速やかに、所与の人生を最大に拡張するための運動を始めるべきだと告げるものである。善に対する潜在的な妨害の第一は精神そのものであり、第二に身体、第三に家屋と家族に、そして第四にやっと地域ないし社会があるのだと、今では確信している。社会組織や優生改革ばかりを唱える人々に対して、今はもう不信感さえ抱いてしまう。

――1843年8月、〈実りの村〉で書かれた、「家族の共同について」と題された手紙より。チャールズ・レーンとA・ブロンソン・オルコットの署名[原注1]

ヘイト・アシュベリーに集った若者については数多の神話が作られてきた。ヒッピーは「非政治的」で、ドラッグとセックスのことばかり考えていて、六〇年代前半の青年たちとは正反対であった、という類の言説である。いまだにそれを信じている人もいるだろう。しかしそれでは『ガリバー旅行記』は幻想小説であって政治風刺ではない、と唱えているのと大差ない。ヘイト・アシュベリーの若者はたしかに多くの危険な旅に出かけた。けれども羅針盤を手放すことはなかった。だから向精神薬による小旅行《トリップ》のときも目的地を見失うことはなかったのだろう。倫理的な振る舞いを個人がとれるように社会を変革することこそ究極の目標とされていた。

その変革が、個人の内側から始まるのか、それとも社会組織の改革から始まるのかと訊くことは、今ではほとんど陳腐な問いかもしれない。しかし戦後期から五〇年代前半にかけて、つまりアメリカが最も豊かだった時代に生まれた若者たちにとって、この疑問は差し迫ったものであった。

それよりも前、十九世紀に超越主義を唱えたブロンソン・オルコットは、社会の改良は一人ひとりの人間の変革から始まると確信していた。この思想はヘイト・アシュベリーの求道者たちにも受け継がれている。そしてビートルズも「レボリューション1」でこれを高らかに歌った。

六〇年代前半には、大学生たちは社会を変えることに情熱を燃やした。フォーク・ソングの多くが時代の熱気を伝えている。そしてその試みの大半が失敗に終わっても学生は諦めなかった。フォーク・ソングの色彩は少しずつ変わり、社会組織それ自体を覆すことよりも、もっと内省的な傾向の歌われることが増えていった。

ヘイト・アシュベリーで起きていたことを理解しようとするなら、六〇年代初頭のカリフォルニアで盛んだった学生運動、特に六四年秋の「フリースピーチ運動」の顛末を知らなくてはならないだろう。[原注2]

私がこのことに気づいたのは、ベイ・エリアにすむ同年代の友人と話していたときだった。ヘイト・アシュベリーに私が出入りしていることを知ると、彼女はこう言った。「どうして最近の大人たちは若い子に文句ばかり言うのかしら。あの子たちの歌を一度でも聞いたことがあるのかな。」

彼女は、息子三人がフリースピーチ運動に参加することを止めなかった。息子たちはフリースピーチ運動の後遺症、その後に延々と続いた法廷闘争に巻き込まれていて、三人兄弟のうち一人は収監さえされたけれども、それでも彼女は考えを変えずに、若者が行動することを支持していた。聞いているうちに、ケネディ大統領の就任、フリースピーチ運動とその余波は、フラワー・チルドレンの出現にいたるこの街の運命の一部であるように思われた。

ケネディから話を始めよう。一九六六年十一月二十二日、レノア・カンデルの『愛の書』が猥褻図書に指定されたことへの抗議集会では、年長のヒッピーが新聞記者たちにこう切り出している。「ケネディ大統領が凶弾に倒れてから今日で三年です――」そしてこう続けた。「私たちがこの国の歴史を無視したいのではないことを、メディアの皆様には知っていただきたい。」

若い大統領の登場は、全米の若者にとってのマイル・ストーンであった。ケネディの理念や、その死について日常的に話題にしていた点ではバークレー校の秀才たちも路上にたむろするヒッピーも同じだった。黒人コミュニティのメンバーであってもそうだ。黒人の若者にとってもケネディの死は、六五年二月二十一日のマルコムXの死と同じくらいの重大事件だった。英雄が次々に殺された時代だった。「真実」を語るリーダーは暗殺の脅威に晒されていたし、若者もそれを知っていた。それでも声を上げずにはいられなかった。

ケネディは彼らにとって、最高の権力を持ちながら「ありのままに」話をする初めての人間だった。六一年の就任演説とその後のピッグス湾演説で、ケネディは疎外された人々と同じ地平に立つことを宣言している。そして戦後のアメリカが間違った道をとったこともあったと率直に認めたのだった。「言葉にすることを私はやめない。……聖火は、アメリカの新しい世代へと渡されました。……人権の保障が、じりじりと後退していくのを見過ごすべきではありません。」この文章は、バークレー校の学生がフリースピーチ運動を総括した著作でもその冒頭に引用されている。[原注3]

「ありのままに」話したことで、そしてアメリカ政府のとった行動について謝罪したことで、ケネディは青年世代にとっての英雄になった。アメリカ平和部隊[1]が設立されてすぐに成功を収めたことは、大統領がひろく支持されていたことの証左である。いつの時代も若者が憧れる存在、ロビン・フッドやローン・レンジャー、アーサー王の隊列に、このときケネディも並んだのだった。正されるべき旧弊に立ち向かう人間としてケネディの姿がテレビジョンに映っていた時代があった。

六三年にケネディは殺される。彼が射殺されたテキサス州ダラスは大統領の進歩的な姿勢に対する抵抗がもっとも激しかった土地でもある。湾岸の石油利権も絡んでいるだろうと若者が考えたのも無理はない。ローン・レンジャーは殺された、「悪い奴ら」がまたやってくる、と。アメリカに育った人間であれば皆そう思ったはずだ、少なくとも一度くらいは。世論調査の結果をみても、特命調査委員会のウォーレン報告書は不十分であると大多数のアメリカ人が考えていたことが分かる。

先の時代を生きた大人たちにとって、ケネディの死は、世界に対する皮相的な見方を強くしただけだったかもしれない。希望の光はすぐに覆われた、昔日のごとく。しかし若者にとってはそうでなかった。大統領の死から一年たった夏、かつてない人数の中流階級の若者たちがミシシッピに向かい、南部の黒人の政治的権利を主張する学生非暴力調整委員会（SNCC）[2]のメンバーとともに汗を流した。多くの若者がケネディの遺志に基づいて自分は行動していると感じ、そう公言した。公民権獲得を目指した運動家がこの地で三人殺害されても撤退しなかった。どれほどの悲しみがあろうとも運動を止めようとはしなかった。一層の努力、たとえば集営所付近の見回りを増やすなどして任務を続けた。同時に、アトランティック・シティで行われる民主党の全米党大会に向けて自分たちの推薦候補者リストを準備し、ペンシルバニアまで千マイル以上の大遠征に出かけたりもしたが、党の全国組織はこのミシシッピ支部のリストを黙殺した。

党組織に拒絶された若者は落胆した。それでももう一度集まり、話し合いを重ね、新しい道を歩き始めた。学生たちは冷笑的にならなかったのだ。党大会における敗北はSNCCの黒人メンバーにとっては特に手痛いものであった。南部ミシシッピでどれだけ草の根の運動を盛り上げてもアメリカを変えることはできないと宣告されたようなものだったからだ。しかし黒人メンバーは白人学生に向き直ってこう訴えた。「君たち自身の白人コミュニティや学校に戻って、そこから改革の狼煙を上げてくれ」と。

アトランティック・シティに向かった大学院生のうち何人かは、社会科学総会が開催されていたモントリオールにそのまま向かった。そこで自分たちの指導教官に対する感情をストレートに発表したものもいた。私は、学生たちの主張のほとんどに賛成する。いま社会学を教えている教員は、仲間内のロジックを優先するばかりで、安全地帯の外に一歩も踏み出そうとしていない。当時、多くの大学教授は学問と実社会を別物と考えていた。夏季休暇を捨てて肉体労働した学生を「感傷的だ」というくらいにしか思っていなかった。

ミシシッピからバークレーに戻ると新たな壁があった。バークレー校をその一部とするカリフォルニア大学は巨大で、学生管理はきわめて行政的だった。講義室には大人数が詰め込まれ、ほとんどの学生は教授の姿さえ見ることができなかった。自分のゼミ生とだけ時間を過ごし、学部生とは口をきかない教授さえいた。規模も小さく雰囲気の緩やかだった州立大と比べるとバークレー校の学生管理は抑圧的であった。学外に目が向いたのも当然かもしれない。学生はSNCCや人種平等会議（CORE）[3]の活動をますます熱心にやるようになり、授業中にも、スラム問題を取り上げるよう教員に交渉したりするようになった。

1……………一九六一年に創立された政府系国際ボランティア組織。隊員は大卒以上の学歴をもち、派遣先では教育や公衆衛生分野に従事する。
2……………Student Nonviolent Coordinating Committee（SNCC）は一九六〇年に反戦と反人種差別を掲げて結成された黒人学生中心の組織。

秋学期の始まる直前、学生グループの一派が、サンフランシスコで大会を予定していた共和党に対して二つの要求を出した。党大会を自由化することと、バリー・ゴールドウォーター[4]を六四年の大統領選候補から取り下げることである。学生たちは大会が行われるサンフランシスコのカウ・パレス地区でピケを張るために参加者をキャンパス内で募った。これまで幾度となく行われてきたことであった。しかしその時に限って、ゴールドウォーターを支持する体制側の圧力によって、学内での言論活動を規制する就学規則が追加された。これらは当然、SNCCやCOREなど公民権獲得のための活動を狙い撃ちするものであった。フリースピーチ運動はこのとき着火されたことになる。

それ以来連日、学生は正午になると大学側の弾圧に抗議する集会をスプラウル・ホールで開くようになった。ミシシッピで汗を流したうちの一人、マリオ・サヴィオが次第に頭角を現すようになり、そのうちにリーダーと目されるようになった。九月下旬に秋学期が始まってから十二月二日に学生がホールを占拠するまでの記録は、アメリカ現代史の一部である。それをここで繰り返すことはしないでおこう。[原注4]ただ一つ述べるとしたら、大学当局と学生の最初の衝突以来、当局は学生グループから恣意的に数人を選び出して彼らだけを罰する、という方策を採りつづけたことである。そうすることで、学生グループを過激派と穏健派に分断しようとした。これに対抗して学生は、一人二人を処分するなら私たち全員を処分してみせよと応戦した。

一九六四年十二月二日、ジョーン・バエズとマリオ・サヴィオは千人の学生を率いてスプラウル・ホールで座り込みによる非暴力の示威行動をとった。バエズはボブ・ディランの「風に吹かれて」を歌った。

どれだけの道を
　僕は越えなくてはならないだろう
ただ声を聞いてもらうために
どれだけの海を
　鳩は越えなくてはならないだろう
ただ羽を休めるために
どれだけの砲弾が僕を越えていくだろう
　この音が止むまでに

ねぇ君、
そんなこと風が知ってるだけさ

3……Congress of Racial Equality（CORE）は一九四二年に結成された反人種差別を掲げた組織。人種問題以外もひろく取り上げた。

4……Barry Morris Goldwater（一九〇九–九八）アメリカの政治家。元軍人で、公民権法案や貧困対策に反対した。

「愛とともに進め」――ジョーン・バエズはキング牧師の言葉を引いて学生たちに語りかけた。そしてその日、真夜中に警察隊が突然現れて、座り込みしていた学生たちに殴る蹴るの暴行を加え、さらに八百人以上を逮捕した。多くの学生が負傷した。教授会を含めて大学側は数週間たつまで学生擁護の声明を出さなかった。警察が学生の釈放に応じたのはそのさらに後である。

一連の騒動を通して、学内事務や大学機能がずっと改善されたことは、学生のみならず大学運営側までもが認めていることだった。しかし学生が主体的に行動することが擁護されるとしてもそれは学内に限られた話で、教授会や学内事務局はより大きな社会に対して自分たちに何か責任があるとは考えなかったようだ。「学内に限られた」表現の自由である。そんな留保付きの人権のために戦ったわけじゃない、冤罪に執行猶予がついて喜ぶようなものじゃないかと、多くの学生運動家は考えた。

バークレーの活動家はその後もアピールを繰り返した。論点は徐々に、ベトナムで民間人に対してナパーム弾攻撃を繰り返すことへの道徳的抗議や、大学構内でアメリカ軍がリクルート活動をしていることへの批難などに移っていったが、それでもなお、根本にある主張は変わらなかった。「皆の共通の信念に対して、一人だけを罰することは許さない。我々は共同体である。一人だけを摘み出すことは許さない。我々は妥協しない。多数派の利益のために少数派を犠牲にすることを断固拒否する。」水膨れした道徳に浸かりきった大人たちは、このような当然の発言さえ「厚かましさ」として捉えていたように思う。

そうして六六年秋、学生運動の転換点がやってくる。ベイ・エリアだけでなく、全米規模の変化だった。二つの要因があった。一つはバークレーの院生たちが直面していた抑圧的な管理の徴候が他大学にも現れはじめたことである。同じ地区にあるサンフランシスコ州立大学はそれまで穏やかな、つまり言論の自由のための闘争などとは無縁の場所であったにもかかわらず、学生に対する圧迫が日増しに強くなっていた。その背後には合衆国政府の意向が見え隠れしていた。二つ目の要因は、この二年間で国際社会を巻き込むまでになった新たな危機、ベトナム戦争の熾烈化である。多くの学生がこの戦争を、政府に巣食うレイシズムの結果であると考えていた。スラムに住む黒人青年ばかり次々と徴兵され、一方で州立大学やバークレーの白人学生たちは何もせずとも徴兵猶予された。疎外された有色人種の男は外地に送られ、そこで人を殺すか、あるいは殺されるか——彼らが戦う相手もまた、アジアの有色人種、植民地支配によって疎外された男や女、そして子供たちであった。

学生の良識は、状況を黙って受け入れることをしなかった。貧しい人々を踏み台にして特権階級を守ることは民主主義と相容れないことであったし、そもそも戦争それ自体が反道徳であった。

アメリカ全土の学生たち、特に徴兵制度の対象となる男子学生たちは、まず自分たちこそ学校制度から足を抜かなくては、と考えるようになっていった。それ以外の方法で道徳的葛藤を解決できるように思われなかったからである。フリースピーチ運動を続けるだけではベトナム戦争は止められなかった。しかしバークレーに入学するような学生は、学問の世界で成功することこそ唯一の名誉であると親教師から叩き込まれてきた優等生たちである。彼らにとって大学を中退するなどは普通でないことだった。

教え込まれた良識に板挟みにされていた学生にとって、ティモシー・リアリーの唱えた「Turn on, tune in, and drop out」のメッセージは鮮烈だった。サイケデリック・ドラッグによって決起《ターン・オン》せよ、精神内界に集中《チューン・イン》しろ、外世界からは離脱《ドロップ・アウト》せよ、と。教育制度から身を引き剝がせば少なくとも自分自身の道徳に従えるようになる。中退すればすぐに召集状が届くことは皆が知っていた。カナダに行って徴兵忌避するか、あくまでもプロテストして監獄に入るか、あるいは道化者のヒッピーになるか――。もはや学生にとっては議会政治を通した変革よりもＬＳＤによる個人革命の方がよほど現実的な選択肢であった。

百年前のオルコットも同じように、ある時点から政治活動を放棄するようになる。彼はウィリアム・ロイド・ギャリソンの反奴隷制協会の創立メンバーであり、政府に対する抗議活動を行っていたけれども、〈実りの村〉以降には政治活動から身を引き、代わりにジョン・ブラウンによるハーパーズ・フェリー襲撃を側方支援することによって奴隷制撤廃を後押しした。[5]

一九六六年、サンフランシスコ湾の両岸には、潜在的なオルコット、ギャリソン、そしてジョン・ブラウンが何千人もいたことになる。彼らはもう一度、アメリカの原点に立ち戻ろうとしていた。巨大経済の歯車となること、ただ摩耗していくことに立ち向かおうとしていた。ドラッグと社会改革の結びつきについて全員が同じように考えていたわけではないだろう。けれども通過儀礼としてＬＳＤがあったことは共通認識と言えるはずだ。

バークレーの学生活動家は当初、ヒッピーを現実逃避している腰抜け連中と見ていた。確かに、大学や警察当局と激しい衝突をした活動家たちの眼には、ヘイト・アシュベリーが生ぬるい実践と映ってもおかしくない。バークレーの学生がテレグラフ・アヴェニューで大麻を買うとき、そこには諦めや妥協といった後ろ向きの雰囲気があったこともその先入観に影響していただろう。

しかし既に述べたようにヘイト・アシュベリーで幻覚剤が広まったのは無気力からではなかったし、そもそもドラッグ体験だけが推奨されていたわけでもない。マクロビオティックな食事法（米と茶を中心にして肉を避ける）が採られて、東洋の宗教を模範とした瞑想施設が街にいくつも設営されていた。ドラッグを使わずにヴィジョンに達する者もいた。ドラッグは街の一側面に過ぎない。バークレー出身の活動家たちもそのことに徐々に気付くようになった。

たとえばヘイト・アシュベリーでは路上での情況劇、「インスタント・シアター」とでもいうべきものが、幻覚剤と同じくらいに大きな位置を占めていた。これも元々はディガーズが始めたことである。

路上劇はいつも突然だった。路上や広場、食料品店の中で行われた。テーマはしばしば政治を扱うもので、居合わせた通行人がそれに反応したり、飛び入りすることも珍しくなかった。インスタント・シアターは特に目を惹くものであったから、メディアを通して全米で知られるようになる。フォーク・ソングなど聴いたこともないような体制的な人間にもメッセージが届いた。ヒッピーはまるで呪術師のように、テレビジョンを操って世界中に自分たちの思想を伝えていたことになる。（ディガーズは「言葉なしに意思を伝える」ことに長けていた。必要なのは伝える側がそのメッセージに自信を持つことと、それを誰に伝えるのかが明確であることだった。）

インスタント・シアターの効能に私が気づいたのは、作家ケイ・ボイルが一人で始めた劇場を知ったときである。その当時、ベトナムで戦死した兵士の遺体は、サンフランシスコ港を中継してミシシッピやオハイオに運ばれていた。戦争が始まってから港はまるで埋葬地であった。その港でボイルは、喪服に身を

5……反奴隷制協会は一八三三年に設立された奴隷制廃止を求める団体。一八七〇年、南北戦争後に奴隷解放が実現したために解散。John Brown（一八〇〇－五九）はアメリカの奴隷制廃止活動家。一八五九年十月に奴隷解放を目指してハーパーズ・フェリーの武器庫を襲撃した。ブラウンは同年十二月に絞首刑となるが、その後の南北戦争を通じた奴隷解放を導いた。

包んで夜通し祈ることを始めた。[原注5] 祈りの聖句を唱えながら、深夜の港を、たったひとりの葬列を歩いた。数カ月前まで、ベトナムに送られる前の最後の思い出に、若い兵士はこの街で酒を飲み、大声で歌い、派手に騒ぎ回っていたのだ。その姿は住人の眼に焼き付いていた。そしてボイルの冷たい徹夜の祈りは、兵士の生前の姿と対照的であった。

サンフランシスコの丘のどこからでも、金持ちも貧乏人も皆、灰色の戦艦が武器と若者をいっぱいに詰め込んでゴールデン・ゲートの下を通っていくところを見ていた。あるとき以降、遺体を運ぶ船が航路を変更してサンフランシスコに停泊しなくなる。ボイルの葬列を軍が恐れたからだと街では囁かれていた。

インスタント・シアターの始まるときにはディガーズの誰かが居合わせていた。ディガーズは情況劇とかなり親和的である。ディガーズの母体となったサンフランシスコ・マイム・トループ[6]がサンフランシスコの人種暴動を契機にして生まれた団体であったためである。

――一九六六年九月二十三日午後、サンフランシスコのスラムで黒人少年が警察官に射殺された。黒人三人が車に乗っていたというだけで、警察官はそれを盗難車だと決めつけて停止させ（たしかに盗難車ではあったのだが、いずれにせよその時点で盗難届は出ていなかった）、逮捕を恐れて逃げ出した少年の一人を警察官は背後から撃った。即死した少年はまだ十六歳で、その警官とファミリー・ネームが一緒だった。肌の色だけが違った。この事件を契機に、サンフランシスコのハンターズ・ポイントを中心に人種暴動が勃発する。『クロニクル』紙が「氾濫」と形容するほどの混乱が数日間にわたって続いた。ヘイト・アシュベリー一帯にも、六日間の外出禁止令が出された。スラム住人は食料さえ入手できない状態となった。

このときに何とか最小限の食料を各戸に配ろうとして若者が集まったことがディガーズの始まりである。当初から緩やかな連帯であった。商店は荒れ果て、まだ外出禁止令の出ているなかで生まれた活動だった。

ディガーズという名前が何に由来するのかは判然としない。人によって言うことが違う。黒人たちの隠語「ディグする《わかる》」と結びついているとも言う。ヘイト・アシュベリーではジェイムス・ジョイスも驚くばかりの修辞法が普通であったから、たった一つの単語に由来すると考えるほうが不自然かもしれない。

北アメリカの先住民族（根菜を掘り出して食用としていた）がかつてはディガーズと呼ばれていた事実もある。ヒッピーがよく読んでいたルース・ベネディクトの『文化の型』はエピグラフに「地を掘る《ディグ》インディアンの格言」を載せている。「はじめに、神は皆に一掬いの泥を与え、人々は自らの命を飲みこんだ。」

諸説あるなかで特に説得力があるのは、その言葉をクロムウェル時代のイングランドと結びつける説である。十七世紀、ある一派が国民の飢餓をなきものとする政府に抗議し、食事を無料で配布し、そのために自ら土地を開墾《ディグ》した。開墾に勤しんだのは、クェーカー教徒と同じく水平派から分派したグループで、諸人民の平等を信条としていた。領主の怒りに触れた彼らは、見せしめとして自らの墓をもまた掘らされたという伝承がある。

利他行為の広まることは権力者を不安にするらしい。クロムウェル時代の田舎領主と同じようにサンフ

6……一九五九年に設立された、サンフランシスコを拠点に活動する劇団。

ランシスコの行政当局もいつもディガーズには目を光らせていた。
私がディガーズの名前と活動をはっきりと認識したのはラルフ・グリソンの書いた新聞コラム[原注6]が初めてだった。それまでにも、どことなく存在を感じることはあったけれども。

若者たちより一回り上の年齢の集団が僧侶の恰好をして、パンや袋詰された食品運びを半ば宗教的な生真面目さで配っているところを既に何回か見かけていた。黄色いジープに湯気の立ったミルクの鍋を積んでいたこともある。そして着飾った人たちは一様にこの僧侶たちに尊敬の念を抱いていた。

ディガーズには二つの目標があった。一つには、誰でもそれぞれ「なすべきこと」があるという、十七世紀水平派より続く哲学を体現すること。もう一つは財物の移動は無償かつ無制限であるべきだという信念を実現することである。

ディガーズの母体となったマイム・トループが演劇をするとき、政治やセックスに関する不安症に対してはいつもジョナサン・スウィフト流の、驚くほど陽気な諧謔を加えることがお決まりだった。ディガーズの利他主義とトループの風刺、この二つが交わるとヘイト・ストリートは、文字通り、創意工夫と挑戦の舞台になるのであった。

お堅い人がヘイト・ストリートを歩いていると「たぶらかされている」ような感じを受けるらしい。ヒッピーは「舞台に上がっていない」人物を見かけると、そういう人間を引っ張り上げないと気がすまない性分だった。六七年に観光バスがヘイト・アシュベリーに入り込むようになると、色とりどりのヒッピーはバスをぞろぞろ取り囲み、皆で手持ち鏡をバスに向けた。バスの中でぽかんと口を開けている観光客までも、演劇の一部に仕立てるのだった。もちろん新しくやってきた求道者たちも同じ方法で「たぶらかされた」。そして私にとって最も印象的だったのは、これを誰が教えたのでもなく、街にいると誰もが自然とそう振る舞うようになっていった、ということである。

つまるところ、サンフランシスコに新しい社会が起ち上がったのは、ベイ・エリアの学生が道徳について主体的であろうとしたためである。六七年に「ヘイト・アシュベリーのヒッピー」であった連中には、六四年に「バークレーの学生運動家」であった者も少なくなかった。たとえそうでなくても、着飾った若者たちはバークレーの活動状況をいつも気にしていたし、その逆にバークレー出身者もヒッピーのことを気に掛けていた。

サイケデリック・ショップに行けばヒッピーは集まってマリオ・サヴィオの裁判がどうなっているか情報交換していた。ヘイト・アシュベリーの若者は、バークレーの活動が締め上げられていく様子を、私よりもよっぽど暗い顔をして聞いていた。『オラクル』誌の対談をみると、マリオ・サヴィオも自分が禁固刑を受けている間、ヘイト・アシュベリーの状況をアレン・ギンズバーグに確認していたらしい。活動家の立場からみてヒッピーが警察や公安に対して「泣きたくなるほど」無防備なのを心配した。[原注7] 活動家のなかには、ヒッピーの身代わりに逮捕されていった者もいた。

一九六六年十二月六日(スプラウル・ホールでの座り込み抗議からちょうど二年後)、バークレー校の授業ボイコットを一時中断することを提案した集会にマリオ・サヴィオが登場した。彼は大学当局から復学を拒絶されたばかりであった。サヴィオは「打ち壊しでなく、心を揺さぶることで」変革を進めるヒップスターや政治的ラディカルとの連携を唱えた。『エグザミナー』紙によれば、演説が終わった瞬間、学生たちは

「デモが始まって以来の」大合唱を始めた。そして彼らは「イエロー・サブマリン」を歌った、伝統ある「勝利を我等に」ではなく。バークレーの活動家までもがインスタント・シアターを、イエロー・サブマリン運動を始めた瞬間だった。[原注8]

翌日、「ローン・レンジャーのキャンパス・フレンド会報」と題されたビラが配られた。イエロー・サブマリンの音楽について「信じるための未来、作るべき世界の象徴が突如として現れた」と書かれていた。学生はローン・レンジャーの仮面をかぶって教室に入るようになった。大学当局の鉄面皮に対抗するためである。

And we live a life of ease
Every one of us has all we need
Sky of blue and sea of green
In our yellow submarine[原注9]

ボブ・ディランを大学の名誉総長にしようと学生集会で提案されたこともあった。その声は学生たちを

PHOTO:PAUL KAGAN

ALAN WATTS:...Look then, we're going to discuss where it's going...the whole problem of whether to drop out or take over.
TIMOTHY LEARY: Or anything in between?
WATTS: Or anything in between, sure.
LEARY: Cop out...drop in...
GARY SNYDER: I see it as the problem about whether or not to throw all your energies to the subculture or try to maintain some communication network within the main culture.
WATTS: Yes. All right. Now look...I would like to make a preliminary announcement so that it has a certain coherence.

This is Alan Watts speaking, and I'm this evening, on my ferry boat, the host to a fascinating party sponsored by the San Francisco Oracle, which is our new underground paper, far-outer than any far-out that has yet been seen. And we have here, members of the staff of the Oracle. We have Allen Ginsberg, poet, and rabbinic saddhu. We have Timothy Leary, about whom nothing needs to be said. (laughs) And Gary Snyder, also poet, Zen monk, and old friend of many years.

感傷的にした。ジョーン・バエズとマリオ・サヴィオが「風に吹かれて」を歌ってからまだ二年しか経っていないのだ。それなのに世界はまるで別様になっていた。

今になってみると、イエロー・サブマリンは政治運動の時代に幕を下ろすものであった。若者が自分たちの信じるもののために勇敢に立ち上がった純真の時代はもう終わっていた。熱情はその後、支配者層に声を届けることができない現実を前にして色彩を徐々に変えていくことになる。六〇年代後半に作られたフォーク・ソングの歌詞にもその変化を読みとることができる。平和や正義を目指す信念はそのままであっても、若者はピケ・ラインの喧騒を避けるようになったと分かる。大通りを闊歩していたデモ隊はもういなかった。一部は先鋭化し、それ以外は裏小路に入り込んでいった。

大人はそれに気付かず、どうして若者はわざわざ浮浪者の格好をするのかと訝しがった。あるいは「ことを起こしている」のは一部少数派だけだと言い立てて、世代が違うからという魔法の言葉ですべて説明しようとした。

サンフランシスコ湾の両岸、そして恐らくはアメリカ全土で、黄色い潜水艦は新しい希望の象徴だった。ディガーズは黄色いジープで食料を運び、私も黄色い缶バッジを胸に着けた。黄色を身にまとうことで勇気づけられるような気がした。ビートルズの四人はそれを嗤っただろうか。

フリースピーチ運動は、政治闘争によって教授連中を改心させて社会全体までも変えることを目指していた。しかし時が経つにつれて、大学や社会体制は暴力さえ振るって学生を弾圧するようになった。若者はそのうち、社会を変えるよりまずは自分たちから変わることを指向するようになった。ブロンソン・オルコットとチャールズ・レーンが言ったように、一人ひとりの行動が始まりの一歩である、「善徳を妨げるものの第一は、汝の魂である」と。そしてこの思想を結晶化させたのがヘイト・アシュベリーであった。

第四章

無邪気な生命

聞いてください、お父さん、もう僕はだれも殺しません……

——ピーター・ヤロー「グレイト・マンダラ」

一八四〇年代のニューイングランドと一九六〇年代後半のヘイト・アシュベリーには共通点が多くある。大人からみれば子供たちは恐ろしく奇異であった。ハーメルンの笛吹き伝説が頭をよぎった親も少なくなかったはずだ。[原注1] ただ一つ大きく違っていたのは、二十世紀に入ってから核兵器の拡散と東西冷戦のなか人類の存続が現実に脅かされていたことである。ハリー・スタック・サリヴァンの言葉を借りれば、第二次大戦以降の日々は「ヒロシマというピリオドの後の歴史」[原注2]であった。若者の生きる現在はその過去と異質であり、生命が未来永劫に続くという保証は失われていた。人間も、動物も草花も、核の熱波には耐えられない。核弾頭の専制から正気を保つには幻想が、あるいはノアの方舟が必要だった。占星術や仏教経典に救いを求めたのも無理ないことだろう。まだ誰にも知られていない、まだ汚されていない知恵だけが信用に値するものだった。

一八四〇年からブロンソン・オルコットは『ダイアル』誌に「老オルフェウスの言詞」を五十回にわたって載せている。かつてのニューイングランドの若者たちも「神秘主義、催眠術《メスメリスム》、骨相学や動物磁気について語ることで、闇に希望の光を差し込む」ことを望んでいたことが分かる。原注3 ヘイト・アシュベリーの『オラクル』誌にも通じるものがある。「ニューイングランドの花盛り」と呼ばれた時代と六〇年代のサンフランシスコはよく似ている。しかしサンフランシスコの若者たちは、将来に対して昔ほど楽観的ではなかった。ユートピアの到来を座して待つ余裕はなかった。

ヘイト・アシュベリーでは、死に独特の意味が与えられていた。死について語るとき、若者たちはまるで古い友人について語るかのようだった。私の育った時代だって、戦争が一切なく平和な時代だったというわけではない。しかし少なくとも、明日には世界中の何もかもが焼き尽くされてしまうかもしれないと考える必要はなかった。自分がいつか大人になって、子供を産んで、その子供もきっと春の陽の光や初雪の眩しさを感じられるだろうと信じることができた。

しかしヒロシマ以降にそんな慰めはなかった。ヒッピーに一番人気だったバンドがグレイトフル・デッド、つまり「感謝する死者」だったのは偶然ではない。ＬＳＤを美徳とした若者は、それを死の体験と結びつけていたのではないだろうか。ＬＳＤによって身を投じ、生まれ変わり、そうして初めて生きることを知ったのだろうと思う。

テレビジョンに晒されて育った世代であることも無関係ではない。第二次大戦に前後して生まれた子供たちは幼少期より映像を見ないで過ごすことができなかった。私を含めて、それより前の世代は映像の棺《ピクチャー・ボックス》に圧しつけられることがなかった。しかしある時期以降、この棺は、家庭や学校にさえも置かれるようになり、子供たちは逃げ場をすっかり奪われてしまった。

電波放送は二つの支配的メッセージを送信するものであった。行動を起こさなければならない、さもなくば皆が核の熱に灼かれることになるだろう、しかしお前にできることはない、棺の前に座って、ワインでも飲みながらリングサイドで眺めていろ、と。バークレーやサンフランシスコの若者たちが特異な自己主張をしたことは、この大テーゼに絶えず圧迫されながら育ったことへの反発である。痛いほどの鋭さが眼差しに宿っていた。

宣伝の手法だけ体得してしまうと、若者はもうメディアに関心を示さなくなった。プロパガンダの手法、つまり〈派手な映像をたくさん、選り抜かれた言葉を少しだけ〉である。彼ら自身がニュース番組を観ることはなかったけれども、ニュースに取り上げられることの意味と価値はよく把握しているようだった。当時の写真を見返すと、ヒッピーはいつも花を捧げもっている。花は道徳の象徴だった。人生を清く保つこと、無邪気《ハームレス》であることのシンボル。

これに気付いた瞬間を今でもはっきり覚えている。六六年のクリスマス・イブ、いくつもの教会がユニオン・スクエアで平和祈願をやっていた。凍るような風が吹くなか、年齢や肌の色を問わず、皆がキャンドルを灯していた。壇上で唱えられている聖句をみながら、静かに立っている。装束をまとった若者たちも、ポインセチアやクリスマスローズを髪や服に挿していた。

ふと見上げると、四人の修道女がギターを持って壇上に登るところだった。そしてピート・シーガーの「花はどこへ行った」を歌いだした。見上げていた人たちが、そっと声を合わせた。広場の人々は胸を衝かれた思いで、やがて歌の輪に加わっていった。

花はどこにいった
　もうずっと咲かないまま
花はどこにいった
　もうずいぶん昔のこと
花はどこにいった
　少女が摘もうとした花は
いつになったら分かるのか
　いつになったら
少女はどこにいった
　男のもとにいってしまった
男はどこにいった
　兵隊になっていってしまった

兵隊はどこにいった
墓場にいってしまった
墓場はどこにいった
いまは花に埋もれて、消えてしまった

湧き水が河口へ流れていくように、歌は進むほどに哀しくなる。そしてあの冷たい冬の日、古いフォーク・ソングに歌われた花がたしかに目の前にあった。あの日以来、ヒッピーが花を挿しているのを見るたび、不思議な声が浮かぶようになってしまった。あの花はどこにいった？　どこにも行っていない、ここにあるよ、ほら、きみにも一本あげる。いつになったら分かる？――もうすこしで分かるとおもう、簡単じゃないけど、でもそのために僕たちはここにいるんだ、と――。

対話することは、ヘイト・アシュベリーの街角ではごく実践的な思想だった。こう書いても信じてもらえないだろう。嗤われるかもしれない。目を逸らすにはそうした方がいい。

エリザベス・マーシャル・トーマスの著作を知ってから、私はヒッピーを「無邪気なひと」と考えるようになった。[原注4]

トーマスによれば、アフリカ大陸南西部のクン族は自分たちを「ズフ・トワ・シ」――害を及ぼさないもの――と呼ぶ。（「トワ」は「ちょっとした、些細なこと」というような意味。）この一節を読んだとき、まさにへイト・アシュベリーにぴったりの言葉だと思った。そんなおどろかないでよ、こわいことをするわけじゃないからと、いつも言いたそうな若者たち。

まだ街に慣れないころ、向こうからやってきた女の子が私にキャンディかなにかを手渡そうとした。青い瞳の子で、風にブロンドが揺れていた。ほとんど本能的に私は断ってしまったのだった。知らない若者から食べ物を、しかもほぼ間違いなくドラッグが添加されているだろう飴玉をもらうなんて論外のことに思われた。でも街に慣れるにつれて、あの娘はただ素朴に好意を示してくれたのだろうと思い返すようになった。一見して部外者であるインテリ風の中年女に対して、少女は優しさの一片を差し向けてくれたのだ。そしてその優しさを、私は素直に受け取ることができなかった。

陰気で古臭い体質が嫌になって大学から抜け出した自分だったが、染み付いた猜疑心や邪推の習慣はそう簡単に抜けるものでなかった。ほんのちょっとした善意さえも拒絶してしまうまでに。


食物を互いに贈りあうことは多くの未開部族にみられる経済方式である。飢饉や旱魃などの非常事態においてさえ無償譲渡は続けられる。トーマスの著作から一例を挙げてみよう。遠征調査の途上、部族民が三百ポンドを超えるツィ（ナッツの一種）を互いに贈与しあう光景が目撃されている。大量のツィは当然、手で受け渡しすることができないので、身振りや言葉を用いて、所有権だけが移転されていく。当初は大きい単位で贈与されていくのだが、そのやり取りを何日も続けているうちに贈与単位は小さくなり、そのうち手に載る程度の量、最終的には小さな一片ごとに受け渡されていくことになる。贈与のもとになる資源がこのプロセスを通じて増えるわけではないので無益な行動に思われるかもしれないが、しかしこれによって集団内の結びつきが実体化されていることが示されている。
栄養ある食物を得るためには定住箇所から数日掛かりの遠征に出かけなければならない。老人や妊婦、子供たちの分まで遠征隊は食料を運んでくる。その意味で収穫と配分は一体である。最も病んだものが、最も屈強なものと食物を通じて繋がっている。[原注5]

現代のアメリカで食料の総量が不足することはないが、しかし分配に関しては課題ばかりだ。食料品を腐らせてしまうほど仕入れる量販店がある一方で、その隣に住む一家が栄養失調に陥っていることも珍しくない。(店の裏で繁殖するネズミの方が栄養状態がよいかもしれない。)ヒッピーとディガーズはこの非効率をはっきり認識していた。炊き出しの実践は慈愛心からであったが、同時に、現行のシステムに対する批判精神も手伝っていた。

食料や嗜好品のやり取りに関してヘイト・アシュベリーといわゆる未開社会は多くの共通点を持っている。困っているひとがいれば無償で分け与えるのが当たり前だった。そして自分たちの配分方式にヒッピーはかなり自信をもっていた。たとえ頭の固い警察官であっても、みんなで一つの食卓につけば、そうすればきっとポリスも目が覚めるだろう、と。そうして実際にゴールデン・ゲート・パークで合同ピクニックが企画されたりした。

六七年春、ディガーズは行政府の敵意を和らげるためにサンフランシスコ市長までピクニックに招待するようになった。昼食会が近づいてきたある日、ディガーズの一人とばったり会うと、ほとんど取り乱したような様子で、トラブルがあってピクニック資金が足りなくなったと言っていた。私はほとんど反射的に財布を開いて、入っていた紙幣をすべて手渡す。彼は黙ってそれを受け取った。ぶっきらぼうな態度になぜか安堵している自分に気が付く。街の一員になったような気分がしたのだ。その日の夜、ディガーズが市役所へと食事を運ぶ様子をテレビ・ニュースで見た。娘が道徳劇の一コマにかんでいることを知ったら、私の両親は何を思っただろうか。

こんなこともあった。ヘイト・アシュベリーを歩いていて、ブラック・ピープルズ・フリー・ストアで顔見知りの黒人青年と遭遇した。何人かで立ち話をしているうちに、「煙草を一本くれないか」と彼に言われた。煙草を吸う人がその場に誰もいなかったから、財布を取り出して、代わりに小銭をいくらか渡した。話が一段落して、車に乗って帰ろうかと背を向けた直後、コインが歩道に落ちる音を聞いた。振り返ると、薄暗い一角に固まった数人のヒッピーに向かって、青年が小銭を投げ与えたところだった。陽気な感謝の声が飛んだ。

青年はあの時、わざと音を立てたのだと思う。黒人である自分が、白人から金を貰って、それをさらに他の白人に恵んでいる場面を私たちの目に焼き付けるために。こんな四角四面の世界では、苦笑するほかないパラドクスだった。嬉しいような、不思議な気分になって、目撃者たちは散っていった。――例の小銭は煙草ではない何かの煙となったことだろう。少なくとも国家経済には寄与しなかったに違いない。

第五章

聖パウロの回心

I read the news today, oh boy
Four thousand holes in Blackburn, Lancashire
And though the holes were rather small
They had to count them all
Now they know how many holes it takes to fill the Albert Hall
I'd love to turn you on

——ジョン・レノン、ポール・マッカートニー「ア・デイ・イン・ザ・ライフ」

若者たちは新しい人生を伝えようとしていた。世界中の皆を、合衆国大統領さえも回心させようとしたのだった。サイケデリック・ドラッグはそのための手っ取り早い方法だった。一度芽が出れば、後は時々水をやるだけでいい。回心は新しい命を生きることだった。ヒッピーが幻覚剤をちょっとした贈り物のようにやり取りするのは、もう一度生まれることへの祝福だった。

この感覚は「ア・デイ・イン・ザ・ライフ」にもある。殺し合いの螺旋、不思議の国のアリスに出てきそうな計算狂世界から抜け出すための祈り。この一大叙事詩が幕を下ろすとき、I'd love to turn you onとまるで懇願するかのように歌われる。皮肉にもビリー・グラハム[1]が最近ではテレビ伝道のとき同じような文言を使っているけれども。

1……………Billy Graham（一九一八-二〇一八）アメリカの宗教家。テレビ中継を伴う大規模な伝道集会を行ったことで知られる。ニクソンやレーガンといった保守政治家と深い関係があった。

サイケデリック・ドラッグが若者たちの日常となっている様子を私はここまで書き記してきた。諸手を挙げて賛成しているわけではない。アルコールに代表されるように、中枢神経に作用する物質にはいつも危険性がある。

けれども薬物の真の危険が〈社会がそれをどう定義するか〉次第であるということは充分に理解されていないように思う。ただ人々を震え上がらせるためにドラッグの危険が言われるのだったら、ドラッグはいつまでも危険な使われ方をするだろう。現実を無にしてしまうと喧伝されるのであれば、何も積み上げられなかった人たち、現に何もかも無にしてしまいたい人たちによって濫用されるだろう。

既に述べたように、もともとヘイト・アシュベリーでは現実逃避のためにドラッグが使われていたのではなかったし、嫌なことを放りだすために薬に耽っているわけでもなかった。

よく知られている通り、ユダヤ人コミュニティにはアルコール依存が極端に少なく、これはユダヤ人が子供のうちから少量のアルコールを祝祭日と結びつけて摂取する習慣があるからである。現実逃避や反社会的傾向の発露としてアルコールが教えられることがないために、大人になってからもアルコールが乱用されることが少ない。

倫理規範を刷新するための一時的な行為として幻覚剤が認められていたなら、若者たちが薬物をコントロールできる可能性も充分にあった。しかし反対に、体制側はドラッグをただ危険なものとして排除しようとしただけだった。向精神薬はそのせいでただ危険なものであり続けた。[2] 予言の自己成就である。

──「回心」という言葉を聞くたび、アメリカの大地に根差した、はっきりと宗教的な体験が呼び起こされる。

子供のころ私は、オンタリオ湖を見下ろす叔父の農場で夏休みを過ごしていた。毎年のサマースクールが教会で開かれていて、生真面目なニューイングランド気質の紳士たちが集まっていた。大人たちに交じりながら私は、普段の生活と違う、独特の高揚感と喜びに胸を躍らせていた。

十代を過ごしたメリーランドでは年に一度の祈禱会があって、そのときだけはヴァージニア辺りからやってきた出稼ぎ労働者が街に出てくる。郷土の喧騒とお祭りを恋しく思う、心優しい人々だった。友人と一緒にまるで移動遊園地のような騒ぎを見て回り、宣教師たちの辻説法を聞いた。普段はおとなしい子が陽気になっているのをみて不思議な気分になった。二十代になって私はミシシッピに移った。ガルフ・コーストの教会から聞こえてきた黒人霊歌。開け放たれた教会の向こう側、草むした土手に座り、湿った夜の空気から歌を聴いた。信仰への目覚めを謳う、祭壇の明かり、一歩足を踏み出す瞬間に立ちすくむ、黒人の優美で、汗に濡れた身体を眺めていた。

ある日を境に世界が違ったものになるような体験、それこそヘイト・アシュベリーが求めていたものだった。ヒッピーは形式張った田舎教会を好きではなかったけれども、価値を見出すその根源のところには近いものがあったかもしれない。あるいはニグロのように霊魂《ソウル》を求めていたのだと言ってもいい。サイケデ

2……………現代では厳罰化が無効な政策であると知られるようになり、非処罰化と相談窓口設置による早期介入を組み合わせた「ハーム・リダクション」の考え方が世界的には主流になっている。

リック・ドラッグを使って人々に魂を、土の香りがする息吹を吹き込もうとするのは奇妙なことだ。奇妙ではあるが、崇高な旅路であった。

ヘイト・アシュベリーは全米から注目されていた。六七年の夏休み期間が始まれば途轍もない人口流入のあることが予想されていた。ある晩、ディガーズが中心となって、聖公会教会でタウン・ミーティングが開かれた。ベテランの保健師、社会学者、サンフランシスコ市警の幹部まで参加していた。その時点で市政府は、予想される人口急増に対して何も対策をしていなかったどころか、臨時対応をするつもりはないと明言さえしていた。役に立たない行政の代わりに、ディガーズが走り回って話し合いの場を設けたのだった。

ディガーズの一人はゴールデン・ゲート・パークにテント設営を認めるよう市政府に働きかけることを提案した。千エーカーを超す巨大公園だったからサマー・キャンプ方式でなんとか人口増加に対応できるはずだった。しかしサンフランシスコ市警の幹部は「十八歳未満の不良少年たちは逮捕して更正施設に入れる」の一点張りだった。施設はその時点ですら過剰収容で、運営はまったく破綻していたにもかかわらず。

ディガーズの大部分は、家出した少年少女は両親の待つ家に戻るべきだと考えていた。同時に、ヘイト・アシュベリーで数日間のモラトリアムを過ごすことの価値も否定していなかった。この街にいる間だけは心を開けるだろう、と。アメリカ各地から集って人生について夜ごと語り合うのが悪いことであるはずはなかった。ヘイト・アシュベリーで人生最後の夏を過ごす少年もいるはずだ。この国では、徴兵年齢に達すれば、いつ徴兵されても、いつベトナムで撃たれても不思議ではなかった。

フィールド・ノートにはこう書いてある。

（ディガーズは）パーク内部にどうしてテントを張ってはいけないのか、アルメニア広場にでもどうして給食場を設置できないのかと突き上げた。市の倉庫にはサーカス興行用の巨大な天幕があるはずだった。六六年の人種暴動[3]のとき州兵がケザール・スタジアムを使ったのだから、民間人だからという理由で使えないのはおかしい、という意見。ケザールであれば最低限のトイレと入浴設備があり、寝袋だけあれば相当数の少年少女が短期滞在できるだろう、と。市警幹部、無言のまま。

ミーティングの後、ディガーズの夫婦、ＢＢＣの男性記者と私の四人で連れ立って帰路についた。硬直した行政に全員が腹を立てていた。ＢＢＣの記者は、未成年の少年少女を一律に逮捕するという市警の対応に憤慨していた。「どんな頭で言ってるんだろう、夏になればヨーロッパを放浪する子だって珍しくないのに。今まで誰も構わないでいたじゃないか」と。

人混みの中を歩いているうち、男二人は先に行ってしまって、私たち女二人になっていた。自然と、ヘイト・アシュベリーに関わるようになった経緯の話になった。そのときの彼女の答えが手元に残っている。

彼女はカレッジの二年生のときに目を覚ました《ターン・オン》。東海岸の上流中産家庭に生まれ育ったことの

3……ここでは「ハンターズ・ポイント暴動」のことを指していると思われる。

意味に。夫は「プロレタリアート」の生まれだった。だから私よりずっと前から目を覚ましていたはず、と彼女は言う。

どこか乾いたような気持ちで、プリント・ミントに向かった。あのとき「ターン・オン」という言葉には聖書の一節のような厳粛な響きがあった。パリサイ派だったサウロは、ダマスコへの途上、神の声をきいた。驚愕したサウロは落馬し、三晩にわたって盲となったあと、遂に新しい信仰に目覚め、名を改める。聖パウロ回心譚が心に浮かんだ。

記者の妻の回心が、サイケデリック・ドラッグに補助されたものかは聞いていない。しかし少なくとも彼女の夫は、ほんの子供のうちから、何かに気付いていたし、それはドラッグではなく社会階級の効能だったという。

サリヴァンの言葉によれば、悪とは「生に対する不当な介入」である。市政府の行動は悪に違いなかった。いま不当な壁と不必要な困難が作り出されているのは明らかだった。回心するために何を使ったかがそんなに重要だろうか。無邪気な人間となり、悪を振り捨てることの方がずっと核心にあるのではないか。そんな問いが頭を巡っているうち、私自身、どうすれば体制側の目を覚ますことができるだろうかと考え始めていた。

百年前、ブロンソン・オルコットは馬に乗って大西洋に沿って北上しながら思想を広めていた。声と言葉によって聴衆の心を開いた。彼の行動は、アメリカの教育制度のなかに、確かな足跡を残している。[4] アメリカはまだ幼く、人類の生存を背負い込んでいるようなこともなかった。

しかし一九六七年は違った。太平洋を隔てたアジアの小国を舞台に、若者たちの生命を賭け金にしてギャンブルが繰り広げられていた。アメリカ全体を一刻も早く塗り替える必要があった。そうでなければ、この国に端を発する不道徳のために全人類が消滅してもおかしくなかった。ヘイト・アシュベリーに生まれた思想は社会の全体を変えようとするものだった。その判断の負の側面はともかくとして、彼らが化学的解決《ケミカル・ソリューション》を選んだことそれ自体は、むしろ自然に思える。

若者たちがどれほど東洋世界に憧れていたとはいえ、一番身近に触れていたのはアメリカの市民社会であったはずだ。そこでは大人たちが生活上のストレスや退屈から逃避するために、ありとあらゆる種類の化学物質、つまりアルコールやニコチン、トランキライザーにすっかり依存していた。煙草だとか安定剤が危険であることは繰り返し言われてきた通りである。喫煙に興じる大人は口先で道徳を説きながら「人生なんてクソの価値もないし、それで何が悪い？」と公衆に叫んでいるようなものだった。

マリファナだって喫煙には違いないじゃないか、煙は何であれ肺を痛めつけるはずだ、という反論は揚げ足取りというものだろう。それに煙以外の摂取方法もたくさんあった。アリス・B・トクラスのレシピ集[5]を開けばハシッシ・ブラウニーの作り方も載っている。マリファナ入りクッキーの新しいレシピも数限

4……一例として、教育現場における体罰禁止はオルコットに起源をもつと言われる。
5……華やかな生涯を送った作家アリス・B・トクラスの料理本は当時、中産階級のアメリカ人によく知られていた。初期の版にはハシッシ（未精製の乾燥大麻）を練りこんだブラウニーのレシピが載っていた。

りなく登場した。(しかし実際のところ経口摂取はあまり流行らなかった。ブラウニーで目を覚ますには大量に食べなければならなかったし、しかも効果が出るまで時間がかかった。)

大麻からLSDへの移行は六六年初頭に起きた。大麻所持の取り締まりがぐっと厳しくなり、そしてサイケデリック・ショップが錠剤を売り始めたころ(当時は違法ではなかった)である。大麻所持の厳罰化によって、結果として、大麻よりも毒性の強いLSDが広まることになった。大麻所持の厳罰化がLSD蔓延の一因である。秋にはLSD製造が違法化されるが、単純所持が微罪のままだったために流通に歯止めがかからなかった。使用者側よりも、むしろ体制側がそれぞれの化学物質(タバコなども含めて)をどう規定したかによって、その分布パターンが変わっていったことになる。

経済要因についても述べておくべきだろう。大麻は誰にでも簡単に栽培できたし、単価も安かったために、犯罪組織のビジネスとはなりえなかった。一方で合成ドラッグは高価で取引されたためにこれを商機とみる組織が現れた。より強力な幻覚作用をもつ化合物を求めて地下工場に資金が流入した。その意味でも、大麻からLSD(あるいはアンフェタミン)への移行は避けがたいものだった。

大麻が他の精神作用物質に比べて危険性が低いことは知られている通りである。ある時期まで目を覚ますことは辛うじて安全に行われていたと言っていい。若者たちをより危険な方向へ追いやったのは、右に述べた通り、社会体制の側である。そしてそのことの責任を取る者は誰もいなかった。

大麻そのものは害が少なくてもハード・ドラッグの入り口となってしまう点で危険なのだ、と言う人もいる。しかし若者たちと本当にコミュニケーションを取ろうと思うなら、このような陳腐な考えは改めなくてはならない。ヘロイン中毒者の大半は、ヘロインの前にタバコやアルコールや、あるいは極端に言えば母乳を、摂取しているに違いない。けれどもそれらの物質を「ハード・ドラッグへの入り口」と攻撃する者はいない。若者たちを見くびった安直な因果論をいうことは断絶を深めるばかりである。

私自身も最初の頃は、ドラッグの使用を青年期特有の反抗と結びつけて考えていた。けれどもヘイト・アシュベリーをよく観察しているうちに物事がそれほど単純ではないと分かった。反抗精神からドラッグに手を出したものはごく一部で、大半はむしろ法秩序の内部で社会改良を目指しているのだった。法を破ることとそれ自体が成長の証であると考えていた古い世代とは対照的に、合法的な解決を見つけようとする試みが普通だった。

六七年、春先のよく晴れた朝。何人かがヘイト・ストリートに面した壁にもたれて座って、せっせとバナナの皮の内側をこそぎ取っていた。何をしているのかと尋ねようとすると、プリント・ミントの店員がカウンター越しに教えてくれた。インディアンの伝承らしいですよ、と。若者たちは躍起になって、合法レシピを探し求めていた。法を破ること自体が目的ではなかったからだ。スポック博士の育児書[6]で育った子供たちにとっては、法を破ることよりも世界を救うことの方がずっと大切だった。世代的な感覚といってもいい。反抗と改革が違うことに気づければ〈何が起きていたか〉を大人たちも分かるようになるだろう。

6…………小児科医ベンジャミン・スポックによる育児書。初版が一九四六年に発行され、世界的ベストセラーとなった。

年長のヒッピーほどドラッグ以外に関心を向けていた。大麻使用の法的リスクとＬＳＤの身体的リスクを避けるためである。青年のジレンマに敏感だったビートルズもそうで、かなり早い段階でドラッグから次の手段へ、つまり瞑想やシタール音楽に目を向けるようになっていた。しかし同時にヘイト・アシュベリーの若者は二十世紀の申し子でもあったわけで、すなわち人類史上類を見ない化学工業の発展とともに成長してきた世代であるから、最終的に醸成された思想はなかなか魅惑的なものとなった。「幻覚剤研究を推進すべし。応時利用のため、流通を合法化すべし。同時に、幻覚剤の外の充足も求められるべし。」

ヘイト・アシュベリーにいる間ずっと、様々に行われる実験の光景を目にすることになった。ドラッグや食餌、あるいは断食、瞑想、善行――そしてそこには音楽と極彩色のライトが溢れていた。目指すところは一つ、無邪気になること、皆と一緒に――それは人類の生存をかけた闘いだった。

私自身にとっても転換期だった。十八歳の身体感覚、生きることの美しさと儚さを知った頃に立ち戻っていて、いつの間にか皮肉っぽさはすっかり消えていた。恐ろしいことには違いない。老いの現実と絶望に唯一対抗できるのが冷笑的になることなのだから。ある年代を過ぎると真摯に生きていくのはそれだけで大事業である。将来への希望は体を突き刺したまま、生きていることは、自分が積み残したもの、達成できなかった夢の残骸となっていく。

――はじめてフィルモア・オーディトリアム[原注1]に入ったとき、奇妙な感触のあったことを覚えている。リキッド・ライト[7]と音のうねり、揺れるような光の舞踏、暗闇に身を委ねた艶めく肢体。ミシシッピの黒人教会で体験したものに近い身体感覚があった。何が起きているのかを一度に知ることは不可能で、五感が侵食された。微かな記憶のなかに、巨大な部屋の角の壁に照らし出された少年の姿がある。イェーツの詩、

「心奥深くの薔薇」。男性の身体、その全身に投影された巨大な試験管。ストロボの光が若者たちを照らした。色彩の濁流に呑まれて、もはや何も聞きとれないまま、生を祝福し、人を殺めることの対極にある思想、瞬間の気配のもとに、轟音が響き続けた。ダンスフロアに立った私は、黴臭い道徳の崩壊と生の衝動に押し倒されたのだった。

フィルモアを出た瞬間、舗道で私はよろめいて、膝をついた。一人では立ち上がることができなかった。ドラッグを摂ったわけではなく、しかし私は目を覚ましたのだった。

若者の変化に幻覚剤はまったく無関係であっただろうか。現実には確かに、若者のほとんどがドラッグを使用していたのだから、その影響は無視できないものだっただろう。あるいはドラッグがあったからこそ、体制からの粘着質な悪意をなんとか耐え忍ぶことはできたのだともいえる。しかし本質においては、幻覚剤はやはり枝葉の問題に過ぎないと思う。もしもアメリカが、ベトナム戦争、アジアで続く非道徳の泥沼から責任を持って身を引くことができれば、これから五年もすればドラッグの蔓延は収まるのではないか。しかし政府やメディアはヘイト・アシュベリーで起きていたことの全てを、実際の状況からすれば不当なほどに危険な、醜いものと喧伝するばかりである。

ここでもサリヴァンの言葉を借りよう。この国で前青年期preadolescenceを過ごすことはある種の精神障

7……着色した油滴に光を通過させる特殊照明の一種。

害をほとんど避けがたいものとしている、そしてアルコール乱用によって青年たちは辛うじて身を守っている、と彼は述べた。これが二十世紀初頭の状況であった。そしてここまでに述べた経緯で、アルコールは幻覚剤に取って代わられたのだ。

現代の青少年は荒れ地を抱えている。しかしそうでない方がむしろ異常であるような時代なのだ。私たちの世代が固着させてしまった悪弊と、彼らは身を削りながら闘っていた。言葉を換えるなら、先の世代の残した因律《モーレス》と決別するため、そして何より道徳を保つため、若者たちはある種の化学物質がなければならないようなところに追い込まれていた。若者の好んだ新しい化学物質は、親世代の好んだ古い化学物質と同じではなかったし、より危険だったかもしれない。しかしフランシス・ケルシーが告発したような製薬業界の腐敗[8]もその変化の一因ではなかっただろうか。

この国で長く抑圧されてきた人種集団、つまりアメリカ先住民族とニグロに倣った物質がそこに広まったのは人類学者として興味惹かれるところである。どちらも植物性の幻覚剤、インディアンのペヨーテとジャズ・ミュージシャンのマリファナ。理不尽に辱められ、攻撃されてきた民族の苦しみを癒やし、魂の平和を作り出してきた薬草であったと言っていい。物質文化の全盛期にあったアメリカで、若者がインディアンと黒人こそ自分たちの元型であると考えたことは、単に偶然と済ませられることではない。

白人青年層が黒人と連帯するようになった経緯は複雑である。公民権運動を通じて、北部や西海岸の白人学生たちがミシシッピやアラバマといった南部諸州を訪れたことの影響も大きいだろう。しかしそれよりもずっと以前から、トランジスタ・ラジオからはニグロたちが創り上げた音楽、ジャズやソウル・ミュージックが流れていた。ヒロシマ後の世界を生きる若者たちにとっては音楽こそアメリカに流れる血脈だった。六〇年代初頭、フォーク・ムーブメントの季節に「勝利を我等に」の歌が響いた。もとは黒人霊歌であった音楽である。白人学生は黒人霊歌によって無気力と物質崇拝を乗り越えようとした。ピーター・ポール&マリーが歌ったように、もし戦争が一万年も続いたとしてもなお変革を諦めないでいよう、と。

西洋社会の最良の部分は、皮肉なことに、黒人音楽のなかに辛うじて生き残っていた。イギリスの封建社会に見切りをつけて、自分たちの社会と道徳を、何もない大地に築き上げたのが抗議せる《プロテスタント》ひとではなかったか。六〇年代の初めに、その思いを残した白人音楽家はビートルズだけだった。リヴァプールからやってきたその四人組も、自分たちの思想を体現するときに用いたのは黒人音楽のビートとリズムである。その精神を通過して自分たちが生まれたことがはっきり自覚されていた。

実に二十世紀的な恐怖を描いた戯曲『ヴァージニア・ウルフなんてこわくない』には身を持て余した中年夫婦の倦怠とアルコールへの逃避行が描かれている。そこに落ち込んでしまうよりは大麻をとって精神を拡張する方がよほど良かった。ときにヘイト・アシュベリーではアンフェタミンの新しい種類が話題になることもあったが、それは大麻という言葉が呼び起こす熱情に比べれば、ずっと些末なことであった。大麻とジャズとロックン・ロールは渾然一体になった神話だったのだから。

8……新種の睡眠薬サリドマイドには強い催奇形性のあることがヨーロッパでの発売後調査から示唆されていたが、製薬会社はこのデータを隠蔽したままアメリカ国内での新規の発売承認を求めた。アメリカ食品医薬品局の薬学者フランシス・ケルシーがこの承認に反対し、サリドマイド禍を未然に防いだ。

ペョーテがヘイト・アシュベリーで広く使われることはなかったけれども、特別な位置を占めていたのは間違いない。催幻覚性物質が一律に国立精神衛生研究所と麻薬取締局によって規制されているにもかかわらず、大陸西部の先住民族によるペョーテの利用は宗教儀式の一部であるとして州政府によって例外的に認可されていた。宗教目的での幻覚剤使用は違法じゃないからと若者はよく冗談を飛ばしていた。アメリカン・インディアンに対する以前からの親近感もこれに関係している。

初等教育のなかでは、先住民族や黒人への弾圧にはいつもそれらしい理屈がつけられているものだった。しかし子供たちが大きくなり、サリヴァンの言葉によれば特に前青年期に至ったとき、どうやら嘘があるらしいことに気が付く。慣れ親しんだ文化に対する初めての幻滅である。

テレビをつければいつでも西部劇が放送されていて、「悪い」インディアンを「良い」ガンマンがやっつけるストーリーだった。しかし子供はやがて成長し、威勢のいいガンマンたち、つまりフランス系やイングランド系の移民こそが先住民の尊厳や大地の自然美を一方的に打ち壊していたことに気づく。インディアンの装束や思想への傾倒は、支配的な価値観に対する信頼の崩壊、幻滅の最初の一瞬から滲み出していた。そしてこのことの証明が、地下新聞『オラクル』の端々に見出される。

ヒッピーの音楽には黒人文化と同じ血が流れていた。そして、そこまで直接的でないにせよ、アメリカン・インディアンの影響下にヒッピーの装束や色彩感覚が磨かれていった。ヘイト・アシュベリーの女の子たちが好んだ雌鹿革のブーツや、男子の羽飾りである。ヘイト・ストリートではいつでもインディアン独特の色味が強い装束品が売られていた。（さらに各国の民族衣装が様々に組み合わされて、ヘイト・ストリートはいつもランウェイのようだった。）

インディアンたちが若者をひきつけたのにはもう一つ理由がある。祖先からずっとアメリカの大地に生まれ育ったのは、つまりその意味で生粋《ネイティブ》のアメリカ人はインディアンだけだった。そうであるからペヨーテが、大陸に生まれたヒッピーにとって正統な秘蹟とされたのだろう。この乾燥させたウバタマサボテンの力については、シカゴ大学の人類学者J・S・スロトキンが書き残したフィールド・ノートがある。以下に引用するのは、インフォーマントの一人、ヂューイ・ニコニッシュ氏の発言と、それに続くスロトキンの言葉である。

昔、各地の部族が、互いに殺し合い、憎しみが蔓延っていた。我々メノミミ族でも、首領たちが出征し、隣の部族の首領を殺していた。その時代がずっと続いていた。ある時、誰かがこの薬を見つけた。そして我々全員が本当は兄弟姉妹であるべきだと、学んだ。それで今、我々はみな兄弟姉妹だ。共に考え、協力し、共感する。ペヨーテを通じて、そのことを身に付けた。父なる精神に学んだのだ。今では、子供たちさえ知っている。

……「西洋の外」では、大昔から知られていたこと、誰もが生活の一部としながら大人になっていく過程の一つである。ペヨーテの幻覚作用について精通することで、つまり幻覚を通してあらゆることが学ばれている。自分たちがみな一つである、何も違うことはない、皆兄弟だ、と。大地にはこの真実と、そして父なる精神があるだけである、と。偉大なる精神に祝福あらんことを。[原注2]

スロトキンと先住民の間には、相当の信頼関係があったらしい。白人の大学教授が宗教儀式に参加を許されることは普通ありえない。初めて踏み入った儀式でスロトキンはインディアンと共にペョーテを摂取した。「ペョーテが効いてくると、疲労も、空腹も、喉の乾きも消えていった」という。
二回目の儀式では、彼はペョーテを服まなかった。素面で周囲を観察し、記録を残した。「誰かが叫び出すこともなく、酔い潰れる者もいない。無礼な態度を取ることもない……時間は静かに流れ、互いに思いを通わせていた。これほどの宗教的な感慨が、現代のキリスト教会にあるだろうか。」そして以下のように続く。

ペョーティズムの教義は、ペョーテの摂取と不可分である。それを知らずして体得することは出来ない。私たちが言葉を通して学ぶのは、二次的な知識に過ぎない。対象を知ることは内的な経験であって、だからこそ根源的でありうる。私はこのことを、私自身の経験に基づいて書き記している。ペョーテを摂取せず書いたフィールド・ノートにも以下のように私は記している。「宗教儀式について人類学者が残したこれまでの数々の記録は、すべて表層的だったと考えずにはいられない。」

街の若者たちもこれに似た経験をしていた。幻覚剤を通して得られた経験、世界の全体と一つになる感覚は、言葉で伝達されるようなものではないと考えられていた。「少なくとも一回は服んでみないと」、そんな風に若者たちは言う。世界と一度に心を通わせる体験が殺し合いの螺旋を終わらせる手段として考えられていた。

東洋思想もそこに絡まっていた。瞑想を幻覚剤の代替物としたり、両者を併用することで「聖餐」とすることもあった。インドからやってきたヒンドゥー教のグルは西海岸で徐々に信奉者を増やしていくことになる。オルダス・ハクスリーが言いだしたような、西洋のケミカルと東洋の瞑想の融合について果てしない議論が喫茶店を賑わせていた。

私よりも若者たちの方がアジア各国の文化や風俗にずっと通じていた。人類学者を名乗っていただけに、自分が狭い世界のことしか知らないと思い知らされて、井の中の蛙になった気分だった。アジアの知識が街に蓄積していったことの背景には、かなり早い時期から中国系・日系移民がそこにコミュニティを築いていたことがある。地域住民の民族的ルーツを基盤として、ベイ・エリア全体でアジアに関する学術研究が盛んであったし、デ・ヤング美術館も東洋の芸術作品を蒐集することに積極的だった。

西洋社会しか頭にない教授連中は学生によく茶化されていた。かなり辛辣な皮肉が向けられることもあった。特に槍玉に挙げられていたのは社会学者や心理学者で、時には西洋哲学史の教授も冷やかしの対象になった。アジアの小国に住む人々は母国を植民地化され、しかも逃げ出した先で移民排斥に遭っていたから、その不条理に若者は自分たちの境遇を重ね合わせていたようだ。単なる共感以上のものがそこにはあったように思う。

一九六〇年前後に生まれ、そしてもうすぐ十歳になろうとしている子供たちが、次の時代を作ることになる。子供たちはきっと、自分たち自身で新しい通過儀礼を編み出すに違いない。成長し、世界に眼を開き、責任ある大人となっていくなかで、ある種の化学物質だけを特別に排除することはないだろう。人生を歩むうち、耐え難い危機や痛みに直面したとき、あるいは死が近づいたとき、逝くものと残されるもの両者にとってそれを実り多きものとするため、繊細な配慮を持って手渡されるようになればいい。古い社会体制と古い価値観が乗り越えられ、真に無邪気な人々が社会の前面に立つにつれて、濫用は少しずつ減っていくのだろう。

白人植民者の暴力に追われるなかで先住民部族の宗教的儀式の多くがゴースト・ダンス[9]に飲み込まれていった。若者の目指した新しい未来は歴史の悲しい残響にすぎない。「インディアンの全て、生きる者も去りし者も、再生された地球の上で一つになる。死、病気、悲惨から解放され、幸福の生を送る。信じる者は皆、争いを棄て、誠実と平穏を行うことで、来るべき幸福に値する自身となれ。[原注3]」

ヘイト・アシュベリーもゴースト・ダンスの一種だったに違いない。しかしそれは荒野の片隅で踊られるものではなく、世界中の視線を釘付けにする踊りであった。私はある日、『オラクル[原注4]』を読んでいて、ボブ・カウフマンの詩に出会った。若者たちがこの街で育てた新しい信仰の、その吐息がここに綴じ込まれている。

漕ぎ行くひと、心の放浪へ
発て
千の深夜へ　暗い、とても暗いが
漕ぎ行くひと、星の放浪へ

発て
千の明日へ　暗い、とても暗いが
ヒロシマの子を求め、探しに行け
戻し給え、ここに戻し給え

裂き、露わにしよう
コンクリートに覆われた大聖堂を、魂を閉ざされたものを
ほこり被った構水路と空虚な劇場を
溢れ返そう、絶えつつの嬌声で

身を捩じられた息子たちを返し給え
黴生えた父に彼は毒された
使い捨てた淫売を呼び戻せ
街の一角に死んでいるだろう、それを知る者もなし

9……十九世紀後半におこった、アメリカ先住民族の宗教運動の一つ。ゴースト・ダンスと呼ばれた舞踏の儀式によって白人植民者による武力的・経済的圧迫から解放されるとされた。広範囲に散らばった、もともとの言語や宗教を異にする部族間にごく短期間に広まったことを特徴とする。

陽の光を、啼く犬を
牢獄に哀しくつながれた、途絶された者に与えよう
蠟作りの性悪婆に、憐れみを、
老人紳士のぶらさげたキャデラックの袋に溜まってるやつを
そして明日を、ニグロの億万長者を探しに行こう
うなだれて金ぴかの外面に囚われてるだろう
愛を、希望を失ったヤク中の浮浪者に、永遠の覚醒を
そして夜に繰り出せ、長い夜に

漕ぎ出すひと、
いま発て
千の深夜へ　暗い、とても暗いが
ヒロシマの子を探し出して
彼らを世に戻し給え

KIVA CONT.

The Indian tribal model of existence suggests a direction (motion) that human beings might refer to for a beginning form. Thus the proposed form for bringing human energies together is the creation of the Kiva. The assumption is that new tribal forms are evolving and that this may be the time to venture a concrete manifestation of tribal existence.

Pursuant to thinking embodied in the Kiva proposal, its basic premise and ultimate assumption, a decision has been taken to create: I) a board of directors to incorporate and hold legal responsibility: II) a tribal council consisting of twelve guides to serve the Kiva in whatever way the best interest of the Kiva required it. The participants to operate on a principle of self-responsibility for their words and actions; III) a depository or organization to hold monies until the Kiva gains tax exempt status; IV) the sponsorship by the Kiva of a series of meetings in the Haight-Ashbury district for community expression to discover the proper evolution and growth, both in vision and numbers, that will assure a healthy life cycle for the Kiva.

Now the realms of dream and speculation are approaching reality. The Kiva has secured a large vacant lot on Hayes St., near Golden Gate Park. The area with its shrubs and trees will be improved and utilized to its fullest practical extent. Cleaning and building projects are already starting.

Everyone is invited to contribute and become a living part of the Kiva. A temporary office has been established at 715 Ashbury St., Telephone number (415) 661-7204, to handle inquiries and contributions of resources, love and money. Correspondence and monetary contributions will be attended to at the above address (checks should be made out to the Kiva). The Kiva and its surrounding spiritually oriented community will grow and function in the limitless directions of its diverse people; it's yours, come and do it.

The following have been asked to serve on the tribal council: Chester Anderson, Michael Bowen, Don Cochrane, Peter Cohan, Allen Cohen, Jerry Garcia, Chet Helms, Ambrose Hollingsworth, Steve Hughes, Arthur Lisch, Tony Price, Hillel Rosner, Travis Rivers, Tsvi Strauch, Emmett Grogan, Richard Honigman.

A board of directors is required by law in order that an organization may be incorporated as a non-profit organization. The directors are: Bert Kanegson, Harry Monroe, Ron Thelin. They are to fuction as the instrument of the tribal council.

PLEA
Bob Kaufman

Voyager, wanderer of the heart,

Off to
a million midnights, black, black
Voyager, wanderer of star worlds,

Off to
a million tomorrows, black, black,

Seek and find Hiroshima's children,

Send them back, send them back.

Tear open concrete sealed cathedrals, spiritually locked
Fill vacant theaters with their musty diversions,

Almost forgotten laughter.

Give us back the twisted sons
Poisoned by mildewed fathers.
Find again the used up whores,
Dying in some forgotten corner,
Find sunlight, and barking dogs,
For the lost, decayed in sorry jails.
Find pity, find Hell for wax bitches,
Hidden in the bowels of male Cadillacs.
Find tomorrow and next time for Negro millionaires
Hopelessly trapped in their luxurious complexions.
Find love, and an everlasting fix for hopeless junkies,
Stealing into lost nights, long time.

Voyager now,
Off to a million midnights, black, black
Seek and find Hiroshima's children,
Send them back, send them back.

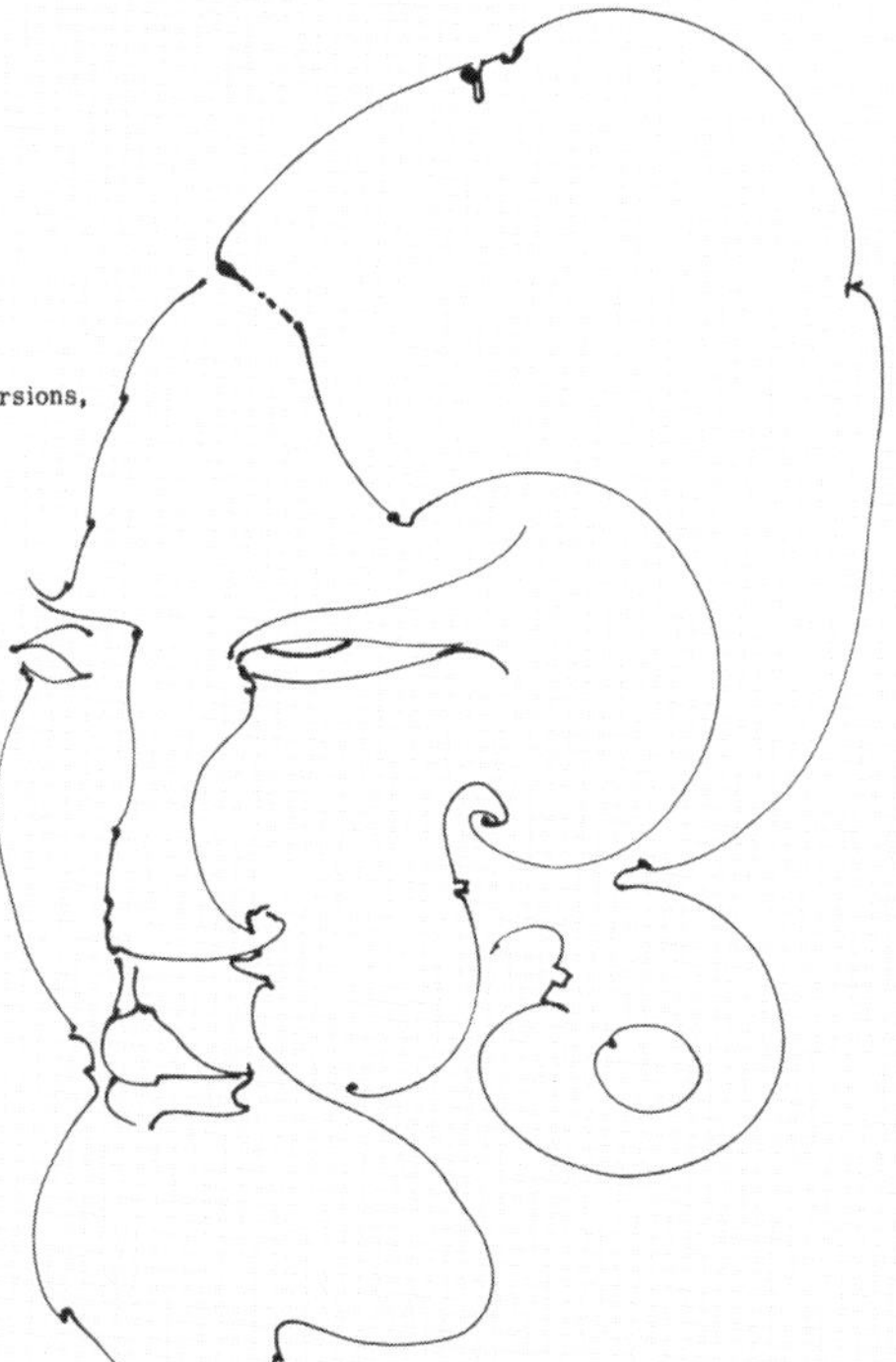

from the forthcoming GOLDEN SARDINE to be published by City Lights Books in July 1967.

第六章

ヒューマン・ビーイン

一九六七年一月十四日、「ヒューマン・ビーインHuman Be-In」が開催された。思い返せばあの日が、様変わりした社会、奇矯なゴースト・ダンスの輪に私がとうとう加わった日だった。そうと自覚するまで、ずいぶん時間がかかったけれども――。

数日前から張り紙が舞っていた。ベイ・エリアの壁という壁、喫茶店の掲示板、地下新聞……いたるところで「部族の集合」が呼びかけられた。政治活動族、ヒッピー族、若人族、老年族……『バークリー・バーブ』[1]紙一面に載った告知文は強烈である。私がヘイト・アシュベリーに出入りするようになってから三カ月経った頃だった。この頃にはまだ、もしビーインに参加したとしても、自分は社会的地位に守られた中年の白人女として深いところでは寂しい思いをするだろうと思っていた。

1……一九六五年に創刊された地下新聞。

sewhere 15¢

in Berkeley

THE BEGINNING IS THE HUMAN BE-IN

Vol. 4, No. 1, Issue 73 (published weekly) Friday, Jan. 6, 1967
2421 Oregon St., Berkeley, Calif. 94705. $5 per year

Berkeley Barb

CO-OP HEADS RAPPED

The Co-op News has been forced to publish an apology for the "unfairly weighted" January 3 issue. The Co-op Elections Committee - which ordered and wrote the apology - has also directed the News to destroy two articles already set in type.

The News is the official organ for Consumers' Cooperative of Berkeley.

In another significant development, two petition candidates for Co-op Board of Directors charged this week that the Co-op Nominating Committee candidates are "null and void."

At a special meeting of the Election Committee this Tuesday night, petition candidates claimed that several columns, articles, and letters in the News were slanted against them and in favor of the Nominating Committee candidates.

The Election Committee voted to insert the following statement in the Jan. 10 issue of the news:

"The Election Committee feels that the January issue of the Co-op News as unfairly weighted in vor of one point of view d in favor of one group candidates. We wish to affirm our belief that all candates for the Board share a mmon desire for the betterent of the Co-op."

The Committee also ordered mil Sekarak, Co-op Education rector and Editor of the News, remove two letters from the inting plates of the News.

One letter was signed by Al thert, who announced his withrawal from the election and cited e "threat to the Co-op posed by e petition candidates.

The other letter was signed by obert Aaron Gordon and Larry ollins, It mentioned the "open ntempt for democratic chanels" and the "subordination of nsumer values to special in-

Would you believe Timothy Leary and Mari Savio? Allen Ginsberg a Jack Weinberg? Lao - t and Spartacus?

It's happening.

Berkeley political acti vists are going to join S Francisco's hippies in love feast that will, ho fully, wipe out the remnants of mutual sk ticism and suspicion.

The thing is calle Gathering of the Tri a Pow Wow and Pe Dance, a Human Be - It will happen at the P Grounds in SF on Sat day the 14th.

The two radical scen are for the first time ginning to look at each ot more closely. What see is that both are u a big impersonal stick ed The Establishmen they're going to sta together in what both to be a new and st harmony.

The Golden Gate Pa Grounds will hold thousand people, and endless number of soun scents, and sights. Bea bells, flutes, incense, fi symbols, cymbals, drum feathers, flowers.

And words. Words k short. Words paintin picture of a free, l society to come.

In homes on both s of the Bay while this being shaped from a dre to a reality, the basic pr lem was whether to the word game.

The San Francis didn't want to play game any more; it do work, they said, an non-verbal modes of pression tell it where at.

The Berkeleyans wan to play that game bec that's where the rest o ciety plays; that's th way, they said, t through to most p

The hip wondered a whether the polit would make the Gathe a haranguing rally. T politicos wondered al whether the hip would happily turn on and a

see p.

How to Handl Your Friendly Neiborhood F

Doc Stanley

As the Underground scene g in number it behooves the rea able and prudent man to cons the problem of the underc police agent, the police infor the participant observer or investigator who seeks to de information leading to crin prosecution.

The day of being able to i tify the Man by his authorit manner and his heavy brown s is over. As one young lady "The Man looks like anyone, one at all." Her case is no appeal.

The undercover police age able to function because t

Victim Advocates Luv-a-Fuzz

Charges of assault and battery against SF Police Sergeant Billie Dillon have been dropped by BARB salesman Alan Turner and Haight St shop employee Michael Morrisl

Turner and Norris were among the victims of Dillon's unprovoked one - man spree of anti-hippy vio-

UC Profs 99.9% White

By William Mandel

Essentially this article is my reaction to Stokely Carmichael's Greek Theater speech, and the fact that precisely nothing has happened on campus to act on what 13,000 so loudly applauded. Thus far, he is right in having referred to his appearance as a circus for the entertainment of white people, rather than a meaningful occasion.

But there is a field in which the University community can act

参加要件はシンプルだった。花を身に着けてくるか、何か楽器を持ってくるか、鈴をぶら下げてくればいいらしい。開宴の二日前、ヘイト・ストリートで両端に鈴のついた銀色のチェーンを買ってみた（インド製ですよ、と女性店員が笑顔を添えた）。鈴は、私だけの記念碑であるような気がした。

連れ合いにビーインの話をすると、気を惹かれたらしく、僕も行こう、と乗り気だった。花をつけていったら、と勧めてみる。彼は灰緑色の柔らかいパナマ帽を引っ張り出してきて、一輪の花を挿した（どことなく保安官を思わせるような帽子だったが、花を添えれば威圧的ではなくなった）。そんな格好をして、二人でゴールデン・ゲート・パークに向かった。

ビーインは朝早くから、真夜中を越えて開かれる予定だった。〈随時歓迎《カム・エニタイム》〉とのことだったので昼過ぎに出掛けた。スタニアン・ストリートからポロ・フィールドへと歩く。市街地の中心から三十ブロックほど入り込むと、会場に向かう人間の流れが林の湿った空気の間を縫って丘の向こうまで続いていた。河のようだと思った。

聖餐を終えて家路につく人々ともすれ違った。皆が穏やかな恍惚を湛えていた。子連れの家族がベビーカーを押していくのを見送った。知らない人がみれば早朝ミサの帰り道かと思うだろう。それくらい柔らかな、くつろいだ雰囲気だった。ばらばらの恰好でそれぞれに参加の印をまとっていた。幼い男児は金蓮花を耳に挟み、腰の曲がった白髪の御婦人は杖に花を結んでいた。

ポロ・フィールドに入ると新世界だった。大小の旗や幕が風に揺れ、中世の時代絵巻から抜け出してきたような瑞々しい光景が広がっていた。サンフランシスコの最高の一日だった。仔犬が跳ね回っている。子供が裸で走り回っている。大人は芝生に寝転がり、詩の朗読が始まると気ままに体を向けていた。ロック・バンドの演奏もあった。進行予定表などなく、会場全体が一つのハプニングだった。ひらけた空と溢れる音楽のもと、夢をみている気分だった。一瞬の空気に狂おしい一抹があったのかもしれない。泣き出す赤ん坊も小競り合いを始める犬もいないのだ。こんなことがあるだろうか。

　広場には、マス・メディアの報道部員もいた。誰も気に留めていなかった。あの日の陽気がカメラを問題にしなかった。数日前に、ある医学生がビーインの写真を撮ろうとしていたのを私は押し留めたばかりだったけれども、この日には問題ないような気がした。ヒッピーの板についた柔らかさはいつも大人たちの意表を突く。私も驚いた。若者は状況を起きたままに把握し、大仰な演説や議決を必要としなかった。それがなくとも、何をするべきか、皆で共有することができるのだった。

　午後の日差しのなか私たちは芝生の上に腰を下ろして、辺りを眺めながら時を過ごした。聞こえてくる音楽を誰が鳴らしているかとか、あの詩は誰が書いたのかとか、そういうことは気にならなかった。ポロ・フィールドの東端にあるステージに目を向ける。鳴っている音が気に入るとその方向にぶらりと移動し、また気の向いた頃に離れていく人々。

　時々、拡声器のボリュームがすこし大きくなる。その時だけ、辺りが静かになった。迷子のアナウンス。

「ヘルズ・エンジェルス[2]が舞台裏で小さい女の子を保護しています。縮れ毛の、名前はメアリーちゃんです。お母さんに会いたがっています。」

　いつもは黒革のレザー・ジャケットを着込み、髪を刈り込み、ハーレーを爆音で転がしている大男たち、

「地獄天使族」もビーインに登場していた。見たところあらゆる種類のスナック菓子、飲み物や食べ物を運ぶワゴンがあり、準備万端という様子だった。使い慣れているトランシーバーの活用能力を買われてヘルズ・エンジェルスはすっかり迷子案内係である。もともとその手筈になっていたのか、当日になってその運びになったのか、分からない。(誰かが答えを知っているとも思えなかった。)ヒッピー風にいえば、「そうなった」のだろう。拡声器で「ティミー君のお母さん」が呼び出されると、皆がなんとなく辺りを見回し、どこかから若い女性がやってくるのを確認して、また各々の楽しみに戻るのだった。午後も遅くなるころには筋骨隆々の大男が天国の託児所を運営しているように思えてきた。子供たちがあまりに楽しそうに暴走族の構成員と過ごしているのをみると、その午後の一瞬だけ世に母親がいなくても良いようにさえ思えた。

午後、青空は曇りなく静かで、そして突然にパラシュートの男が降りてきた。気付いて見上げた時には、巨大な白い雲が渦を巻きながら近づいてくるのかと思った。場内放送があったわけでもないのに「メッセージ」は幾万人の群衆に伝わった。一人が見上げると、隣の人も顔を上げた。連鎖が細波のように広がった。現代にも奇蹟は起きるのだろうか。上空に飛行機の影はなく、男がどこからやってきたか、手掛かり一つなかった。「どうやって?」「何かのパフォーマンスだろうか?」そんな問いを発する人さえいなかった。(後から話を聞きつけた人は、そればかり聞きたがった。)ビーインでは皆が童心に返っていた。ぴたりと来る魔法を皆が求めていた。そしてあの白いパラシュート男は、そんな御伽噺の一節のようなハプニングだった。

パラシュートの一件を除けばビーインの会場で何か特別なことが起きたわけではない。ちょうど宗教儀式の最中に特段の事件がないように。それでもあの日、何かに終止符が打たれ、何かが産声を上げた。計画的でも政治的でもない、人間の魂の更新があった。

日の沈む頃、拡声器から声が流れた。ゴミを持ち帰ってくれると嬉しいです、あとはみんなでキッチン・ヨガに興じましょう、と。そして実際にそうなった。三万人の群衆が排出した大量のサンドイッチの包み紙やワイン・ボトルが、あるいはチラシや雑誌の類がきれいに掃除されていった。警察の報告書をみると、これだけの規模の人員がゴミの始末を完璧に行ったことに驚嘆しているのが分かる。旧式の組織にとってはゴミを山ほど残していくようなコミュニティの方がずっと扱いやすかったに違いない。

香料が大量に焚かれて、飲み食いも盛大だった。大麻もあった。ビーインと分かつことができないものであった。しかしどれもなくてはならないものだったとは思わない。私自身、長くそこに留まるつもりもなかったから、食料は持ち込まなかった。ドラッグも服んでいない。それでも心に点火するものがあった。好奇心から、探究心から、信仰心からやってきた人々——生命の祝福のために人間が寄り集まって時間を過ごしたのだから。

夕方、連れ合いと二人で会場を後にした。言葉を交わす必要はなかった。車を停めたところまでバスに乗っていこうと思って公園を横切ると、バス停は見たことないほど混んでいたので、結局、歩いて駐車場まで戻ることにした。みなぐったりと疲れていたが、瞳の奥に歓びを灯していた。自分だけのマーチング・バンドが後ろに控えているような様子で。

2……………一九四八年に結成されたバイカー集団。麻薬製造などの非合法活動に多く関わっていたとされる。六〇年代中頃までヒッピーの反体制運動に親和的であったが、六九年にはローリング・ストーンズの慈善コンサート中に観客の黒人学生を殺害し、またアメリカ軍と協働するようになるなど、徐々に極右組織へと変質していった。

何日か経つとサイケデリック・ショップにビーインのポスターが登場した。様々なバリエーションが後に印刷されることになるが、この時のものが最初であるはずだ。絵にはシスター・マリア・パシフィカと署名されていた。どんなひとであってもヘイト・アシュベリーは歓迎するというメッセージが描かれていた。ヒューマン・ビーインはすべての人、硬いのも柔らかいのも、スクエアもヒップも、老いも若きも問わずに、世界中の皆に向かって両腕を広げていた。鉄のカーテンに分断された世界においては奇抜なアイディアである。そこにいるだけで良いというのは心躍ることであった。

——この頃がヘイト・アシュベリーの最も美しい日々だったかもしれない。このときにあった強い結びつきの感情を、それ以降、感じることは少しずつ難しくなっていった。

今から思うと、ビーインが口火を切るようにして、ヘイト・アシュベリーは世界的な知名度を得るに至った。そして同時にコミュニティは壊れ始めた。失墜の原因をマス・メディアに求めたものもいた。「頭に花をつけてサンフランシスコに来ればハッピーになれる」なんて無責任に焚き付けたせいだ、と。

しかし実際のところ、ビーインの興奮は人から人に、むしろメディアを通さず直接に伝播していたように思われた。希望への飢餓感が蔓延していた六〇年代中頃のアメリカには、伝承としてのヒッピーがぴたりと合致していた。メディアに中継されることがなくても高速飛行機の時代《ジェット・エイジ》には何事も数日内に世界中に伝わる。多くの場合、伝播されるのは疫病か、あるいは訃報だった。けれどもヘイト・アシュベリーからは、珍しく、希望が撒布されたのだった。

相当数の学生や若い教員が、ベイブリッジを越えてバークレーからやってきていた。湾の向こう側、名門大学のキャンパスからやってきた人たちの心に冷笑的な気分がまったくなかったと言うつもりはない。

「この世界は紛れもなく政治的である。その中で非政治的に振る舞うことに意味があるだろうか。それで一体どんな改革ができると言うんだ？」と。茶々を入れるだけの者もいた。それでもなお大半はヘイト・アシュベリーに共鳴した人たちだった。

三カ月後の六七年四月十五日に予定されていた平和行進（「サンフランシスコ・スプリング・モビライゼーション」）は、筋金入りの社会活動家と自我の芽生えたヒッピーが相乗りできる絶好の機会となるはずだった。その終点がケザール・スタジアムだったことも悪くないことだった。平和行進が全米各地で行われていた頃である。キング牧師がニューヨークで演説し、そしてキング夫人がサンフランシスコで演説することになった。

行進に参加するべきか、ヒッピーは数週間にわたって議論をやっていたが、若いリーダーほどはっきりと、それを当然のこととして、参加する旨を表明していた。私はバークレーでの政治活動が熾烈を極めていること、それがヘイト・アシュベリーの空気とはかなり異質であることをよく知っていただけに、当日一体何が起きてしまうだろうかと穏やかでなかった。

――当日、行進隊はパンハンドルの北縁から行進を開始し、ケザール・スタジアムまで戻ってきた。花を身にまとって、数百人が参加した。着飾った人たちもいた。パレードの先頭にはヘイト・アシュベリーの大楽団、ジャグ・バンドがいた。

行進隊が辺りを一周して、終点のスタジアムにやってくるまでは悪くなかった。祝福の感触があったと思う。しかしスタジアムに着くと平和の祭典は消えてなくなってしまった。控えめに言っても惨事というほかなかった。花形のキング夫人が壇上に上がる頃には、災厄を生き延びてそこに留まった聴衆はほとんどいなかった。寒さと失望から私も会場から離脱した。

反体制グループがばらばらと合流したために一面的な不平不満が四方八方で喧伝されるだけの会になってしまったのだった。スタジアム中央の芝生に立ち入らないように拡声器を通じて人々に警告が繰り返された。芝生が傷ついたら運営委員会が弁償しなければいけないから、と。（大人たちの一部は、それでも芝生に立ち入った。）最初のうちは、派手なトラックに乗ってジャグ・バンドが聴衆の熱狂を掻き立てていたのだが、ついには主催者側が音楽まで止めさせたために、とうとう会場の熱気は穴の開いた風船のように萎んでしまった。なにより、演壇からのメッセージはどれも聞き飽きたものばかりだった。

数日後、ヘイト・ストリート沿いの雑貨店ワイルド・カラーズに立ち寄ると、走り書きの詩がドアに引っかかっていた。店長にこれを書いたのは誰かと訊くと（「知らないよ」）、コピーしてもよい（「好きにしな」）と言われた。その詩をここに書き写しておこう。着飾った人たち、あの敏感な青年たちがモビライゼーションの問題をどこに見たのか、雄弁に物語っていると思う。

春は遂に稼働されず。
髭面同志が
若きを古きに誘っても、なお。
分かるよ、僕はそこにいたから。
我が父、狂詩翁フォードドル、ウオッカ啜る。
（俺のことを嗤うか？

嗤えばいいさ、
俺も父を嗤ったものさ）

春は稼働されず、
公園の中、立ち尽くしたまま。
みな合法的に通り過ぐ、
（秀眉なる）アーネスト・キャロウが
ルームメイトの彼女にパンフレットを手渡し
彼女、（やや見劣って秀眉なる）名はグリステル、
赤白青のホット・ドッグを売る、
数えきれない子供達なら、
きっと食べ尽くせるだろう、
食べ尽くされることなく。
（しかし二人は演説を頼まれたわけでもなし）

ひたりひたり春は歩く、
愛人と変態栗鼠を裸で抱いて
スタジアムでは暫時、

良人、悪を手向けて
僕は啼いて
僕は立ち去って
僕は彼女の、春のよく揺れる臀部を叩こう、
その重い腰を。

これは精確な批評である。いくら志があっても世の悪意を少なくするために適任とは限らないのだ。それでも善き人を目指さなければならないし、私たち自身も変わらなければならない。善き人は子供たちを、奇人変人たちを、パークの全体を、そしてこの春をこそ動かさなければならないのだ。

ビーインと平和行進はベイ・エリアで起きていた地殻変動を象徴したものだった。六〇年代前半にバークレーでは改革運動が起こされた。この運動はアメリカの深いところで実のある変化を生じさせた。しかしわずか数年後、求められていたのは、さらに一層の深い核心部分における変化であった。

春の動員は、ジャグ・バンドの音楽を止め、芝生に立ち入らないよう警告し、恨めしい妖怪を、「罰金ヲ払ウヨリモ規則ヲ守ロウ」を地に放った。計画は確かに善意のもと運営されていたけれども、行進隊がスタジアムに戻ってくる時点ではもう内部対立は隠しようもなかった。

進行予定表をつくらないことによってビーインは平和への希望を体現したのだった。活動家によって準備万端に計画された平和行進はビーインの対極にあるものだった。ジョンソン大統領は強引で高圧的な態度を崩さず、そしてペンタゴンも変わろうとしなかった。平和行進も何も無かったかのように。

同じ年の十月、ワシントンでも平和行進が行われた。そのときにも花は開かなかった。私も歩道に立っていた。立っていたけれども、ノーマン・メイラー[3]ほどの信念も確信も持てなかった。あの日初めて、私は暴力に訴えたい気分になった。

行進が終わり、街の外れに向かって歩いていた。感情は擦り切れていた。遠く異国の前線に投入されるか、あるいは警官となって同胞に銃を向けるか。怒号のようなテレビ広告の標的となるか、ホワイトハウスの威光に寄り縋るか。ありもしない「ヒッピーの暴動」に備えて銃剣と催涙ガスで武装してペンタゴンで待ち構えるか。

あぁそうさ、認めるよ。暴力的な人間は壁の両側にいたのだ。どちらか一方にだけいたわけじゃない。若者たちは千々に砕けていた。それを誰も助けることができなかった。

ペンタゴンに、無邪気な人たちがビーインのことを教えてあげられたらと思う。そうすればもしかしたら、世界中の子供たちが置かれた状況について、国防省もなにか頭を捻ることがあったかもしれない。警察や軍隊も、天使になれないわけではない。しかしペンタゴンの内側に留まったままでは社会に寄与するところはなく、そして若者は迷い子のままであった。

3……Norman Mailer（一九二三－二〇〇七）アメリカの作家。第二次大戦に従軍した後、『裸者と死者』などの戦争小説で知られるようになる。六八年にはワシントン平和行進に取材した『夜の軍隊』でピューリッツァー賞を受賞した。

第七章

フィルモアの黒人たち

おいらは
　あんたんとこの犬がすきで
あんたは
　おいらんとこの犬がすきで
黒い犬
白い犬
原っぱでさ、
　枯草からだ一杯にくっつけて
どっかから別の犬、やってきてさ
一緒にこの骨しゃぶろうぜって
仲良くさ、林檎の木のみえるところで……

――フリーダム・シンガーズが1963年ニューポート・フォーク・フェスティバルで歌った「アイ・ラブ・マイ・ドッグ、アイ・ラブ・ユア・ドッグ」よりヒューマン・ビーインのとき通過儀礼は終わっていた。全体があまりに緩徐であったためにいつ何が起きたかと述べることは難しい。けれどもこの国に育つうちに染みついた皮膚色に対する執着からは気付くと解放されていた。

フィルモア地区に住む貧困層の黒人たちと白人ヒッピーは深く交わっている。その分だけ緊張もあった、しかし隔離されて育ったもの同士が葛藤もなしに友愛を結ぶことがあるだろうか？　なにより私自身、フラワー・チルドレンに触発されて黒人スラムに出入りするようになったのだった。

――私が幼少期を過ごしたワシントンD.C.はやはり南部の街であった。[1] ミシシッピにも一年くらい住んだが、それでも白髪の交じる頃になって初めて自分の抱いていた偏見や先入観について自覚した。黒人と白人ヒッピーは対立していたとする報告がある。私自身もその一部を直接に見聞きした。しかし

1……地理的にはワシントンD.C.はアメリカ合衆国北東部にあるが、南北戦争の当時は南部軍の側についていたのであり、その経緯から旧南部州の一つ（＝人種関係について保守的）であるとここでは言っている。

よく観察すると反発は「ヒッピー」と「(黒人白人を問わず)中流階級の大人」の間で生じているものだった。たとえば我が子に教育を施せるくらい裕福だった黒人たちはヒッピーを嫌っていた。白人中流階級が信奉してきた「努力と成功」のテーゼを、そして白人社会の中で社会階層を駆け上がるために黒人たちがより一層強く抱いていた観念を、白人中流階級の子供たちが自ら否定したからである。対照的に、貧しいニグロたちは年齢にかかわらずフラワー・チルドレンに共感的だった、白人の中年世代や教師連中よりもずっと。

黒人とフラワー・チルドレンを結びつけたのもディガーズであった。継続的な、しかもリハーサルのない路上演劇。公民権運動のとき白人がアラバマやミシシッピを訪れて結んだものが再現された。実際、つい最近のこと、たかだか数年前に起きたことである。白人学生が南部で眼にしたのは、感謝の気持ちを伝えるため、自分の少ない持ち物までも喜んで差し出そうとする高貴な人間の姿だった。

この精神は間違いなくヘイト・アシュベリーにも伝わっていた。貧乏なヒッピーも仲間が困っていれば有り金を渡したし、食べるものさえなくてもそれは変わらなかった。そうすることで南部の黒人たちの魂に近づこうとしたのだった。顧みられることのなかった最南部《ディープ・ステート》がいまや「知の流れいづる所」だった。あらゆる時代、あらゆる土地の被抑圧民がそうであるように、黒人たちは圧制者のことを見つめる時間だけたっぷりと与えられていた。困難の根源がどこにあるのか、その眼が見てきたところは冷たいほどに精確だった。

ヘイト・アシュベリーに出入りしていたのは、フィルモア地区に住む、貧しく、教育を受けていない若いニグロである。彼らは街に不思議なことが起きているとすぐに気が付いたはずだ。白人ヒッピーはなによりも一般社会の偏見、特にレイシズムを排除しようとしていた。白人が「ソウル」を学ぼうとしていた。

ディガーズの一員でありさらにニグロとあれば精神的指導者のような扱いを受けた。「やるべきことをやれ」、「嘘をつくな」、「ひとを馬鹿にするな」。黒人がよく口にしたフレーズは、抑圧の歴史を生き延びた新しい戒律だった。白人の行動規律が黒人の言葉によって語られていたというのは興味深いことである。サンフランシスコ一帯で名を知られていたニグロの指導者はこう言っていた。黒人もそのうち社会の中核に入っていくようになるだろう、そのときスラムの道徳を捨ててほしくない、貧しいニグロが目指すべきは犬も食わないような白人中流階級の意地の張り合いではないはずだ、と。[原注1] 白人の若者を振り分け振り落とそうとする体制に迎合することを黒人は否定した。そしてその魂に共振して、やがてヒッピーも黒人スラムに住みつくようになる。互いを深く知ることの基盤はこうして生まれたものだった。

白人の若者がスラムでの生活について知るようになり、彼らが共に生活するコミューンも形成されていった。それと並行して起きたもう一つの大きな変化があるが、これについてはうまく言い表す用語がない。要約すれば「ヘイト・アシュベリーの風俗があまりに新奇で異形であったために、皮膚色云々がもはや目を惹くものでなくなった」ということである。

日を追うごとに、白人活動家はヒッピーと見分けがつかない姿形になっていった。その結果として両者が一括りにパラノイアの標的とされた。一般社会がヘイト・アシュベリーを合衆国の恥部と言い立てたことで、皮肉なことに黒人は、最底辺から一つ押し上げられることになった。少なくとも黒人は人間だからな、ヒッピーよりはましだよ、というわけである。

合衆国の初期には、開拓者精神が花開いていたはずである。しかし徐々にプロテスタンティズムが合衆国を覆っていった。そしてディガーズはこれをひっくり返そうとした。口数こそ少ないものの、自国史の大きな流れはよく意識されていたように思う。

一九六〇年代、限りある資源をどう分配するかの議論がほとんど宗教的な情熱をもってアメリカ全土で行われていた。これを聞くたびに黒人は、自分たちが人間というカテゴリーの当落線上にいることを思い知らされた。当時は、犬や猫あるいは金魚にだって「十分な栄養」を与えましょうとテレビ・コマーシャルが流れていたのだ。しかし黒人には最低限の社会保障もなかった。人間とするかどうかの適格性eligibilityが問われていたのだ。

しかしディガーズの登場によって、状況は少なくとも一歩前進したようだった。十九世紀のアメリカにも社会主義はたしかに存在したこと、共産党宣言に準じるようなラディカルな思想だってあったことを彼らはよく勉強していた。だからディガーズは自分たちに投げつけられる罵詈雑言を気にすることはなかった。それどころか、実践を通じて、投げつけられた文言が意味するところを作りかえてしまうのだった。

フィルモアとヘイト・アシュベリーの狭間で起きていたことはおそらく体系的に記述できるものではなく、むしろ身体感覚の積み重ねることによってのみ理解されるものだと思う。それまでに訓練されてきた観察手法が使えなくなって、見聞きしたものを取りまとめるための技術、そして新しい文体が必要になるのを私は感じた。色盲になったような感じがした。

コミュニティの観察を専門とする研究者として、私は誇りに思っている技能が一つある（あった、というべきか）。どんな長いインタビューも、細かい機微や入り組んだ対話でも、後になって文字に起こすことができるのだ。しかしヘイト・アシュベリーにやってきてからは、なにか物事が重なり合ってぼやけていくような印象に、記憶がしばしば覆われた。自分の身につけた能力とかテクニックが衰えたのかとも思った。たとえばフラワー・チルドレンには男女どちらが多いかと訊かれたとき、私はすぐに答えられなかった。あるいはまた、細かな身体欠損に気付くこともなくなっていた（妹が交通事故の後遺症を抱えていたこともあって、並の社会心理学者よりも一層敏感であったはずなのに）。よく知っているつもりだった若者でも、彼が縁石で躓くのを見るまで身体障害のあることに気付かなかったこともある。

サイケデリック・ショップで生起するものを書き留めることは特に難しかった。そこが間違いなくコミュニティの中心部であったにもかかわらず。

店の内装、陳列棚や装飾とかカウンターの位置は三カ月で四回も変わった。店員の入れ替わりはもっと激しかった。店に入るたびに目がくらんだ。流れている音楽やあふれるばかりの色調も来るたびに違っていた。フィルモアで観たライト・ショーのようだった。眼や耳に差し込んでくる刺激があまりに鮮烈であるために、そのうちのどれも、数え上げたり分類したり、後で再構成することができなかった。

ある日、ジプシーの格好をした男の子と喋りながら黒光りするアボカドがカウンターで無料で配られているのに気を惹かれながら聴いたことのない音楽がラウド・スピーカーから流れているのを意識しながら艶っぽい女がレジに身体を預けてその後ろの男に唇を寄せるのを見ながらブレスレットと魔除けの飾りに囲まれながら多言語の優しい挨拶に迎えられながら脇に座り込んでいる数人が社会とパラノイアについて真剣に議論しているのに気を取られながら隣の男が黒人であることに気付いた。

そういえばこの店で黒人を見たことがないのはどうしてだろうと辺りを見回すと、アフロ・アメリカンらしい男女が少なくとも六人はいた。しかし肌の色にまで意識が行かない。四方八方からの情報の流入。人間そのものが存在していて、そしてそれが魔術の正体だった。
一度でも刺激に身を委ねることを覚えると、このことが鮮やかに実感されるのだった。ヘイト・アシュベリーを一緒に歩いた知人たちも同じように感じたらしい。人種が曖昧になった分、刺激の極彩色が鮮烈になるのだった。レイシズムに覆われた社会、今のこのような社会では、親しい友人同士であっても互いの肌の色を忘れることはないだろう。私の生涯でこれまでに数回だけ、そんなこともあったが、その時には歓喜したものだった。
人種感覚の麻痺には下向きの要素もあった。私のフィールド・ワークとは別に、連れ合いはゴミ収集人の調査研究をしていた。ゴミ収集車に連日同乗して、その労働を記録するのだ。（当時のサンフランシスコでは、その仕事に就くのはほとんどがイタリア系でごみ漁り《スカベンジャー》と呼ばれていた。）彼はそのうちに、収集人が「あいつらのせいで仕事が増えた」と不満を漏らすことに気付いた。しかしどれだけ行動を共にしていても、「あいつら」がヒッピーを指しているのか、貧困地域の黒人住人を指しているのか、いつまでもはっきりしなかった。[原注2]
一般のアメリカ社会でははっきりと区別される白人と黒人がこの街ではその境界を極めて不明瞭にするようだった。ゴミ収集の労夫たちは、黒人もヒッピーも同じくらいに始末が悪いと思っているようだった。恒常化した住宅の過剰収容と溢れかえるゴミの前では、どちらか一方だけを指す意味がなかった。つまり下向きにも例の質問は投げかけられていたのだ。「ニグロとヒッピーを区別できるかい？　どっちがより悪いか、決められやしない」と。[原注3]
十二月の暮れ、一角に新しくできたレストランでX夫人とランチをしているときにも「どちらがより悪いか」の問われることがあった。X夫人はこの地域に長く住んでいる。裕福な中産階級の出身であったけれどもヒッピーには共感的だった。その日、ヒッピーを含めて混み合った店内で、私たちは四人がけのテーブルに座った。フィールド・ノートから以下に引用する。

斜向いに男性が座った。この辺りで（二十五年くらい、だったか）商店をやっているらしい。そのうちにヒッピーの悪口を言い出した。声が大きい。X夫人は男性に向かって「前までつぶれかけた店ばっかりだったじゃない」とぴしゃり（商業面での活気がヒッピーの登場によって回復したことを指摘）。男は同意せざるを得なかった。今度は「盗みを働いてるのは「色付き」の奴らだ」と言い出した。そしてヘイト・アシュベリーに家を買った黒人たちを攻撃し始めた。――こうなると、まるで自分もゴミ収集の労夫のように、混乱してしまう。一帯に家を買えるとしたらそれはヒッピーか、あるいは裕福な黒人である。後者が盗みを働くことはまずありえない。昔からの住人さえ、誰がトーテムポールの最下段か、混乱をきたしている。

一見すれば単なる混乱である。しかしこれを前進と捉えることはできないだろうか。混乱さえ、膠着したヒエラルキーに比べれば進歩には違いない。新聞報道も変化した。一九六五年のワッツ暴動[2]の報道では、

2……ロサンゼルス市警の白人警官が黒人運転手を不当逮捕したとして生じた六日間に及ぶ人種暴動。死者三十四名、重軽傷者千人以上。

ニグロの死者はリストの最後にあった。AP通信とUP通信社が配信した『クロニクル』紙一九六四年八月十六日の記事にも以下のように載っている。「死者は計三十二名。法務官二名、消防士一名、その他の白人一名と、日系人一名、ニグロ二十七。」この時期の新聞では一般的だった序列である。(後追いした他社の報道では、メキシコ系アメリカ人の犠牲者が一人追加され、日系人の前に書き加えられている。)

そのうちに、ヘイト・アシュベリーでのマリファナ絡みの強制捜査や、警官隊との衝突についても報道されるようになる。しかしもう序列付けはなくなっていた。――すべて一括りに、「死傷者：ヒッピー〇〇名」と表記されるのだった。

レイシズムを人々が正面に見据えるようになっていった。そうして、ほんの僅かずつ、みんなが林檎の木の下で座って過ごせる日が近づいてくるようだった。肌の色さえ気にしなくなれば、乗り越えられない壁や分類の権力を維持することなしに、ともに生き、愛し合うことができるのではないか。愛は色盲であると、ある日以来、ぼんやりと考えるようになった。

仕事場に戻るため私はバスを待っていた。家族らしい三人組がいる。白人の母親と、ニグロの夫、間にいる女の子は浅黒いくらい、カールした髪を編んでいて瞳は青い。一家はいかにもハンサムだったので目がいった。バスがやってくるのと同時に、後ろから爽やかなドレスに身を包んだ、僅かに褐色の女性が声をかけてきた。「愛は盲目だってね？」そう言いながら少し笑って、しかしこちらが何か返す隙もなく、(白人の)友達を見つけてお喋りを始めてしまった。正確に何を言いたかったのかは結局わからず。しかし私の不躾な視線に気付いて、ちょっとした皮肉を寄こしたのかもしれない。

十一月八日の走り書き。正直に言えば、あの日、何が起きたのか分からなくて私は途方に暮れていた。けれども今なら、あの女性が何を言おうとしていたのか、はっきりと分かるような気がする。フリーダム・シンガーズが歌ったように、「一緒にこの骨しゃぶろうぜ」と。

人間をみな平等とする水平派の思想――ディガーズの哲学に通底しているもの――を私は知っていたし、それに賛成してもいた。しかしそれ以上のところ、最低限の生活保障を受けるためにさえ「適格性」が黒人には求められていることが、フィルモアに出入りするようになるまで私には分かっていなかった。三度の食事をするだけのことについてそれに値するかどうかが問われてしまう位置に黒人は置かれてきた。

現実を前にして、慈善活動というものが実際どうあるべきかを教えてくれたのが、その年のクリスマス、フィルモア地区の街頭に立っていた人たちだった。「被抑圧者への草の根アウトリーチGrass Roots Outreach to Underprivileged People」の頭文字から、GROUPと呼ばれていた一団である。

六五年、数人のニグロの女性が集まって、福祉に値しないとされた人たちへの支援活動が始まった。行政の縦割り主義のために福祉給付をまったく受けられない人間がフィルモアには少なくなかった。南部諸州からサンフランシスコにやってきたばかりの黒人は滞在期間が足りないという理由で仮住居もないまま放置されていた。GROUPのメンバーは彼らを、決して広いとは言えない自分たちの家に泊めて、仕事が見つかるまでの期間わずかばかりの金銭と衣服を分け与えたのだった。活動は急速にベイ・エリア全体に広がった。そのうちに、行政機関の管轄ごとにどう動けば公的扶助が手に入るか、きわめて具体的な知識が、文字通り蓄積していった。GROUP自体が、適格性云々を逆手に取るようになったのだった。書類をどう書けば給付が受けられるか、どんな境遇にある人がどの役所のどの窓口にいけば生活できるようになるか、方法論として共有されていった。原注4

このモノグラフの主題は、私が初めてGROUPに接触したときのフィールド・ノートに既に読みとることができる。（フラワー・チルドレンが新しくやろうとしていたことは、GROUPによって以前より実行されていて、しかも軌道に乗っていたのである。ヒッピーがフィルモアの女性活動家を女神のように思っていたのも当然かもしれない。）

ついにGROUPと接触することができた。前に来た時にはあまりに忙しそうで話を聞くことができなかった。しばらく待って、当番のP夫人がやってきた。私が来ることを知っていたはずだが、だいぶ遅れた。昨夜遅くまで「たくさんすぎる苦悩に」取り掛かっていたから——見過ごすことはできないので、と。待っている間、やってくる人たちを観察する。私はドアのすぐ脇、そこで待っててと言われたところに座っているが、入ってきた人はみんな一様にぎょっとする。まさか白い顔面を見ることになるとは、とでも思うのだろう。それでも優しい。ミシシッピの黒人教会にいるようだ。皆が心の底から「来年が良い一年となりますように」と祈っていた。ドアのところには「靴どうぞ、無料です」と張り紙があり、誰かがハイ・ヒールをどさりと置いていったようだ。それを皆が物色していた。しかし厳しい肉体労働のために変形した彼女たちの足にはどれも小さすぎた。それに気付いたときの哀しげな眼と、なぜか新品の、ぴかぴかしたハイ・ヒールの光が対照的だった。

窓際の物陰にクリスマス・ツリーが立っていた。銅に光るニグロの天使のようだった。七、八個、下の枝には膨らんだ靴下がかかっている。子供を三人抱えてやってきた女、どれか自分に合うのがあるだろうかと覗き込む。まだずいぶん若く、子供たちも静かにしている。ツリーの下には三インチほどのおもちゃのアイロンがある。コード付き。もちろん使い物にはならないが。小さな男の子がやってきて、それを見つけて、妹を呼んでくる。クオーター硬貨で買えるくらいだろうか。それでも二人の顔が輝く。キャサリン・マンスフィールドの童話を思いだす。貧しい子が裕福な一家に招待される。ドール・ハウスを思う存分に眺めていいと言われて喜ぶ。子供は、帰り道にこんなことを言う、「ランプが光ってたよ。」子供たちが帰るとき、プレゼントの入った靴下を手々に取っていく。一番小さな子が一番大きな靴下を、お姉さんたちは小さな靴下を。まるで、後からやってくる人たちにもプレゼントを残しておかなきゃ、とでも言うように。貧しい人ほど、気遣いの美しいことに改めて気付く。餌箱を前にした豚のような、中産階級の子供がスーパー・マーケットでとる態度ではない。

誰もいなくなると、当番の二人がすこしだけ興奮ぎみに、自分たちが何をやろうとしているのか、話してくれる。人間は区分されるべきじゃないし、「ここはあなたの居る場所じゃない」、そんな言葉があって良いはずはない、と。P夫人はこんな話をしてくれた。すこし頭のおかしい、安ワインに溺れていて、子供たちを養うこともできず、今はずっと部屋にこもって、むかしはお金のために「わるいこと」もした女性。今はどうしても迎えに行く時間がないからと、甥っ子にその女性を連れてくるように言いつけた。甥っ子「あのひとはお金をどうしたってつくれないよ、どんどんわるくなるだけだよ。」P夫人曰く、「そうかい、じゃあ髪を梳かしてあげることから始めようかね、女の人はそうやってやるんだよ、どうしようもないときほど、おっかさんがやるみたいにさ。」

シンガー社製の古い足踏みミシンが置いてあった。目の悪い老女がやってきて、やはり靴を見にきたのだが、ミシンに気付くと、「アラバマのママもおんなじミシンもってたよ」と言った。（やってくる女性たちは皆あけすけに語るのだった。生まれ故郷や、担当の保護官について、あるいはどうしてこの街に流れ着いたのかを。「なんにもない」女性たちには隠すことも何もない。それよりも生きるための糧が必要だった。）P夫人は言った、いつでも好きなとき使ってくださいね、と。老女は嬌声を張り上げる、「この子たちにお洋服ぬってあげられるじゃないの！」そしてP夫人は、老女のために眼鏡を探しに出掛けるのだった。

こんな事もあった。十三歳の少女が妊娠していると言われてパニックになり、そして誰かが「おかしいから神経科に」とマウントザイオン病院に、少女にそうと告げずに、連れて行こうとしたらしかった。「わたしは精神病なんかじゃない」と言って、少女はすっかり怯えてしまっていた。P夫人はGROUPの詰め所にやってきた少女の話に耳を傾けて、静かにいくつかの言葉を添えた。それだけのことだったが、母が驚くくらいに、少女は落ち着いたようだった。なにも出来ることがなくても、ただ話ができる場所を作ってあげるだけで助けになるものですよ、と夫人は言った。困った人たちがそのうちにやってきて、少し時間を過ごして、そして家まで送り届けるだけでもいいんじゃない、と。やってきたニグロは皆、ふるい親友同士であるかのように交わっていた。「ドアのところまで誰かやってくるのをあの子は待ってたのよ、そのすぐ裏でじっと助けを求めながら」

GROUPの活動家はヒッピーにも共鳴するところがあった。婉曲的ではあったけれども、人種間結婚にも反対しなかった。上流階級出身の娘がニグロの花嫁となった話も聞かせてくれた。混血の子供が生まれ、そこには本当の愛があった。GROUPで「愛」が語られるとき、南部の黒人教会でみた「敬虔」とヒッピーたちの語る「ラブ」の間に、かつてない混淆を見出したような気がした。ヒッピー文化の中心にあるのは、(キング牧師が謳ったような)愛に対する献身、性を抑圧しない表現や、私生児の尊重である。「非嫡出子」が人間としての尊厳を備えていないとか、その類の考え方を否定するものだった。音楽、ライト・ショー、乱交などすべてヘイト・アシュベリーの一部分であり、フィルモアやハーレムの一部でもあった。近年のグライド教会[3]から出される声明文の多くには綿花畑の声が散りばめられている。「おいみんな」「遅れを取るなよ」と。三十年前のミシシッピで聞いたものが息づいていた。

街にいれば目を背けられ、見なかったことにされる。でもGROUPにはそれがなかった。(そんな場所がどれだけあるだろう?)電話のベルは鳴り止まず、それに応えるように声が飛び交っていた。GROUPのメンバーは隣の女子修道会のシスターに頼んで、スーパー・マーケットから食料を寄付してもらっていた。

3……………一九二九年に設立されたメソジスト教会。六〇年代初頭より性的少数者や薬物依存症者、性産業従事者などを取り巻く社会課題に積極的に取り組んだ。

（メンバーが寄付を集めに行っても、物乞いと思われて門前払いされただろう。）P夫人は言う、「手羽先一本とライスボックスがあれば奇跡が起きるのよ時々。で、そっからなら前にも進めるの。」

ここでは人間が分類されることがなかった。全員が適格だった。「貰うものだけ貰っていなくなる人もいるけど、でも別にいいじゃない。今までチャンスの一つもない人たちだったんだから。目の前に困ってるひとがいて、それに背中を向けても仕方ないんですよ。」

若い頃に読んだ、アントン・マカレンコの『教育詩』[原注5]の一節が頭に浮かんだ。それが自分にとってどれほど大きなものであったか、改めて思いを馳せた。リンゴのように人間を選別してはいけない、来る人をみな受け入れるしかないではないか。全てに責任を持つ態度は、それを見た人にも、同じ姿勢を育てるだろう。誰かにケアされた人は、時が来れば誰かをケアするようになる。単純素朴な利他主義というわけではない。理念だけでなくて、ヘイト・アシュベリーではきわめて実際的な効能が得られていた。どこかで見覚えがあったような気もする――精神病院で、入院患者の一人が快方に向かうことは、周りの患者にも少なからず良い影響を及ぼすものである。

GROUPの事務所を出るとき後ろから声をかけられた。グライド教会のクリスマス会にはいきましたか、と。ヒッピーもたくさんいましたね、と彼女が言い添えたとき、いかにも嬉しそうな高揚した様子であった。

自分のオフィスに戻ると、一九六六年十二月二十六日の『エグザミナー』誌にビル・ボルデンウェックが寄稿した記事、「ヒッピー、グライド教会のクリスマスに華を添える《ターン・オン》」は切り抜いてスクラップブックにもう貼ってあった。二日前に目を通したときには、さして気にも留めなかったこの記事を、もう一度じっくり読んでみようと思った。


ビッグ・ブラックの垂訓がコンゴ・ドラムに揺れる。

麗しきA・セシル・ウィリアムスが応える。

八五〇人の聖衆ヒッピーがグライド教会にぎゅうぎゅう詰め、そこがまた堪らない、という様子。

サンフランシスコで、いや多分この世界で、初めてのHIPなクリスマスの祭典。

リチャード・ジルのオルガンとジョン・ハンディのアルトが「神が汝の威を保ちたまわんことを、尊き方々」を朗々と、その音は天井から降り注ぐようで、そんな時間がずっと続いて、そうして尊師ウィリアムスが最後尾から声を張り上げた。「おぉ神よ、汝の魂を!民が賜りし、バッハ、ヘンデル、ハンディ、ハンディ!」なんとも感動の、そして扇動のクリスマス。

「典礼ジャズ礼拝式」と尊師ウィリアムスが説明したのは、今世のクリスマス・メッセージ、土着言語による祈りである……

ハンディのコンサート・アンサンブルが教会の多孔質の壁を、梁を幾重にもめぐらした天井を、「神が汝の」変奏で満たす。そしてラリー・マミヤの詩が告解である。

言葉になれば分かるだろうか、感じるだろうか
メリー・クリスマス・スマイルの後ろに、孤独の恐怖を隠してないか

プレゼントの中に、愛の恐怖を
水入らずの軽口に、唇交わすことの恐怖を
聖歌と聖句の足元に、神の前に立つ恐怖を

言葉になれば分かるだろうか、感じるだろうか
いま至りし第一の人のもと、告白しよう

朗読の背後にはビッグ・ブラックの柔らかい律動、ダブル・ベースの弓、籠もった低音。そしてヴィクトール・デ・マレが聖衆を、ローレンス・フェリンゲッティの「キリスト下り給え」へと煽り上げる……ハンディのアルトが、苦しげに、脈打つビブラート……ぎょっとするようなコントラストをもって、ウォルター・ロレンズが新旧の聖句を唱える。その間に「我らは来たりぬ」の変奏がサンドウィッチ。そしていよいよ、尊師ウィリアムスが種明かしを始める。毛深い男、麦藁帽、目を瞬かせることもなく、三列目から即興口上。

クリスマスってのは、うー、ハプニングなんだ、おう、発奮忍苦ってわけよ
ほんとのクリスマスを思い出さなくちゃーいけない
じぇんとるマンが二〇〇〇年前、生まれてな、マン感の極みってな

クリスマスってな、そーゆうハプニングなんだから
言ってやったんだよ「宗教ってなーこんなまんじゃないぜ」ってなー
みんなよ、台本が欲しいじゃねぇか、な、怖いもんな、手ぶらじゃな
だけどな、そんなもん捨てちまえってことなんだよ、未知のマン中で寝てみろーってな
例のマンはな、連中から台本を取り上げたんだ
そんでハリツケになっちまった　そんで死んじまってよ
でもな、これからはな、みんな仲よくやろうぜってことなんだよ

（前に座るひげもじゃと握手。）

そうすればよ、うまくやれるじゃねーかって
なか仲なかよくやれんじゃねーかってよ
カミさんはよくやってくれてんだけどよ、ひすとりーってやつかい
ハプニングなんだよ、わかるかい
つらいこともあるさ、こまってるやつもいる
でもな、それもぜんぶハプニングなんだよ、かみさまのおぼしめしってわけよ……

説教台に戻りながら、あぁそうだこれはハプニングだ、ともう一度。そして一段と甘く呼びかけ

た声は三度鳴り響くハンディの音楽にかき消された。

礼拝は一時間を超えて、聖衆はその間に、思い思いに帰っていく。尊師は一人ひとりと別れの挨拶をする。

メソジスト派ノース・ビーチ救貧会の牧師、チャールズ・ルイス師曰く、小さな集会を地元で開いたが、皆でグライドに参集しようという話になった、と。

オークランドの聖ドミニコ会アルベルト教会のバシル神父曰く、「多くの人々に深遠なる結合の感覚を、呼び起こしたものと思います。尊師ウィリアムスが仰ったように、真なるもの、守るべきものと、変革の種子をそれと見分ける目を持つ必要があるでしょう」「ジャズのように、二十五年もすればこれが真の教会音楽となっているでしょう。抵抗も反発もあるでしょう、しかしそうなると思いますよ……」

何かが確かに起こった。信じる者も、信じない者もいるだろう。物見遊山もただのジャズ・フリークも。皆がメッセージに晒された。受け取らなかった者もいただろうが。しかし何かの始まりだった。

あのクリスマスの一夜から、私はヘイト・アシュベリーをまた新しい感慨をもって眺めるようになった。ヒッピー・ショップのドアにこんな張り紙があった。「この門をくぐるときには、ディガーズとして。」それまでは、普通の飲み屋と思って入ってくる人へのちょっとした注意喚起だろうと思っていた。でも実際はそうでなくて、皆を誘い入れるための、諸刃の招待状なんだと思うようになった。ぶくぶくと鈍感になったとしても、いつでもここに戻ってくれば、切っ先を研ぐ機会は失われていないのだ、と。

第八章

お金は燃やして

幻覚剤が身体に悪いというただ一点を心配している、大人連中はそんな態度を取りつづけた。しかし本当にそれだけだっただろうか。若者たちが地位や財産、つまり大人たちがそれまで一生を賭けて求めてきた価値の一切を否定したことこそ恐れられたのではなかったか。ドラッグについての言説は目隠しのためには便利だった。

郊外に住む中産層は、石鹸やマイカーや歯磨き粉の広告が約束する理想郷になんとか辿り着こうと脇目も振らず走ってきたのだった。しかし子供たちはそれに見向きもしなかった。そんなの不毛じゃないか、と。大人は半狂乱になって否定した。それまでの自分たちの人生が、虚しいものだと突き付けられることになってしまうから。

サリヴァンの言葉をまた思い出す。大人特有の、かのごとき挙動。――サリヴァンは犬をたくさん飼っていた。どの犬もゴミ収集車を嫌っていて、近づいて来るたび一斉に吠え立てる。しかし生まれたときから特別に臆病だった一匹のコッカー・スパニエルだけはゴミ収集車が近づくと、数回小さく啼くだけで、庭の奥に駆けていって、脇目も振らずに穴掘りを始めるのが常だった。穴掘りにまったく専念してしまうことでゴミ収集車に対する恐怖を追い出しているようだった。臆病なコッカー・スパニエルは、穴を掘ることが緊要かのごとき行動を取るのだ。

大人がドラッグの毒性をしきりに言い立てるときにもこれとよく似た様子があった。コッカー・スパニエルが本当のところ恐怖していたのはゴミ収集車である。ヒトが本当のところ恐怖していたのは、所有欲や権勢欲の意味を問いなおされることだった。

ヘイト・アシュベリーの若者は、抑圧された人々の方がよほど倫理的じゃないかと考えるようになっていた。大きな車を乗り回していながら外の世界にちらとも目を向けようとしない人間と比べれば、なおさら。無邪気な人たちは世界中のありとあらゆる価値体系を生真面目に、陽のもとにずらりと並べて見渡した。

かつてジェイムズ・ジョイスは単語をばらばらに砕き、そして文法さえも粉々にしたとき、そこに初めて新しい文学が生まれたのだった。それが真に革命であったからこそ、『ユリシーズ』を知らない人であっても、少なからずジョイスの影響を受けるまでのことになったのである。フラワー・チルドレンの登場もこれに似ていた。ジョイスが言語を解放したようにヒッピーは市民性を解放した。世界中のどんな時代、どんな小さな国からの報告にも目を通して、その見聞と、それが背景とする価値を切り離して、テーブルの上に広げてみせた。特に問い直されたのはいわゆるアメリカ中流層の道徳であったけれども、それ以外のところにも余波は届いた。希求されてきた理想を達成するには新しい生き方の断片を世界中から集めて、さらに繋ぎ合わせる必要があった。作業台に身を乗り出すようにして、パズルのピースを一つひとつ摘まみあげて、手のひらで転がし、様々の角度から眺め回している様子は、外からみれば支離滅裂であったかもしれない。しかし大昔に完成したように思われたジグゾーパズルは、今はもう陳腐で、誰の目も惹かないものになっていた。フラワー・チルドレンはその代わりに、傍若無人の、そして壮観な紋様を作ろうとした。そして大人たちは青くなった。

フィルモアとミシシッピが、あるいはクロムウェル時代のイギリスと世紀末ロシアが隣り合わせになることもあった。それを知っていたレオン・ハリス神父は、聖公会教会のキッチンで炊き出しの準備に励むディガーズも、ステンド・グラスに描かれた古代の信徒たちも、皆一緒なのだと主張していた。

この頃には、私は気付くとロシア文学に読み耽けるようになっていた。ツルゲーネフの『父と子』やトルストイの随筆である。富裕な家系に生まれたロシアの文豪にとっても、前世紀末の飢饉以来、水平運動や財産共有は難しくなりつつあった。それでも七十歳のトルストイは私財をはたいて炊事場を開放し、スープを農民に配った。政府当局はこの国民的作家を危険人物とみながらも強権をもって介入することはできなかった。

トルストイは農民と同じ粗末な布を纏い、死の直前まで対話を続けた。一八九七年、サンクトペテルブルクの公安査察報告には次のように記録されている。

トルストイ伯爵、羊皮の外套は繕い跡が目立つ。色褪せたベルトを締め、黒ずんだ腰穿きの裾はブーツまで垂れ、鈍色の編み帽子を被り、杖を突きながら歩いている。[原注1]

サンフランシスコ湾に霧がかかる寒い日、こんな格好をしたヒッピーがたくさんいた。その気になれば仕事も、いくらかの金銭も手に入るだろうに、どうして若者は汚い衣服のままなのか？　カリフォルニアの公安当局には分からなかったはずだ。サンクトペテルブルクの査察官も、老齢の大作家がどうしてぼろのまま徘徊するのか頭を捻ったことだろう。トルストイに倣った資産家もいた。それでいながら「唱道者の立場に甘んじないことが、まさにトルストイの主義主張であった。[原注2]」ディガーズもヒッピーもこの点では変わらず、みすぼらしい身なりをむしろ名誉の勲章として、貧者との連帯の証であると考えていた。

農民と膝を交えることがトルストイにとって生命の源泉だった。そして時が経つほどに、上流社会はますます不誠実なものと思われるようになっていった。ヒッピーと黒人たちの関係に近いかもしれない。違いがあるとすれば、トルストイに味方した貴族は少なかった一方で、アメリカの裕福な若者はかなり多くフラワー・チルドレンに賛成した点であろう。賛成者のほとんどが中産階級の出身であった。貴族として生まれたトルストイほど裕福でなかったにせよ、今日の中産層青年は相当の教育を受けているものだし、世界旅行に出かけることも難しくない。トルストイがロシア社会に及ぼした影響は彼自身の生育背景と作品の力によるものだった。一方でアメリカ新人類はマス・コミュニケーションによる大人数の接続によって力をもっている。特に音楽の果たした役割が大きかった。

ディガーズの実践によって示されるように、ヒッピーが希望したものはトルストイの目指したところに近い。どれほどの格差があろうとも、余裕ある人々の方から貧困問題に一矢報いようとする感性が現れなければならないし、恵まれた境遇から訣別する意思も時には必要である。陰ながら支援することと違った意味がそこにはある。トルストイの妻ソフィアは農民と同じ体臭がするといって夫を非難した。同じ言葉がヒッピーに何度投げつけられたことだろう。トルストイは固い黒パンを食べ、ディガーズは配給券《フード・スタンプ》にたよる黒人貧困層と同じものを食べた。米、乾燥豆、鶏の頸肉、煮涸らしの骨ガラなどである。

ヘイト・アシュベリーでは既存の価値観を覆そうとすることが日々行われていた。フィルモア地区での運動は特に重要であった。黒人コミュニティに背中を押されて「社会的地位」にメスを入れたのはやはりディガーズである。

あるとき、住宅問題についての討論会に呼ばれた。一九六七年の夏に予想された人口流入にどうやって対応するかを決めるための集まりだった。警察当局の担当者や保健所のソーシャル・ワーカーも要請されて参加していた。議長がいたわけではなかったが、ディガーズの面々がまず自己紹介を始めた。大きな円卓を囲んで順に「ディガーズのジョンです」とか「ディガーズのメアリーです」とだけ名乗った。聞いていた行政側の人間はどうにも居心地が悪そうな様子だった。いつもだったら際限なく続くような、経歴や役職や管轄だとかの文言がすべて省かれていたからである。しかし前に倣うのが習性である役人たちは、喉元まで出かかった肩書の数々を飲み込んだ。せめてこれだけは、といった様子で職名だけ言い添えたのが面白かった。

頭がじわりと麻痺するような緊張感があった。考えているうちに、いつの間にか私の番になっていて、とっさに「ラングリー・ポーター研究所のヘレン・ペリーです」と名乗っていた。ほとんど無意識のうちに「フィールド・ワーク中の社会科学者」という属性を抹消したのだった。同時に、このコミュニティの抱える問題を前にして、自分にはものになるところが何もないと痛感した。いつも遠巻きに眺めているだけで役立たずの、例のエスタブリッシュメントの一派。

会議が進むにつれて、ディガーズの一人ひとりが固有の職能や専門知を備えていることが明らかになる。会議参加者のうちにそれが自然と共有されるにつれて、縄張り争いや皮肉の応酬なしにものが受け渡され、そして協働の全体像が決まっていくのであった。忠誠の証明として職名を言うことは、ただ制約を増やすばかりで、一人ひとりの才能を生かしにくくする。

会議をしているうちに、エスタブリッシュメントの側にある課題が浮かび上がった。地位や肩書についての先入見はちょっとした言葉遣いを通して少しずつ修正されていった。公共財やその所有権についてはより直截的な指摘がされた。いずれも黒人コミュニティでは長く実践されてきた手法である。古い専門職を震え上がらせたのは「それで、ものはなんですか?」という質問である。今この瞬間にあなたは具体的な貢献ができますかできませんか、という問い。どれだけ高い教育や財産、肩書や勲章を持っていても、ニグロ／ヒッピー社会が求めるものがあるとは限らなかった。

これは伝統的な労働観念を揺さぶる問いでもあった。病人に優しくすること、誰かの幸福を祈ること、孤独を感じているだろう誰かにメッセージを送ること――いずれも社会において人間の果たすべき務めである。ヒッピーの多くは、体制と交わることを可能な限り減らすように生活していた。郵便配達人はぎりぎり許容できる職業だった。手紙を送りあうことは希望を伝えたし、サイモンとガーファンクルが歌ったようにそれは「癌腫のように拡がる」静寂に終止符を打つものであった。

六七年春のある出来事が「もの」という言葉をさらに強く印象付けた。ソーシャル・ワーカーや保健師がディガーズの活動をどうすれば後方支援できるかと会合を開いたときのこと。ディガーズはその頃、ヘイト・アシュベリーに流入する家出した少年少女を一手に抱えていた。ディガーズが自ら示したものは、寝床を確保してやり、数日間一緒に話をする、というだけである。たまに一緒にでかけて、学校や家庭を見て回ることもあった。そうしているうちに少年少女は、まずは家に帰って、成人するまで何とかやりくりして、そしてその後に独立するのが一番だと気づくのだった。

行政のソーシャル・ワーカーは、善意からではあるのだろうけれども、口出しをしたい欲求に駆られていた。精神衛生の専門家であれば身に染み付いた非指示的な方法で[1]もって、ディガーズに行政に要望書を出させようとした。哲学史風に言えば、実存主義者と実用主義者の対立である。ソーシャル・ワーカーは、(a)クリア・カットな手続き、(b)クリア・カットな対象集団、(c)クリア・カットな達成目標を求めた。ディガーズがそれを提出さえすれば素晴らしい協働関係を築ける、と彼女たちは考えていた。しかしそれは泥臭い活動とは相容れなかった。

ディガーズの一人、ジョンが、おしゃべりなワーカーにこう言って話を始めた。


「ものは、なんですか」

「なんのことですか?」

「ものはなんなのかって、おしえてくれませんか？　普段ここでなにをされているんですか」

「私は、ソーシャル・ワーカーです、――この地域担当の」

「あぁなるほど――」ジョンは困ったように言葉を重ねた「それで、あなたは何をするんですか？　朝やってきて、それで、なにを?」

「えっと、私は面談します、悩みを抱えてる人や、その家族と。」

「そう、それで、どうやって話を?」

「初回面談なら、まずは調査票に沿って……」

ジョンは一瞬だけ哀しそうになって、首を振りながらこう言った。

「それですよね、子供たちとやるとき上手くいかないのが。一度でも、こんな風に始めてみたらどうですか。〝いいかい、君の悩みがどんなものであれ、なんとかなるもんだよ。君くらいの年だった頃、なにもかも駄目になった気がしてた。やけになって、人生を台無しにしてた。でもしばらくすれば、自分の道が見つかるはずなんだよ。〟って――」


精神病棟を長く見てきた私には、ティーン・エイジャーにとってどちらの声がより治療的であるかがよく分かる。ジョンは黒人であって、人生のほとんどを貧困のなかで過ごしていたし、もちろん福祉や精神衛生についての教育も受けたことがなかった。けれども彼自身、自分がものを持っていることを自覚していた。そしてジョンは互いの尊厳と安全保障の感覚を大事にしながらソーシャル・ワーカーとの協働関係を前進させようとしていた。学位や肩書や資格証書といった紙切れを乗り越えたところに真に人間的な技能があった。

1……医療者がクライアントに指図するのでなく、クライアントが自分から今後の方策を見つけられるように下支えする姿勢のこと。(クライアントの主体性を尊重するという意味では大切な態度であるが、これが形骸化すると誘導尋問のようになったり、あるいは逆に専門家の無責任や無気力を正当化することにつながる。)

また別の言葉「したにみるなよ」は、階級秩序や上意下達のシステム、あるいは恩着せがましさに、真っ向から挑戦する言葉であった。黒人の若者が新入りのディガーズに何か教えるときにもよく発していた言葉である。ときに、ちょっとした目配せや素振りにもそのメッセージが込められることがあって、生真面目なディガーズは「ばかにしたわけじゃないさ」と先に口走ることさえあった。他人を序列化して下に見るようなことはどのような理由があっても許容されず、単に謙虚さと人間らしさの欠如として取られるだけであった。

人間の序列化に対する抵抗がどのような形で行われたか、興味深い例がある。次に示すのは一九六七年二月十五日のフィールド・ノートである。

ヘイト・アシュベリーに、EとGとM（Eの知人）と向かった。EとGは市外に住む社会学者、若者たちに共感的。特にGは、ヘイト・ストリートをまるでセーヌ左岸のようだと言っていた。Mはメキシコ・シティの裕福な家庭の出身で、ミッション地区に住んでいた。「みんな行きたがるから」と、これまで二十人近くに一帯を案内したと言うが、ヘイト・アシュベリーの若者や新しい考え方にはついていけてなくて、むしろ煙たがっている。

サイケデリック・ショップに行った。ヒッピー少女がMのところにやってきて言った。

「そんな目で見ないで。したにみないでよ。」

今まで誰かと一緒に歩いたことはあったけれど、こんなやり取りは初めて。公然の非賛同者と歩くのは初めてだが！

少し後、数ブロック先でまた同じ少女と遭遇。M「どうして、馬鹿にされたって思ったの？」少女が答える「そうは言ってない。したにみないでって言ったの」

興味深いやりとり。若者の観察眼はまるで訓練されたかのように鋭い。それも無意識のうちに。少女は、Mが内心でヒッピーを疎んじていたことを見抜いたのだろう。


あるいは、「ありのままに言って」というフレーズにも隷従を暴く作用があった。肩書を隠れ蓑にしたり上司の言葉にただ黙って従うことが嘘や粉飾や隠蔽を生むのだと信じられていた。盲目の忠誠心を手放さなければ本当に意味のある行動はできないのだと。同胞と立つには一人の人間になる必要があった。

私たちにこれ以上の大きな課題があるだろうか？　連邦裁判所の長官さえ、ケネディ大統領の死についての情報を、私たちの誰もが死んでしまうまで公開しないと宣言しているのが現状である。民主政といえども政府は市民よりも政体を守ることを考えている。ありのままに言うことをせずに。指導者の言動を通じて市民は、真実を理解することのできない、それに耐えることのできない存在として規定されてしまう。ありのままの情報に接したら前後不覚に混乱してしまうのが市民というものである、と。「ありのままに言って」は今では私にとって通奏低音のように響いているものである。

あるいはニグロが「きれいだ」と言うときにも独特のニュアンスがあった。外見よりもそれは霊魂を指すのであった。「きれい」かどうかは立派な宝石をもっているかとは関係なかったし、年齢が若いかどうかとも関係なかった。むしろ思慮深さとか内省の深さが美しさであった。自分のものを行うことである。白人社会のなかで生きるほかなかった黒人たちにとって、せめて美しさの概念だけでも、白人に縛られないことが必要だったのだろう。新しく生まれた定義をヒッピーは受け入れた。

ここに挙げた表現をそれぞれ一度ずつ、私はヘイト・アシュベリーの路上で耳にしたことがある。いつも初対面の相手からだった。不思議に心象を言い当てられた気分になった。古い対人関係からなんとか抜け出そうとしたとき、もっとシンプルで人間的な交わりを望んだとき、そういう言葉が出てくるのだ。そんな形容の自然発生することが、そうあるだろうか。知らない人から声を掛けられることだって珍しいし、友達だって道端で会っても立ち話さえできずにすれ違っていくことが普通になりつつあるのに。

黒人から学ぶことによってフラワー・チルドレンはアメリカ中産社会の全体を見渡すようになった。社会に根ざした価値の体系が、絶対のものとしてではなく把握されるようになった。そうして彼らが世間一般への不信感を表明するようになるにつれて、黒人がアメリカで三百年にわたって浴びせられてきたのと同じ罵詈雑言を、権力体制の側から浴びせかけられるようになっていく。不潔で怠惰な落伍者、非生産的で幼稚で、悪趣味な布に巻かれている連中——。ほどなくして、治安の悪化も感染症もすべてヒッピーのせいということになった。黒人たちは束の間、濡れ衣から解放されたことになる。

ただしこれは初めてのことではない。六〇年代に黒人から白人に伝わった語法の多くについて、十九世紀前半、つまり「アメリカ語」の黄金期にその起源を尋ねることができるからである。[2] 一例を挙げれば文豪ナサニエル・ホーソンは短編『情報局』において、天職を探す男性にthing《もの》を探してるんだと言わせている。

私が欲しいのは場所です、私のための場所、世界のなかのここだという位置、母なる自然が与えたもうたものを捜してきたのです、哀れな私はそれだけを一生かけて求めてきました。

オルコット家の長女アンナも十三歳の日記にこう記している。

きれいって素敵な言葉。好きになると、なんだって、きれいになる。きれいな言葉。どんな色だろう。[原注3]

超越主義の哲学者はこれまで霊魂や美の存在について議論を戦わせてきた。灼けるような表現が黒人を媒介にして日常言語に復帰したのだった。

生真面目な大人は顔をしかめたが、フラワー・チルドレンの発する卑猥語もまた「ありのまま」を摑むための挑戦であった。アメリカ超越主義の創始者であるラルフ・ワルド・エマーソンも、若い世代は自由に話す権利を持つべきだと考えていた。コンコルドに流れ着いた「未踏の使徒団Apostles of the Newness」があまりに賑やかだったので、裏庭にそっと誘導したのではあったが。[原注4]

2……一例として、アイルランド系移民のものとされる語法が黒人奴隷のそれに影響されて形成されたことなどが知られている。

オルコットもまた「猥褻」と非難された一人である。オルコットが学生と重ねた対話を指して、ハーヴァード大学のある教授はこう言った——三分の一はナンセンス、三分の一は瀆神、そして残りは猥談である。生命の誕生について美しい崇敬の念をもって端的に語ることを淫らと言うなら、確かに淫らであったかもしれない。[原注5]

人間が閉ざされた扉を開けようとするとき、いつもその試みは淫靡なものである。特定の音響に呼応する特定の対象が、特定の場所、特定の人々以外に許されないところで、一体どうして精神の自由がありえるだろうか？　猥辞を許されるのは戦場の兵士だけである。しかしヒッピーにとって禁止語とは、殺人と核殺戮、戦争とナパーム弾、その類の言葉であった。

一八四八年三月二日、オルコットの日記。

花と茎を一緒に取り上げることができるのは、少年だけであろう……人間の身体は、それ自体、豊穣で淫蕩なる慣用句の寄せ集めである。これに及ぶものはない。アメリカの作家が浅薄であることはその修辞法の閉じていることに表れている。これは私たちの会話が血と肌に通い合っていないことに等しい。[原注6]

言葉は、中核社会の権勢欲や偽善を問い直すための第一歩だった。そのうちに財産私有とか金銭の概念そのものを問い直すためにさらに強力な方法が取られていく。

十九世紀、〈実りの村〉でも金銭はすべて悪徳の根源であるとされて放棄されたのだった。たしかに最後にはオルコット夫人も、金銭なしでは生きていけないと認めることにはなるのだが、しかしその道中は無為ではなかった。

オルコットと親友レーンは長旅に出るときにも乗物賃を持たなかった。無一文で船に乗り込むこともあった。当時、乗り賃は岸を離れてから回収されるものであったから、金のない二人組だと分かると、代わりに旅物語を求められた。二人は旅の理想、目的、アメリカの未来について語った。そのうちに投げ銭が山となった。乗り賃を払うには十分だった。船長は貧乏な二人組に、乗り賃を差し引いた残りを渡そうとしたけれども、「この理想主義者たちは一ペニーさえ受け取らないで、たとえいつの日か狂気に堕ちることがあっても、それでもやはり彼らは初志貫徹するだろうと、乗客の心に証明した。当初の無関心や軽蔑がいつのまにか敬意へと変わった。群衆を見回して二人は言った、「金なしでもほら、一等船にだって乗れるじゃないか！」――そうして船を降りて、亜麻布のブラウスを十月の寒風になびかせながら旅を続けた。[原注7]」

このタイプの道徳劇は、大人たちがディガーズに寄付を申し出るときにも繰り広げられた。渡された紙幣がその場で燃やされてしまうこともあった（後になって、もったいないことをしたと笑い話になっていたけれども）。心なき贈り物は虚しいものである。ディガーズは働かないで小金を稼ごうとしていたわけではなかった。

――あるとき、美しく着飾った少女が、ボーイ・フレンドらしき青年を道の向こうに待たせて、私に「おかね」を求めてきたことがあった。少女の履く雌鹿革のブーツも、首周りの銀細工も、あるいは青年の様子からも、金に困っていないことは明らかだった。初めてだったので、私は本能的な恐怖を、少なくとも困惑を感じた。あるいは怒り。しかし周りには誰もいなかったし、あまりはっきりと拒絶すると報復されるかもしれないと思って、ただ首を振って足早にその場を立ち去った。ずっと遠くに離れてから、振り返って二人組を見やると、他の通行人に声を掛けている様子はなかった。

どうしてだろうと興味を持って、しばらく観察してみたのだった。ヘイト・アシュベリーに来た最初の頃は、外出するたびに声をかけられた。数週間経つと第二期に入って、急に静かになった。ヘイト・アシュベリーに顔が知れたからだろうとそのときには考えた。もうこれで今後は大丈夫だろう、と。しかしその後さらに第三期がやってきて、まったく気軽に、挨拶のような気軽さで金をせがまれるようになった。私も気軽に金を渡すようになっていた。

その頃には金銭への執着がほとんどなくなっていたのだ。手持ちがないときはその通りに伝えて、後ろめたい気持ちもなかった。心地いい変化だった。振り返ってみれば第二期は、ヒッピーたちがその部外者を試す必要もなく、それでいて自分たちの価値観と同調しているかもそれほどはっきりしていない、その意味で中間的な段階だったのだろうと思う。第三期は、私という人物が価値観を共有していると認識されたことによる変化に違いない。金品を共有する、それも気兼ねなく共有するというやり方を。

この間の経緯そのものを記録するのは簡単でないし、ましてや説得力をもって描き出すというようなことが果たしてできるだろうかと考えてしまう。あの時点では、相当な衝撃を受けてはいたものの、それでもまだ私は金銭の観念から完全に解き放たれていたわけではなかった。けれども仮に、もし私がもっと若かったら、つまり青年たちと同じくらいであったら、それ以降の人生で一切、金銭で何かを保障しようという気持ちはなくなっていただろうと感じる。重要なのは、金銭について正反対の二つの態度がありうるということを体感することだった。それは精神分析を受けたときの激震に似ている。私が分析を受けたのは二十数年前、ちょうど彼らと同じくらいの年齢のときだった。

一九六七年二月四日のフィールド・ノート。変化しつつある心情と、新しい規範に対する不安が記されている。

ヘイト・ストリートで若いニグロに声を掛けられた。最初は、ビル脇の段差に、仲間たちと腰掛けていた。彼らがすっかり通りに馴染んでいることに、改めて驚く……青年は私のところにやってくる、左右に赤と青のレンズをはめた、ベンジャミン・フランクリン風の丸眼鏡。車の玩具の電池がなくなったと言って、五セント銅貨をくれと言う。カポーティのような感傷を抱く、スキゾっぽい哀れな坊や。小銭入れを覗くと、一セント銅貨が六枚しかない。六枚全部を渡しながら言った、「これしかないけど、足りる?」、青年「なんてきれいなひと!」、そのとき、優しさが伝わったのを感じた。そして「きれい」の言葉に偽りがないことを知った。こう書いていても、騙されたんじゃないのという声が、頭を掠めるけれども。

……物乞いは汚いものであると私は教育された。蔑むべき存在として。でも今はその気持ちがない、不思議だ。

まだ十歳かそれくらいの頃、父親が迎えに来るのを忘れて、市内の学校から郊外まで(バス代もなかったので)歩いて帰ったことがある。子供が歩けるような距離ではなかった。不安で泣きながら歩いた。バス代をくださいと、だれに頼むこともできなかった。途中で、友達が近くに住んでいると気付いて、なんとか救われたのだが。後になって家族から「お金かしてくださいってどうして誰かに言わなかったの」と詰問されたとき、私は嘘をついた。「お願いしたんだけど、〝物乞いの子ね、汚いから近づかないで〟って言われたの」と。それは私にとって、とてもリアルな、実際に起こりそうに思えたことだった。誰かに蔑まれることは、幼い私にとっては何よりの恐怖で、それが誰にも声を掛けることのできなかった第一の理由だった。

物乞いについての見方が一旦変わると、与えること受けとること全体がそれまでと違ったように見えるのだった。貰うことと与えることは表裏一体になった。そう考えるようになったのは、六七年五月、フィルモアにあるブラック・ピープルズ・フリー・ストアを訪れたとき以来である。精神科の研修医がそのとき私に同行していた。ニグロ・ディガーズの一人、ウィリアードが誇らしげに案内してくれた。地下に行くと、多くの女性が子連れで、服を見て回っていた。裕福な社会からみれば売り物にならないようなものばかりである。穴が開いていたり、裂けていたりした。アイロンもかかっていない。フィルモアが吐き出した布の山だった。

そして研修医がいきなり、グライド財団がその店を援助していることを指して、ウィリアードに冷たく言った。「こんな人たちでも、誰のお金で生きているのか、理解できるんでしょうかね。」唐突な、あまりの無礼に、声が出なくなった。なんとか取り繕うことさえできなかった。けれどもウィリアードは、このほとんど教育を受けていない好青年は、ぴしりと言い返したのだった。「古い言葉を使いますね、学生さん。入力があれば応答するだけですよ、電子機械みたいに。」

数日後の夕方、ヘイト・ストリートの反対側で、ウィリアードにもう一度会った。髪に羽飾りをつけた大男が親しげに話しかけてきたので驚いた。フィルモアでは仕事着だったから着飾った彼を見るのは初めてだった。フリー・ストアでお会いしましたねと言われて、やっと気がついた。その後、コーヒーはどこで飲むのがいいか云々と立ち話した。その晩は〈我と汝〉喫茶室が改修のため臨時休業していた。

ウィリアードに別れを告げるとき、ロイ（リーダー格の青年）にもよろしくと言った。フリー・ストアにもまた近々行くから、と。軽い気持ちで口にした言葉であったが、ウィリアードは気分を害したようだった。

「そんなのだったら、来なくていいよ」と言われて、急に突き放されたような気持ちになった。

「どうして？　私が白人だから？」

「違う、そういうことじゃない。気が向いたとき、必要があるときに来ればいいんですよ。誰か上の人に挨拶するためとか、そういうところじゃないでしょう、あそこは。」

この時、私の考え方は明確に批判されたのであった。フリー・ストアに出入りする一人ひとりを対等に扱っていないことに関して。ウィリアードの言っていることはもっともだった。ヒッピーについて学ぶきっかけは、このときもまた、ニグロ青年の言葉だった。

貧しいゲットーに生活していた彼らの言葉が、白人に内省を促し、白人を庇護さえしていた。ある雑誌に、匿名の黒人が投稿している。

可愛い子が、道に立っていた。近くに物乞いの男も座っていた。腹を空かせてるようだった。

「十セント恵んでくれないか、コーヒーが飲みたい」男が言った。「いや」女の子が答えた。僕はそれを脇で見ていた。「ねぇ、恥ずかしいこと言っちゃいけないよ。ご老人に冷たくするなんて」僕は十セントを男に渡した。小銭なんてどうでもいい。僕の貧乏は変わらない、小銭があってもなくても。[原注8]

GROUPやブラック・ピープルズ・フリー・ストア、ディガーズをみているうちに、いてもたってもいられなくなって、個人が財産を所有することについて自分自身で掘り下げて考えるようになった。六七年五月の頃である。しかし考えたことを書き下すのは簡単ではなかった。すぐに自意識過剰な、独りよがりの分析になってしまって作業が進まなくなった。そこで結局、サンフランシスコに長く住んでいる友人、繊細な観察眼をもっていたメアリーに協力してもらって、二人で話したことを後から文字起こしする方法をとることにした。財産や共有という観念について、自分たちの経てきた変化を話し合うことにしたのだ。

(不思議なことに、いざ始めようというその瞬間まで、テープに録音することを思いつかなかった。自分自身の思想でありながら、それが異様に脆く、そしてけばけばしいことであるような印象を持っていたからだろう。[原注9])

H.P.：所有権とか、財産とか、あるいはシェアするっていうことに関してなんだけど、最近考えているのは、シェアってのは本当は皆やりたいって思ってても、でも何かちょっとした理由でうまくいかない、そういうものなんじゃないかって。あの子たちが「これは僕のものでもあるし、君のものでもあるんだ」っていう時、小さい頃にはずっと当たり前だったけれど、大人になって忘れてしまったものの手触り、ちょうど、精神分析を受けるときに感じるようなものが、湧き上がってくるような気がして……

分析の最初に、夢見るような体験が起きる、いままでずっと忘れていたような夢が、急に立ち上がってくるみたいに。それと一緒に、子供の頃の記憶が、浮かび上がってくる。それと同じことが、ヘイト・アシュベリーに行くたびに起きるような気がする。だから、ヒッピーが、精神分析と何か似たところがあるって、感じるんだと思う……

ここのところいつも、所有するってどういうことか考えてる。すぐに書き出してしまうことができなくて、こうしてまずは言葉にしようとしているんだけど。小さい頃に住んでたのが、ワシントンDCの辺境みたいなところ、都会からずっと離れて、ワーキング・クラスの街だった。そこで、すごく裕福ってほどでなくても、周りの家庭よりも恵まれた生活をしていた。

クリスマスになると、家のツリーを見るためにって近所の子がわざわざやってきて、それでその子たちにお菓子を分けてあげるのが毎年のことだった。胡桃とか干したイチジク、チョコレート菓子とか……そんなのを。ダイニングの戸棚にたくさん入れてあって、近所の子供がやってくるたび、クリスマス・ツリーの横においてある可愛い飾り袋に移してから渡してた。誰かやってくるたび、母親が、「さぁエレノアの分を入れてあげなさい」なんて言って、ダイニングからお菓子を取ってきて、椅子によじ登って、全体からすればほんの一部なのにそれを大事そうに詰めて、渡すの。その一連の行為が全部、大嫌いだった。本当だったら戸棚の中から両腕一杯にお菓子を持ってきて、最初の子に全部渡してしまいたかった。早く終わってほしいと思っていたから、大摑みで、ほとんど小袋が溢れるくらいに詰めた。

「あとからも来るんだから、最初の子にたくさん入れちゃだめよ」と母に言われた。母の言うことも分かってたけど、それも嫌で仕方なかった。たくさんあるのに、そのほんの一部だけを恵んでやることの実行犯になりたくなかった。不道徳な感じがして……子供の感情を大人の言葉で説明するのもどうなんだろうってことだけど。施しを与える立場に、それはいけないことで、恥ずかしいことなんだという気持ちがあって、そんなことの一員であることに我慢できなかった。

もう何年も忘れてたことだけどヘイト・アシュベリーに来てから思い出した。金銭についての考え方が丸ごと変わってしまって。誰かがお金に困っていると、持っているもの全部あげてしまいたいと思う。フリー・ストアのためにトラックが必要だとロイが言ってたとき、いくらするのか訊いて、二百五十ドルって分かったときには大変だった。ちょうど小切手用の口座に入っているのが二百五十ドルだった。なんとか自分を抑えて、五十ドルだけ渡した。話してて思ったんだけど、最近あそこに行かないのは、ひょっとすると全財産を路上に放り出してきてしまうんじゃないかって、心配だからかもしれない。お金がもうほとんど意味を持っていなくて。

不道徳の印象に悩まされていたのが六歳前後で、それから大人になるまでの間、たぶん大恐慌[3]の後だろうと思うけど、自分の持っているものを他人に渡すなんてとんでもないと考えるようになった。生きていくのに精一杯だった。そのうちに、そんな不道徳についても忘れてしまったのかもしれない。ヒッピーの道徳に侵されるうちに、昔のあの強烈な感情にまた動かされるようになった。トルストイが晩年に書いたものに近いかもしれない。

いかに所有欲が深く刻み込まれているか、今はよく分かる。「これは私のもの」「それはあなたのもの」なんて今更、誰も言わない。口にするまでもなく当然のことだから。でも生まれたときには、この世界を皆がそれぞれに分担していたはずなのに、何かがあって、そういうのはなくなってしまった。それでヒッピーを知って一番驚いたのは、まだあの考え方が残ってたことだった。金の心配をするんじゃなくて分配をするんだって、そう言ってたから。金が手に入れば外に出かけて、食べ物を買って、人を呼んで気前よく振る舞って、次の日になればまたお金がなくなって後悔するって分かってても、でも他の人がお腹をすかしてるってことのほうがずっと大事で……このことって、私がどこにいても、何をしていてもそこにある葛藤で、しかも六歳の頃からずっと。

ヘイト・アシュベリーでそういう気持ちになったことはある？

メアリー：

正直に言えば、葛藤はすごかった。一つには、上手く言えないけど、フラワー・チルドレンは喉から手が出るほど、食料やお金を欲した経験はしてないわけでしょう、だから、いくらシェアだとか言っていても、そんなのは偽物じゃないかって、思っている自分もいる。社会から享受し

3……世界恐慌の引き金となったウォール街での株価暴落（一九二九年）のとき著者は十八歳。その後も経済の混乱は収束せず、第二次大戦へとなだれ込んでいくことになる。

ただけのものを、互いに融通してるだけじゃないかって……

私自身は、文字通りに食べ物がなかった時代も知ってるから、結婚して、お金ができて、そうして買い物に行ったときには、ほとんど強迫症みたいに買い物してた。信じられないと思うけど。家に帰って、台所の裏の一番大きい棚が一杯になって戸が閉まらないのを見て、初めてそれに気づくくらいだった。そんな事があったから、ヘイト・アシュベリーで初めて堂々とお金を求められたときに、すごい葛藤があった。

本当に、ヒッピーたちのやっていることは正しいと思っていたし、そうでなくちゃいけないって、心では思っていたんだけれど、でも小銭を渡すっていう簡単なことができなかった。誰かにお金をあげたら、その隣の人にもあげなくちゃいけない、そんなことしていたら自分が一文無しになってしまうって、無意識のうちに恐怖していたんだと思う。いつだってお金を求められたから。道を歩いていると、いつも。結局、私は自分のことがかわいいだけなのかもしれない……はっきりした言葉になれば良いんだけど、とにかく圧倒されてしまう、二つの考えに挟まれて。子供の頃、親に言われたでしょ、乞食にものをやってはいけないって。でも、イエス様は困ってる人にはなんでもお恵みになったのよって、食料も、お金も慈悲の眼差しも、……同時に、そんなことを言われて育ってきた。永遠に解決されない葛藤だと思う、二つの価値観の。もしそれに、これが今までは問題とされていなかったのか、それとも自分が気付いていないだけでずっと問題としてあったのかとか考え出すと、もう本当に混乱してしまって……

ヒッピーにそれができるのは、多分、心にそういう動揺が少ないんだと思う。自分たちが、輪の一部であるって感じられてるから。自分たちの文化があって、その中で、今日誰かにしてあげたことは、また明日になれば自分に返ってくるだろうって、素朴にそう感じているんだと思う。

街にいるうちに、財産を私有することの是非が、自分にとって少しずつ大きな問題となっていった。葛藤があることを意識するようになると、誰にも言わないでおくことはできなかった。そのうち自分だけがこの葛藤を抱えているのではないと気付く。

所有することの意味が決して自明ではないと教えてくれたエピソードがある。一帯から少し離れたところに住む夫妻、特に妻がヒッピーの哲学に共鳴していて、時々お祭りにも顔をだしていた。心酔していた、といってもいい。その夫妻が六七年春、家出した少年少女の寝具が足りていないとどこかで聞いたらしい。妻は家に帰って、家にある充分すぎるくらいの寝具を見て、それを全部寄付しようと考えた。二人は車に高級寝具を一杯に載せて、当時コール・ストリートにあったフリー・ストアに向かった。

寝具の提供を申し出ても、店員は特別の感謝を述べるでもなく、その辺りに置いておいてください、と言っただけだった。割り切れない思いを抱えながらも、夫妻は寝具の入った箱を置いて車に戻ろうとした。ちょうどそのとき、明らかに裕福ないい服を着た黒人女性がやってきて、ひょいとその箱を持ち上げ、自分の車に運び入れて、そしてあっという間に走り去った。夫妻はそれを見て憤慨した。もう二度とフリー・ストアなんかに協力しない、由緒正しいサンフランシスコの慈善団体としかもう関係を持たない、そう言っていた。夫妻は、フリー・ストアは分配にまで責任をもつべきだと主張した。つまるところ、別の「適格性」を作るべきだと考えたのだ。もちろん二人が腹を立てた気持ちもよく分かる。しかし私にはフリー・

ストアのやろうとしていることも同じくらいよく理解できる気がした。

もう一つ例を挙げよう。今度は六七年夏に東海岸から私を訪ねてやってきた十八歳の少女である。彼女はヒッピーに困惑していたけれど、しかし同時に興味も持っていたので、たくさん質問した。ある日パンハンドルを二人で歩いているとき、この公園では文字通りに誰でも、ただでスープをもらえるのだと説明した。少女は、そんなやり方で続くわけがない、と反論した。これまで上手くやってきたのだと説明しても、半信半疑の様子だった。

この少女は東海岸で最も裕福な街のハイスクールを卒業したばかりで、母校を例にとってこんな事を言いだした。もしも無料のコーラを校庭で配っていたら、すぐに全生徒が群がって、小銭を忘れた学生の分まであっという間になくなってしまいますよ、と。だってそういうものじゃないですか、とも。

「最初の日はそうかもしれない、だけど」私は言葉を挟んだ。「お金のある生徒たちは、その翌日もさらにその次の日も、やっぱり無料コーラの列に並ぶの？」

並ぶと思う、少女は答えた。無料の物資を誰に渡すか、その基準を事前に決めておかないことこそ、この彼女にとっては不公正であった。適格性という観念がここでも出てくる。

持ち物や技能をシェアすること、つまり財産の共有についての倫理が問題になるのは、白人社会の側でだけだった。ＳＮＣＣの指導者がミシシッピで「自分の町に戻れ、そしてそこを改革するんだ」と白人青年に告げたとき、それは問題の所在をはっきりと認識していたからに違いない。全体としてみれば、貧しいニグロほど共有することの価値を知っていたことになる。だからヒッピーを焚き付けたのが実のところ貧しいニグロだったのも不思議ではなかった。

以下の文章は、フリー・ストアと結びつきの強かったある雑誌に載っていたものである。白人地区と黒人地区に一店舗ずつあったこの店の、集合知のようなものが描かれている。世界中の無邪気な人たちに向けて、与えることと受け取ることの自由を謳っているようにも読めないだろうか——。

シェアすること、持っていくことは自然です[原注10]

「これで利益は出るんですか?」初めてやってきた人たちは、聞かずにはいられないようです。この質問のほんとうの意味は、「転売されてしまうだけではないのか」「嘘をつかれて、本当に必要な分以上を持っていかれるのではないか」というところでしょうか。

しかしこの質問は、八百屋の店長に「万引きで困ったことはありませんか」と聞くようなもので、質問者の心を映す鏡です。「利益を上げる」のは拝金文化の態度です。支払った分だけ獲得できるつもりでいるのは、資本主義成立まであと一歩です。おめでとうございます。質問をする人は実のところ自分自身に問いかけているのです。もし誰にも怒られないなら、両手いっぱいに商品を抱えて持ち帰りたい、と。

たしかに以前はそんなこともありましたが、フリー・ストアではもう大昔の話です。利益を捨てたら、代わりに愉快な仲間たちがやってきました。フリー・ストアなんて絵空事だと言う人もいます。儲かるうちに儲けておけ、と。貯蓄せよ!前進せよ!でもそれはやっぱり古い考え方です。

欲しいものがいつでも置いてある、しかも一日二日でこの店はなくならない、そういう風にみんなが思ってくれればいいのです。そうすれば、当分使わなそうなものがあれば置きに来てくれるし、また何か必要になったら覗きに来ます。際限ない物品購入と溜め込みに身も心もすり減らす代わりに、周りの人たちと共有をするようになるのです。

自分一人で独占するべきは、自分がどうありたいかの理想です。それ以外のものは、このご時世ですから、受け取るのもよし、分け与えるもよしです。

第九章

ロイ・バラードのこと

ブラック・ピープルズ・フリー・ストアは長い旅路の終着点だった。東西両海岸の大学キャンパスに始まり、南部を巡って、そして疎外された人々が住む都会のスラムにまた戻ってきた運動だった。ヘイト・アシュベリーの埃っぽい西風と瓦礫とその残像から最後に花開いたのがフリー・ストアである。

公民権運動家がミシシッピに到着してから、バークレーのフリー・スピーチ運動へ、ヘイト・アシュベリーのディガーズへ、そしてフィルモアに展開するまで二十年近くかかっている。しかし深いところには通底する流れがあった。街を結ぶものは特別だった。アメリカの歴史に書き入れるべき出来事であったとも思う。白人と黒人が平等の存在として、白人の修道者たちは黒人からもう一つの文化を学び、その一部を借り入れた。黒人たちも、白人から同じように学び取ったものがあった。

一九六七年四月二十八日、公聴会が開かれた。市民はヘイト・アシュベリーのヒッピーについての懸念をここで表明するようにと、当局からは事前に説明があった。サンフランシスコ市管理委員会の消防部門、地域安全部門、警察部門の代表者がそれぞれ参加していた。

しかし管理委員会にとっては形式的な会合だった。「市民の意見を広く募ったという形が大事ですから」

と裏で言った役人もいた。市庁舎の奥深くではヒッピー・ムーブメントを抑止するための施策の数々が既に決定されていたし、会合のわずか数日前には、サンフランシスコ市当局にあってただ一人責任ある態度を取っていたジョエル・フォート医師も突然に解任されていた。（公衆衛生局に所属しながらフォート医師はドラッグやアルコール問題に対する市の無策を糾弾し、夏に予想されていた若年者の大量流入に対して財政上の手当てをしないことは無責任であると発言していた。彼の提言がある程度でも採用されていたら六七年夏の惨劇は回避できたはずだった。）

――情勢の混乱、たとえば警察が貧困ゲットーで好き放題の暴力を振るっているとき、行政が特定のマイノリティ・グループを攻撃しているとき、そして政治がそれをコントロールできなくなっているときにいつも現れる徴候がある。政治家が全員一致とか「一枚岩の結束」を言いだすのだ。裏を返せば、意思決定の場から異分子が排除されるようになる。しかし異分子を排除しても何も良くならないことはソクラテスの時代から知られていることだ。

状況が悪い方向に雪崩れ込もうとしているとき、それを食い止めることができるのはしばしばたった一人の勇気ある発言だけれども、そのたった一人が難癖をつけられて排除されて、そして残りの大多数は自分たちが勝利に突き進んでいるものと信じながら破滅に向かっていくようになる。ジョエル・フォート医師が解任されたのはまさにこの悲劇であった。この時点でサンフランシスコの行政当局には、ヘイト・アシュベリーで起きていること、起きるだろうことを見通すだけの能力が失われていた。

四月二十八日の公聴会で、ある役人が性感染症の報告が増えていると発言した。別の公衆衛生部門の管理者はそれをすべてヒッピーの性道徳の乱れのせいにした。彼はおそらく性感染症の疫学にはよく通じていたのだろう、しかしそれにしては杜撰である。第一に、サンフランシスコの港はベトナムに兵士を送り出す最大の港であったのだから、全米から若者がここに集められるのだし、またベトナムから戻ってきた兵士もこの街に逗留することになる。この状況において性感染症を含めて未知の病気が持ち込まれるのは当然である。ベトナムの戦況が悪化して送りだされる兵士が増えれば増えるほど街では感染症の報告が増える。けれども果たしてそれはヒッピーの性道徳の乱れだろうか。兵士に限らずとも、若年人口が増えればそれだけで性感染症の報告は増えるはずだが、会合では人口増加分との対照さえ示されなかった。

役人はただ悲観的な情報を挙げていくだけで、感染症に対して前向きな対策を何も打ち出さなかった。その反対に街場のヒッピーは、やれることをやろうと『オラクル』誌を通じて無料診療所を紹介していたし、特に性感染症については積極的な受診を呼びかけてもいた。

政治家や役人はまた、街が若者によって汚されているとしきりに漏らした。公式の調査では考えられているほど衛生状態は悪くないという結果も出ていたが、いずれにせよこれ以上の人口増加があれば悪化するだろうというのは事実であった。しかし行政は何かこれまで策を講じてきただろうか？　ゴールデン・ゲート・パークの公衆トイレにある石鹸やペーパー・タオルの消費量が多いことから、若者がそこを公衆浴場代わりにしているに違いないと責めるような意見も上がった。しかしそれだけの人数の若者が清潔な浴場にアクセスできないでいることを行政の怠慢でないかと指摘する声は一つも上がらない。サンフランシスコほどの大都市にとって、公共の入浴施設を一つ二つと整備することはまったく不可能なことだっただろうか。あるいはヒッピーがそれだけ頻繁に体を洗っているらしいということと、ヒッピーが総じて不衛生であるという見解に矛盾を感じることはなかったのだろうか。警察部門のトップもなにか言っていたが、どこかで聞いたような文言を羅列しただけであった。

公聴会の後、どれほどの因果関係があるのかは分からないけれども、優秀な若い警察官が一人この街を去った。ゴールデン・ゲート・パークを管轄する警察署に勤めていた警官で、地域係として唯一若者たちと話を通じることができた人物であった。彼は、警察署がただ懲罰をするばかりで、状況を何も改善させようとしないことに絶望したと去り際に言った。

役人がそれぞれに発表を終えると議長は、聴衆から何人かを選んで、各々のコミュニティを代表して発言するように指示した。商店組合の代表者は若者への不満を隠さなかった。しかしそれ以外のコミュニティの代表たちは大筋において若者に共感的であった。特にはっきりと擁護にまわったのは、黒人コミュニティからの二人だった。グライド教会の牧師であるセシル・ウィリアムスと、黒人貧困地域の指導者でありディガーズの一員でもあったロイ・バラードである。

この半年ほど、セシル・ウィリアムスは自分が街の若者たちの側に立つことをずっと公言していた。公聴会でもそのことを改めて、しかも情熱的に宣言したのであった。ヒッピーは白人社会が失くした魂をまだ握りしめています、しかも政府高官とか会社重役のご子息だって現にヒッピーになっているのですよ、と。ボブ・ディランの言葉が息を吹き返したようだった。[原注1]

高見に立つひと
どうかこちらへ
この道を塞ぐひと

誰かを傷つけるひとは
いつか
立ち止まることになります
今はまだ
あなたには遠いこと
しかしきっと近いうちに
窓を揺らし
壁を揺らすでしょう
時代は変わるはずです
お父さんお母さん
どうかこちらへ
分からないものを

ただ怒ることはやめてください

息子は
そして娘は
もうあなたの手を離れました

かつてあった道は
もう見えなくなりました

私たちに手を貸すか
そうでなければ
見切りをつけてください

時代は変わるはずです

役人たちは高い壇上に一列に座っていた。セシルはそのすぐ下、最前列に座っていた。つまり彼は会場に背中を向けていたのだが、声はよく通った。この黒人男性の発する一言一句は白人役職者たちの不安を掻き立てるようだった。わずか二年前、白人社会と壮絶な戦いの末に参政権をやっと勝ち取ったばかりであるはずの黒人コミュニティが今はもう白人青年を一心に擁護している。ほんの一瞬セシルが聴衆の方を向いて話そうとすることさえ、議長は執拗に遮るのだった。天地逆転したかのようだった。アメリカの良心がいまどちらの側にあるのかは火を見るよりも明らかであった。

セシルの次にロイ・バラードが発言に立った。ロイは先立って議長に、帽子をつけたままでよろしいでしょうか、いえ、敬意を欠いているからではなくて、私の信仰の一部なのですと言うと、議長は不愉快そうに何かぶつぶつと言った後、それを許可した。

ロイが頭に乗せていたのは古ぼけたベレー帽である。彼はかつてアフロ・アメリカン統一機構でマルコムXの下についていた人物だったから、おそらくベレー帽はその関係だろう。あるいはディガーズの一員であることとも結びついていたかもしれない。既に述べたように、ディガーズはクロムウェル時代のイギリス水平派、そしてクェーカー教徒の信仰実践と地続きにあったものである。いずれも帽子を被ることを連帯の証としていた。ロイ・バラードが帽子をつけたまま役職者の前に立った姿は、十七世紀のクェーカー教徒を彷彿とさせるものであった。

彼がまるで大昔のクェーカー教徒のように見えたのには、もう一つ理由があった。これを説明するために、少しの間だけ、一人語りすることを許してほしい。

――ヘイト・アシュベリーに来てしばらくしてから、アメリカ社会に根付いてしまったレイシズムから抜け出そうとして、私は黒人と話すときにも正式の敬称を使うことを意識するようになっていた。男性であればミスター、女性であればミセスとかミズ、学問を修めた人であればドクターというように。しかしそのことが却って、黒人と互いにファースト・ネームで呼びあえるような関係を築くことを阻んでいたかもしれない。（ややこしいことにロイはディガーズの一員でもあったから、私たちは最初から互いにファースト・ネームで呼びあっていたのだが。）

敬称を抜きにして話しかけることは私にとって特別なことだった。人間をその人自身として認めることとつながっていたから。家族のうちにさえ、敬称抜きで私の頭に浮かぶ人は一人しかいない。曾祖母の一人、サラ・ハイトである。

私は子供のときから家族のアルバムを見るのが好きで、写真にうつる一人ひとりについて、たとえ会ったことがなくても、あるいは大昔に死んでいたとしても、その人物が自分とどう結びついているかを把握していた。いつも「大叔父さんの誰々」とか「従妹の誰々」と呼んでいた。けれどもサラ・ハイトのことだけは、もちろん一度も会ったことはなかったけれども、ただ名前と名字だけで呼んでいた。

母によれば曾祖母はクェーカー教徒であって、だからどのような敬称も好まなかったらしい。当時は近所の子供たちさえ、名前と名字だけで呼んでいたという。幼かった私にはそのことの意味は摑みきれないものであったけれども、しかしいくらか年を取ってからは、その頑固さというか、融通の利かなさに一種の尊敬を覚えるようになった。十九世紀初頭に生まれた農婦が、この世界に生を受けた誰とでも平等であろうとして、どのような敬称も拒んだこと。これを私は特別な感慨をもって脳裏に焼きつけていた。

公聴会のときのロイ・バラードの姿は、私にとってサラ・ハイトと重なるものであった。搾取され、抑圧されてきた二十世紀の黒人が、十九世紀を生きた一人の農婦を思い出させた。

ロイは以前に発表していた要求文書にしたがって話を進めた。ここに再掲しておこう。一九六七年四月十二日付の文書である。

要求

私たち四人はそれぞれヘイト・アシュベリー、フィルモア地区、ミッション地区、ハンターズ・ポイントから来たものである。私たちの兄弟および姉妹たちを代表して、サンフランシスコ行政部に以下の要求を掲げる。

市中心部に無料の備蓄庫をつくり、果物・野菜・穀物・食肉・生活必需品をいつでも受け取れるようにすることを通じて、市長および他の役職者は税金を市民に還付すること。

要求の説明

宗教的、哲学的、心理学的、技術的見地から、そのような備蓄庫が必要であるのは明らかである。昨今の科学技術の発展から、いま人間によって行われている労働の三割までを機械によって代替することが可能であると分かっている。労働代替によって、より効率的に働くことができるようになり、人間はより多くの時間を、余暇や本来望んでいる作業のために使えるようになるはずである。しかし市行政はそれを支援せず、それどころか社会構造の力を借りて妨げようとさえしている。市行政が行うべきは構造を変えることである。無料備蓄庫の効果は、既にヘイト・アシュベリーで小規模ながら実証されている。私たちは市行政にこれを大型化する機会を求める。

上記の要求について、数百ページの説明を加えることもできるが、これまで市行政はこの課題を等閑視してきたものであるから、上記の四人はまず、市当局より応答があるのを待つことにする。等閑視――その一方で、ゴールデン・ゲート・パーク管理部門による、夜間その場に誰一人いてはならないという過大な要求。警察による、市民への不当な暴力、そして身分証明書提示の執拗な要求。建築局による、フリー・スペース運営中止の要求。何百人もが寝る場所を失って困っているのに。あるいは公衆衛生局による、レストランでの炊き出しを止めるようにとの要求。市民が最低限の食料にさえありつけていない状態を見ているにもかかわらず、市からは炊き出し中止の要求……

ロイは、ヘイト・アシュベリーで起きていることを、搾取や貧困のなかに閉じ込められている世界各地の民族と結びつけるところから説き起こした。普段はもっとストレートで、ぶっきらぼうでさえある彼がそこまで自制しながら話していることは印象深かった。壇上の委員に対してロイは必要な敬意を払っていた。しかし委員の一人がロイの話を途中で遮って、ヒッピーとアシュベリーの話だけしろと注文した。話をまるで理解しようとしない委員にほんの一瞬だけ憤慨してロイが「御言葉ですが、あんたたちがそれでは……」と言った瞬間、議長は警備員にロイを退室させるよう命じた、「その共産主義者をつまみだせ」と。私を含めた聴衆の何人かが、それに抗議して、ロイと一緒に部屋を出た。

部屋の外でみると、彼は涙を浮かべていた。委員はこの黒人青年を軽蔑していたかもしれないが、ロイが委員を軽蔑したことはなかった。確かに言葉が一瞬だけ乱れたけれども、果たして退室を命じられるほどだっただろうか。

「どちらにお住まいで?」ロイが訊いてきた。ゲットー地区からは程遠い、私の住所を伝えた。彼は「夏が来る前に、街から離れた方がいいですよ、市はこのまま何もしないつもりです。アメリカ中から学生が一斉にやってきて、大変なことになるでしょうから。」(ロイ・バラードの予想に反してその夏を辛うじて乗り越えることができたのは、無策だった市行政に代わって、グライド教会が食料や寝具を無料配布したからである。マス・メディアに煽られて街にやってきた全米からの若者が、食べるものさえないと知って「暴動」を起こすような事態は何とか避けることができた。グライド教会そしてブラック・ピープルズ・フリー・ストアの貢献は、『クロニクル』紙も含めて、今ではコミュニティのほぼ全員から認められている。)

壇上の委員は、ロイ・バラードをまるで気違いであるかのように扱った。けれどもこの黒人青年、少しの教育を受ける機会さえ奪われた、ゲットー以外の地域に住んだこともないような青年は、フィルモア地区とヘイト・アシュベリーで起きていたことを誰よりもよく理解していたし、またこれが世界中で同時多発的に起きていた運動の一翼であることも把握していた。

公聴会でコミュニティ側から要望されたものは何一つとして行政に取り上げられることがなかった。警察による暴力は黙認されたまま、宿泊施設の手当てもなく、ゴールデン・ゲート・パークでの野宿も禁止されて、簡易トイレが作られることすらなかった。その一方でマス・メディアは世界中の若者たちに向けてヘイト・アシュベリーに来れば夢の世界が待っていると喧伝していた。ディガーズがどれだけの努力をしても、大量に流入してくるだろう若者たちの寝る場所やシャワーを確保できないことは目に見えていた。

公聴会を取り仕切っていた委員会が出した結論はつまるところ「やってきた若者が病み、飢えて、あるいは死んでも、しばらくすれば落ち着くだろうから問題ない」というものだった。それでいながら委員会は病気とか混乱が起きることはないだろうと無根拠に信じてもいて、「共産主義」がフィルモア地区に拡がることの方をよほど恐れていた。

この本をここまで書き進めてくるなかで、私は誰かをヒーローとして描くことを避けてきた。ヘイト・アシュベリーの哲学にそぐわないと考えたからだ。ディガーズが集会を開くたびに指揮者は変わっていった。あくまでも問題そのものを正面から取りあげること、そして対話することが目指されていた、(たとえばハプニング・ハウスを巡って)不平不満の声が聞かれることもないではなかったけれど、それで議論が振り出しに戻るとか分裂してしまうようなことはなかった。ヒーローによる救済という幻想をこの街がもたなかったためである。

しかしロイ・バラードは例外だった。彼がいなかったらブラック・ピープルズ・フリー・ストアは生まれなかったし続きもしなかっただろう。偶像崇拝とならないように配慮しつつも、グライド教会もロイのことだけは特別視していた。

私が試みていた提示法と、街で起きていた生の事実を両立させることは困難だった。ヘイト・アシュベリーに独特な脱英雄化は、ユージン・マッカーシー[1]の立候補にまで影響した大きな流れであった。英雄崇

1……Eugene McCarthy(一九一六-二〇〇五)アメリカの政治家。高校教師として勤めた後、一九五八年より上院議員(ミネソタ州選出)となる。六〇年代中頃よりベトナム戦争反対の立場を強く打ち出した。

拝から卒業することは人間の相互作用についての知識がずっと現実的になったことを表すものだったとも言える――どのような個人も全体の一部であり、またそれぞれに果たすべきものがあるのだ、と。

右派の個人主義と左派の福祉主義は、たった一つの方法によって個人が満たされると想定している点では似ている。しかしヒッピーの哲学はそれと違っていて、一人ひとりに果たすべきものを絶えず再発見することが目標であった。果たすべきものが打ち寄せる波のように無限にあって、各個人はそれに向かって泳ぎ出していった。

このとき黒人は、他の抑圧された民族と同じように、自分たち自身の尊厳を得るためにロール・モデルを必要としていた。ロイ・バラードは、マルコムXやストークリー・カーマイケル、H・ラップ・ブラウン[2]と同じく黒人青年のロール・モデルとなった一人であった。ある意味ではユージン・マッカーシーその人とも近いところにいたのかもしれない。二人とも危うい橋を渡っていた。一方で指導者であり、また一方で英雄であることを否定するという……。

この時代のアメリカ政治には、ユージン・マッカーシーの政治的スタンスは唯一無二であった。そのために独特の神話的な雰囲気が醸し出されていた部分もあるだろう。マッカーシー自身もそのことをよく理解していた。大統領となったときに個々の課題をどうやって解決するつもりかと問われると、「まだ、分かりませんけれども……」と言ってから話し始めることが常だった。自分がすべてを決めるのではなくて、聴衆のうちにそれを決めるのにもっと適した人間がいるはずだ、その人の声を待っているのだというような響きがそこにはあった。それはディガーズがなにか新しい課題に直面したときに取る態度とよく似ていたし、また同時に、決して場当たり的な思い付きで行動しているのではないことを示すものでもあった。

その意味ではきわめて理知的である。一人の人間がすべての社会問題に精通しているなどありえない。英雄崇拝を止めることは試行錯誤することを可能にする。それは国際関係にも通じることだろう。英雄になってしまうと引き際を見つけることが難しくなる。たとえ自分の役割はもう終わったと実際のところ本人が感じていたとしても。

手始めに、ロイ・バラードがブラック・ピープルズ・フリー・ストアをどうやって立ち上げたか見てみよう。自分自身が英雄となってすべてを取り仕切るのでなくて、彼の「導き手」としての真骨頂を見てとることができる。その第一歩はグライド教会の発行誌に記録されている。[原注2]

一九六七年春、ロイ・バラードはラリー・マミヤ[原注3]に、フィルモア地区のゲットーにも無料商店を開くことを提案した。ロイはSNCCの一員として最南部での活動を経験しており、またアフロ・アメリカン統一機構ではマルコムXの熱心な部下であった。六六年秋にはディガーズの一員としてコール・ストリートの無料商店にも関わっている。ヒッピーが無思想とか非政治的と一般には思われているのとは対極的に、ディガーズの哲学によって黒人ゲットーの貧困を解決することは最初からはっきりと目標とされていた。

2……Stokely Carmichael（一九四一―一九九八）アメリカの活動家。トリニダード・トバゴに生まれ、十一歳でニューヨークに移住する。一九六六年にSNCCの議長となり、「ブラック・パワー」運動を主導した。Hubert "Rap" Brown（一九四三―）アメリカの活動家。カーマイケルの後を継いでSNCC議長となる。二〇〇〇年にフルトン郡の保安官を銃撃したとして終身刑を宣告されている。

グライド教会の青年部の代表として、ラリーはこの新しい無料商店の資金回りを引き受けた。ロイは協力してくれそうな公民権活動家の何人かのリストを作り、ラリーに渡した。二人は教会のセシル・ウィリアムスとテッド・マクイルヴェナに話を持ち掛け、前進を始めた。

四月になるとロイとラリーは空き店舗を探し始める。この一帯の多くの空き家は既にサンフランシスコ再開発公社の所有となっていて、つまり将来の中所得者層向けの住宅用地とされていたから、いくら交渉しても貸してもらえる見込みはなかった。しかしなんとかマクアリスター・ストリートとウェブスター・ストリートの交差点に空き店舗を見つけて、そこを根拠地に決めた。最低限の掃除と大工仕事を済ませると、五月初めにはもうブラック・ピープルズ・フリー・ストアが開店したのだった。

フリー・ストアとはなにか？　手に入るものをなんでも無償で譲り渡す場所である。服、家具、電化製品、食料……。ゲットーにおける窮乏は文字通りに致命的であり、アメリカン・ドリームは戯言であり、そしてレイシズムは火事や強盗くらいに現実であった。その状況においてフリー・ストアは革命である。ただ物品を無償譲渡するだけではない。同胞愛を互いに受け渡すことがここでは企図されていた。

受け渡しの方法は一種類でなかった。毎週土曜日にはマルコムX記念公園で炊き出しが行われた。いつも百人以上が集まった。これだけの人数になると、一カ所に集まることそれ自体として意味が生まれた。互いが無事に過ごしていることの確認にもなったし、なにか新しいことがやれそうだという自信のもとにもなった。ブラック・ピープルズ・フリー・ストアの店頭でも小分けにした食料が配られた。近所でパン屋をやっているウクライナ人がいつも食料をもってきてくれるのだった。

あるいはまた別の方面で、フリー・ストアの地下室を暗室にして、写真撮影と現像術のクラスが開かれたりもした。それまで自己表現の手段など一つとして持ったことのないゲットーの黒人にとって、これは小さくない事件であった。(楽器屋が協力してドラム・キットを作るクラスも企画されたが、これは資金が足りなくて頓挫した。)

三週間前には小型トラックが手に入って、大型家具を店側が受け取りに行ったり、またゲットーの子供たちを街の外に連れ出したりすることができるようになった。週末の六月二十二、二十三日にはフリー・ストアの店員と二十五人の子供たちがシエラ山でキャンプをした。街の外に初めて出る子もいた。金が少しでも貯まるたび、店員たちは子供たちをキャンプに連れ出した。夏の終わりころには、グライド教会がもっていたサマー・キャンプ用の設備も使わせてもらえるようになった。

第一歩を踏み出したのはロイ・バラードであったけれども、彼はそれ以上のことをしようとはしなかった。かなり早い時点で、彼の店ではなく皆の店になっていたからである。指導者という思想、あるいは指導者－追随者パターンとでも言うべきものは、その有効性をもう誰も信じていなかった。ディガーズの教えは「やるべきことをやれ」であって、誰かを信奉することではなかったからである。そして教えはしっかりと根を張っているように思われた。

この記事にもあるように、ある意味では、ロイ・バラードのとった道は白人学生のとった道とよく似ていた。

ロイもかつて所属していたSNCCやCOREは、ただ白人の公民権運動家に支援を求めるのでなくて、むしろ忠告に近いようなメッセージを発するものであった。自分たちの足元からまず改革をやれ、と。この批判に応えるためにバークレー校でフリー・スピーチ運動が盛り上がったのだと捉えることもできるだろう。白人が南部に出かけていってその状況を変えることは上手くいかなかった。だから自分の持ち場で、改革をもう一度やろうとしたわけだ。

同じころにロイは、自分たちを抑圧してきたキリスト教コミュニティから離れて、自分たち独自の行動規範とかプライドを作るようになっていった。マルコムXが暗殺されたときには、その遺著となった自伝に書かれていたことを実現するための土壌がサンフランシスコにはもう出来上がっていた。

一九六六年、ヘイト・アシュベリーにやってくるとロイはさらに前進しようとした。ヒッピーに接近した白人の公民権活動家も同じだった。成果を挙げつつも不完全燃焼となった公民権運動の向こう側、つまり互恵的な社会運動が目標であった。互いを傷つける人類の在り方ではなくて、互いに教え学ぶことのできる姿が目指されていた。

あるいは別の言い方をすれば、ロイ・バラードはフリー・ストアの扉からヘイト・アシュベリーの灯をフィルモアに招き入れたのだともいえる。店には瞑想のための部屋もあって、それはフラワー・チルドレンが求めていたような、自分たちの街の外にもヒッピーの思想が広がることとの第一歩だった。瞑想は既存宗教の専売特許ではなくてもっと人間の深くに根差していると考えられていたからである。[原注4] 南部諸州の黒人たちは、特に（公然あるいは非公然の）奴隷制のもとにあっては「自然の恵み」だけが安らぎだった。ロイ曰く、瞑想も自然の恵み、何一つ所有物がなくとも人間それ自体に備わっている力だった。

ディガーズによって「自然の恵み」にはもっと強い基礎が与えられることになる。自然の恵みを現実に据え付けるような、社会的政治的な仕掛けが作られたと言ってもいい。黒人コミュニティが果たした役割をここで繰り返すことはしないけれども、彼らの言葉は、やはり白人を中心としたディガーズに問題の所在をはっきり意識させるだけの強い作用があった。

ブラック・ピープルズ・フリー・ストアに白人ヒッピーがやってくるとその表情に浮かぶのは憧憬であった――私自身もそうだった。六〇年代前半の白人活動家たちが皆で同じことをするのに価値を見出したのとは対照的である。かつてミシシッピとかアラバマに出向いた若い活動家は、高い志こそ持っていたけれども、まるで宣教師のような悲壮感を漂わせていたし、その意味では高慢でもあった。しかしバークレーでの失敗を通じて、あるいは体制からのドロップ・アウトを通じて、裕福な白人学生も警察や公権力から敵視されることの苛烈さを身をもって知るようになった。塵屑のように扱われ、警察から追い立てられて、そして権力が暴力を振るい、不公正がまかり通るのを目の当たりにした。中産階級の親も、もちろん学校や弁護士も味方になってくれなかった。ただ黒人ゲットーの住人だけが失意の活動家をかくまってくれたのだった。

（黒人中間階級も含めて）中産社会は、ニグロと白人が同じ苦しみを共有しているなんて嘘だと言った。その気になれば髭を剃って、髪を整えて小ぎれいにできるヒッピーと、ゲットーに住んでいて剃刀さえ買えない黒人では生きている世界が違う、と。しかし黒人ゲットーの住人にとっては、警棒で叩かれることの痛みを知る白人が現れただけでも巨大な変化である。警察が理不尽であるはずはないとそれまでは本気で信じられていたのだから。

黒人ゲットーには抑圧された人々に対する共感の雰囲気があった。警官に暴行されたヒッピーやかつて政府によって強制収容された日系人に対する同情である。トルストイは実際に自ら貧農となったわけではない。それを知っていてもなお、自分たちと近いところのある集団が現れたというだけで黒人コミュニティにとっては一大事であった。

白人のフラワー・チルドレンは中産社会の物質崇拝に対するアンチテーゼであった。そしてここまでに述べたように、白人にそれを教えたのは貧困地域に住む黒人だった。何百年にわたってアメリカに住む黒人は、白人社会が物質に飽きて放りだす瞬間を待ち構えていたのかもしれない。

ヒッピーの現れる以前、黒人貧困層とこの非物質主義を共有するコミュニティはアメリカになかった。白人貧困層には黒人と連帯できるだけの自尊心とか自信が備わっていなかった。階段を一つ上がることに精一杯の人間はもちろん、肌の色を問わず、自分の置かれているところの倫理的ジレンマなどに興味を持たないものである。

けれどもフラワー・チルドレンは内省を保とうとしたのだ。少なくとも目を背けることをしなかった。黒人は、白人青年が洗脳から足を洗えるように背中を押した。数々のジョークを、冷やかしを、煽り文句を通じて。『ヴェンチャー』誌の特集記事にその一端を見ることができる――「ぬかるな!」と記されている。

サンフランシスコ・ベイ・エリア財団から派遣された八人が、ブラック・ピープルズ・フリー・ストアを訪れたことがあった。黒人のミッチと、グライド教会のルイス・ダンハムと一緒に、計十人が地下の瞑想室に集合した。床にはクッションが散らばっていて、皆がそれぞれに煉瓦造りの壁にもたれかかっていた。サイケデリックな光の彫刻が部屋を満たし、熱気を含ませている。財団からいくらかの援助を引きだすことがこの会の目的だった。ミッチが黒人の解放運動、白人リベラリズム、フリー・ストアの経営課題、贈与の哲学について喋っている。ミッチがルイスに「時計を見してくれ」という。ルイスが腕時計を見せてやる。ミッチはそれをそのまま腕に嵌めた。

私たちの大半にとって物質崇拝を取り消すのはあまりに大きな挑戦であった。トルストイの妻がそうだったように、私有財産を諦めることは一般に困難である。文豪の妻は収入を子供たちのために残しておきたいと考えて銀行口座を開いた。世に名前が出ることもなく夫を支えるために黙々と働いてきた女にとって何もおかしなことではない。しかしそれでも問い直しの余地はあるものである。私の知る限り、ノーベル賞の賞金を一切放棄した唯一のアメリカ人がマーチン・ルーサー・キング牧師であることは記憶しておくべきだと思う。

私自身、ディガーズとかフリー・ストアの店員によって挑戦されているというか、試されたことが何回かあった。

私がサンフランシスコを離れるとき、家にあった家具類を引き取りに店員たちがやってきた。家には、使い古された絨毯と、まだ状態の良い絨毯があった。古い方の絨毯を引き渡した後に、新しい方の絨毯を見

VENTURE

AUGUST 1967

ながら店員が「あっちは？」と聞いてきた。「それはだめ。もっていくやつだから」と私は答えた。
ずいぶん経つまで、あの瞬間に私は試されていたこと、そして彼らをがっかりさせてしまっただろうことに気が付かなかった。私は知っていたはずだった、貧しい人たちが炊き出しのたびに、机も椅子もないから冷たい床に座って食べている場面を。あのとき絨毯を手放していれば、どれだけ多くの人が暖かいひと時を過ごせただろうかと今になって思う。暖房のきいたリビング・ルームもあれば他にいくらでも暖かい衣服もあるなかで、どうして絨毯のたった一枚を私は手放すことができなかったのか。手放すことが頭に浮かぶことさえなかったのである。

この章を終える前に、ある日の記録を引き写しておこう。フリー・ストアの店先での会話である。ある日のゲットーの一角、発言者の多くは、おそらく最低限の公教育からすら排除されていた人たちだ。ヘイト・アシュベリーを生んだ絶望と希望、政府や警察からの暴力と若者たちの抵抗、そして暴力による抵抗の先に見えていたものが、この会話にはっきりと映し出されている。

『ヴェンチャー』誌の記者：「フリー・ストアに物品を持ってくるのは誰ですか？」

ロイ：「今のところはほとんど白人ですね。けれどこの地域からも集まりますよ。まぁ、でかいもの、しっかりしたものを持ってこれるのは白人だけですけどね。白人以外そういうのを持ってる人はいないんですから。あぁ、小金持ちの黒人ってのもいますね、ただそういう人が私たちにどういう態度を取るかは、知ってるでしょう？　ものを持ってきてくれるのは、いわゆるリベラルな白人ってやつです。そういう人は少なくとも、自分たちのやってることが実際には私たちに負ってるって分かってますから。」

記者：「負ってる、とは？」

男：「いま俺は五十だけどよ、俺が小さかったころはもう女の子でも学校にいけたさ、そりゃね。でも学校でればすぐ働かなくちゃいけなかった。どぶさらいの仕事さ。どぶさらいして、日銭かせいで、それで精一杯の生活してるうちに学校で習ったことなんて忘れちゃうんだよ。どぶさらいしながら本が読めるかい？　安く働かせるためにはさ、どぶさらいを俺たちにやらせる連中は、俺たちが文字なんて読めると困るんだよ。そのうち年取って、ほんの少しでも読み書きを自分たちで思い出してさ、ほんの少しでもましな仕事さがそうとすると今度は職安じゃ「最終学歴は？」だってさ。朝から晩までどぶさらいして、その後に夜間学校に通えってのか？　白人だったら年金もらえるような年にもなって、いまから十年間学校通いかよってな。」

若者：「白人はさ、「何で無料じゃなきゃいけないんだ？」なんて聞いてくるんだからなぁ」

アーサー：「こんな話するのも何度目かな。やれることやるしかないんだよな。どうせ警察に目つけられたら路上で死ぬまで殴られるんだから！」

若者：「たしかにな。うちの小さい子たちが大きくなってどうせ殺されるってとこなら、自分の手でやっちまいたいね、せめて悲惨な死に方だけはしないようにさ。一人前の半分もないな、五分の一かな、俺たちはさ、胸も張れない、前かがみになるような仕事ばっか、生きてるだけで逮捕される。ずるいこともしたことないとは言わない、でもホワイトカラーの人たちだってどうかな。いまは小さい子に銃の使い方も教えてるよ、黒いってだけで死にたくなるからね。逮捕されたときのためじゃない、絶望したときのためだよ」

ロイ：「黒人は去勢されてるんだ。牢獄んなかでも去勢されて、ベトナムでも去勢、路上でも去勢だ。もってる金じゃメキシコ系の奴らとそう変わらないかもしれない。でも違うんだよ、扱いが。そこらの猫の方がよっぽどましな生活してる。だから俺たちは自分に何ができるか、みせるしかないんだよ。飼い猫とは違うんだって。」

若者：「そうじゃなきゃ殺されるんだ、俺たちは」

ロイ：「フリー・ストアは黒人のためってわけじゃない。黒人も来れば白人も来るよ。変えたいんだ、人間がこう、交わるやり方をさ。こころが閉まっちゃったらそれでおしまいだろ？こじ開けておくんだ、俺は。ここは知恵の泉だよ。やってくる人を本当に助けてる。路上の奴らをね。こころを開かせてくれるんだ。それがいい。開いて、開いて、共有して、理解して、感じるんだよ、お互いが何してるかさ。」

「俺たち黒人が金から抜け出せればなと思ってるよ、奴隷時代にやってたみたいにさ、ルイジアナじゃ今でもそうだよ。カリフォルニアに来たときにはびっくりしたよ、同じ黒人同士なのにさ、他人行儀で、「よぉブラザー」っていっても「あぁ、そう、忙しんで、また今度」って感じでさ。南部じゃなんでも持ち合いでやってるよ。そうじゃないと生きていけないからね。」

アーサー：「生きてくには金が要るって言うけどさ、どうだい、金のために殺し合ってるだけじゃないか。」

男：「フリー・ストアのこと聞いたときは驚いたよ。そんなことがあるもんかって。初めて店にきて、置いてあるものとってさ、そのまま店を出て。何にも言われなかった。そんなことあるもんか。なんだかおかしくなっちゃってさ、ものが置いてあって、必要な人がそれを取っていく、そうだこれでいいんだって。何がおかしいんだって。友達に言って回ったよ。妊娠した若い子なんかにもさ。子供服をもってったんじゃないかな。赤ん坊が生まれるったって、役所は何もしてくれないからね。」

ロイ：「フリー・ストアは普通のことをやってるだけだ。金がない、でも必要なものがある、そういうところに、金はいらない、必要なものを分け合うっていうさ。みんなが集まってくるのは当たり前だろう。あれこれ聞いてくる連中はそこんところが分かってない。黒人は何か特別なことやってるとかさ――そんなわけないじゃないか！　俺たちにはなんにもないんだから！　なんにもないどころか、道歩いてるだけで警官に殴られるんだ。特別なことなんてできるわけがない。おしゃべりして情報交換してるだけだよ。」

男：「住んでたアパートの隅っこにアイロン台が置いてあってさ、使わないから持ってきてフリー・ストアに置いてったんだよ、そしたらさ、俺が店を出る前にはもう女の人が持ってったんだ。必要だった人がいたんだね。そんなもんだよ。」

ロイ：「ものの数分だったな。あの人さ、あんまり喜んでたんで一ドルを渡してくれようとしたけど、お断りしたね。キリがないから。」

男：「で、その後こっちの気が変わらないうちにって急いで持ってってたな。」

女：「白人の女が来たこともあったね。おんなじことだけどさ、いるものがあったら持ってってくださいって。白人でも貧乏は貧乏だし。」

アーサー：「集まることに意味があるんだよ。売春婦までみんな一緒になって集まることに意味があるんだ。タダでものをあげるっていう、そこに意味があるんじゃない。こんな街でも人間があつまって、チャリティーとかさ、お互いのためを思って何かができるんだって確認することが一番。前にさ、「人の欲しているものがどうして分かるのですか？」なんて聞いてきた記者がいたけどよ、そんなの分かんなくていいんだよ、人が集まればそれの話しかしないんだから。あいつは分かってくれなかったな。まぁそのうち分かるだろうけどね。」

ロイ：「フリー・ストアの服を別のところで売ってる奴もいるよ。知ってるさ、一人や二人じゃない。でも別に構いやしない。家に子供がいれば金も要る。毎日やってきていい服ばかり二箱も三箱ももっていく。それで小銭を稼いで何が悪い？　スーパー・マーケットで万引きしたら刑務所に五年だ。それよりゃいいさ。」

アーサー：「暗いところで誰かを待ち伏せしなくてもいいしね」

男：「店に入るのがどうしても恥ずかしい、気がひけるって言ってこれない人もいる。そういう人には宅配してやってる。若い子も、恥ずかしくて入れないっていうから持ってってってやる。」

ロイ：「捕まるんじゃないかって怯えてるんだよ。いや店に捕まっちまうのに怯えてるのかもな、兄弟愛とか姉妹愛なんて知らないような子供たちばっかりだから、見たことないんだろうね。一度でも来だすと毎日くるようになっちまうからね。話をしにさ。」

アーサー：「店はじめるときもロイがやってきて「おい手伝ってくれないか」って。それだけ。そのときは昼の仕事してたけどそのまま事務所いって日割りで給料もらってさ、それ以来ここで店番やってる。」

記者：「他に、コミュニケーションの方法はありますか？」

ロイ：「アルコール中毒のやつがいてね、ポップ爺って呼ばれてたけど——ある日ふらりと、っていうよりは壁伝いに這うようにして店にやってきてさ、それまでは日に十本も安ワインを空けていたけどそれ以来なんだか元気にやってるよ。酒かなり減ったし。」

アーサー：「言ってたよ、座ってさ、今まで一人だった、部屋に一人、やることも何もなくて、壁に囲まれて、ずっと壁みてるだけだったたって。店が居場所になったんだろうな。そういうのって小銭よりよっぽど大事だろ？　それが分かってポップ爺は立って歩けるようになった、しばらくしてから。「やればできるじゃないかベイビー」っていってやったよ。自分の足で立ってるじゃないか、って。」

ロイ：「ラジオのスピーカーが店の外むいてるだろ、あれはな、店の近くで客とってる白人の売春婦が「私たちにも音楽をちょうだい」って言いだしたからでさ。スピーカーを外に向けてからは売春婦がフリー・ストアに興味もつようになってさ。こっちもコーヒーかなんか出してやって。むこうが飯を買ってきてくれることもあった。手元にあったほんの少しの金でさ。」

男：「ロイ、なんでだよ、何で女は売春しないと生きていけないんだ？　あいつら白人だろ。服を買う金がねぇのか？　店の服をあげてやるんじゃやだめなんだろ」

ロイ：「そうだな。女が売春婦になるのはな、自分の女に売春させる男がいるからだよ。そういう男はな、自分の女が売春するしかないような状況に追い込むもんだ。奴隷商人みたいにな。売春を終わりにしたいって女が何人もいたよ、でも自分の男に脅されてるんだよ、殴られもする、もっとひどいこともされる、それで怯えてる、這い上がろうとしても蹴り落とされる。俺たちみたいにな。」

アーサー：「フィルモアで客とってる女みると他人事におもえないな、ほんと」

ロイ：「アルコール中毒のやつらだってそうさ。「俺だって薄暗い路地で隠れるみたいに一人で飲みたいわけじゃない」ってみんな言う。「じゃあ店に来いよ、それで博奕やったり横になったり、それでも暇だったら飲んでればいいさ」って言えば大体きてくれるね。そんな場所なかっただろ。飲みすぎて帰れなくなることもあるけど、じゃあそのまま寝てればいいさって。前なんか財布に百五十ドル入ったまま寝ちゃったやつがいてさ、ばちって目を覚ましたのが朝の三時だった。それで財布のなか必死に確認してさ。「とられてない！　ありえない！　ここはどこだ！」って叫んでたよ。「ここはブラック・ピープルズ・フリー・ストアで、ここじゃ誰も人の金をとったりしない、ここは大丈夫な場所なんだ」っていってやった。半信半疑のままでまた寝ちゃったけどな。次の日の朝にはタマゴ四パックとパンとソーセージを差し入れしてくれたよ。生まれて初めてだったってよ、家の気分ってのは。」

「冷蔵庫をあげちゃったのもあったね。冷やかしでやってきた男がさ、「ぜんぶタダなんて嘘だろ、じゃあその冷蔵庫をくれよ、あのカウチも」って言いだしてさ、「いいですよ」ってこっちでトラックまで用意して積み込んでやった。途中からその男は泣きだしちゃってさ、なんとかして俺たちに二十ドル渡そうとしたんだけど「お金はいらないので」ってこっちはいつもの調子でな。とても悪いことをしてる気がする、だってさ。そんなことないのにな。結局あとでビールを一ケース持ってきてくれたよ、しばらくしてから。」

アーサー：「前の土曜も警察の手入れから逃げてきた子がいてさ、警察官がここまでやってきたから言ってやったよ「俺たちが代わりに面倒みる」って。どうせ拘置所だって一杯だしさ。知ってるよ、逮捕してもいれとく場所ないし裁判なんかやってらんないからさ、適当に殴りつけて静かになったところで蹴りだすしかないんだ。今日の朝も立ちんぼを引っ張ってきて「ここがお前らの家だろ」ってさ。それでいいんだよ。」

「俺の考えだとさ、俺たちがやってるのは、こう、地に足をつけるっていうことなんだよな。大変なことがあってさ、でもここに来ればとりあえず、悪いことはされないっていうか……南北戦争で奴隷は解放されただろ、手足の鎖はなくなったんだよ、黒人はさ、でもその代わりに頭ん中に鎖をつけられてさ、でもそれもなんだか、もうすぐ解けるんじゃないかって気がしてるよ、やっと自分の頭で考えられるようになってきたっていうか……」

第十章

街と孤独

All the lonely people
Where do they all come from?
All the lonely people
Where do they all belong?

——ジョン・レノン、ポール・マッカートニー「エリナー・リグビー」

And when I touch you I feel happy inside

——ジョン・レノン、ポール・マッカートニー「抱きしめたい」

街の若者は、肌の色と関係なく、孤独に囚われているようだった。雑踏の掲示板には寂しさを訴える言葉が並んでいた。あまりに危うくて、書いた子の身が心配になるようなものもあった。

寂しさの滲んだメッセージについて例の医学生に訊く。

「僕は心配していませんね」彼は言った、「差し出された手ですから。」

確かに、誰にも何も言えずにいるよりは良いのかもしれない。そう思うようになってから少しだけ楽観的になって壁のメッセージを読めるようになった。孤独は隠さなければならないものだろうか。教育水準とか生活状況とは関係なく誰でも孤独を感じるはずである。

故郷を離れる直前の誰かが残していったメッセージも多かった。自分に手紙を送ってくれないかと懇願していた。あるいはベトナムにいる誰かからの電報がそのまま貼られていることもあった――。

やぁ、みんな
僕のことを覚えている人はいるかな。いなくても、僕はヘイト・アシュベリーのことをよく覚えているよ。ベトナムに来る前は、いつも遊んでいたからね。遊んでいた、いや目を背けていたのかもしれない。あるいは逃げていた。ベトナム送りになることから。政府の知らないおじさんから僕は逃げ回っていた。でも最後には捕まっちゃった。

ベトナム暮らしですっかり老けこんだ男から近況報告の一つでも聞いてみたいっていう、奇特な、いかしたお嬢さまがいたら、一筆ください。手紙と一緒に、ベトナムのきれいなドレスを送ります。見たことないくらい素敵な絹です。

トミーの店にいけば僕のことを誰か知っているかもしれません。常連でした。また行けたらいいのですが。先のことは分かりません。エスプレッソの香りが懐かしいです。

スティーブンより

家出少女が残したらしいメッセージもあった。親か警察に見つかって無理やり連れ戻されたのだろう。

一人でいる私に誰か太陽をください。サンフランシスコにいる誰かから手紙を貰えたら、気がおかしくなるくらい嬉しい。私は街にでる資格がないそうです。メリーランドに戻ってこれからは「ただしい」生活を送るのだそうです。

どのメッセージも私には痛かった。それぞれの後ろにあるものが大きすぎて受け止めきれなかった。書かれてからその筆者の身に何が起きたか分かってしまうこともあった。それが書かれたのは過去で、今は現在である。

性についても書かれている。幻想的に、あるいは知的に修飾されていたけれども、大半は直截なものであった。どぎつい性交渉のパートナーを求める文言も地下新聞にはあったが、全体をみればそういうものは稀であったように思う。

孤独をどう定義するかはともかくとして、それを退治するための戦略はいつの間にか広まっているものだった。見知らぬ人間同士でもとにかく声を掛け合ってみるとか、気が合いそうだったらひとまずルームメイトになってみるとかの方法である。

どこか特定の地区に住みたい新参者が街にやってくると、その容姿や物腰にかかわらず、ほんの数分のうちに小さい人だかりができて、誰に聞けばよいかという情報が集まった。新しくやってきたのが中年の人間だったりすると当人は面食らってしまって、詐欺に遭うんじゃないかと警戒するようだったが、もちろんそんなことは起きない。若者はただ新しい人間を歓迎していて、そしてそのことを独特に喜んでいただけである。

孤独であることを隠さないでいられるようになったのは、ある面では、性の自由が増したことの結果である。「丸薬《ピル》」の登場によって大学キャンパスの景色が一変した時代だ。あえて単純化すれば、避妊薬によって男女の親密性とか伴侶選びがセックスと切り離されて考えられるようになっていた。性欲について隠さずに話せるようにもなった。ピルによって若者はより親しく付き合うことができるようになり、孤独を漏らすことが「情けない」ことではなくなったし、それが不幸な性関係を招き寄せることでもなくなった。

ピルによってもたらされたこの新種の親密性について、例の医学生がある印象的な出来事を報告してくれたことがある。――生後六カ月の赤ん坊を連れた若い女の子と、彼が喫茶店で隣り合わせになったときのことらしい。

「なんとなく雑談をしていて、僕の妻がいま妊娠してるって話になったんです――まだ仲のいい同級生にも言ってなかったことなんですけど――そしたらその女性は、もう使わなくなった男の子用のベビー服があるからお下がりをくれるって言うんです。友達が女の子の服も持ってるから聞いてみる、とも。もともとは妻が自分で縫うだろうと思ってたんですが、それも大変だろうし、ありがたく受け取りますねって言いました。」

少し後になって、この学生はヒッピー文化におけるセックスについて書いている。

ヒッピーは性交渉を隠すべきものと考えていない。それどころか性交渉は、それが可能であること、推定されること、想像されることに伴う緊張を解くための手段とされている。年若い母親について話すときも、そこに性的含意はない。子供の有無にかかわらず、女性でも男性でも、性のどのような側面についても話すことが可能である。女性が男性に何か手助けをするときにも、そこに服従とか献身とかの要素はなく――人間関係の一端、ただそれだけである。

このなかで「性のどのような側面についても話すことが可能である」という表現は特に興味深い。ここで言われているのはセックスについての余裕ある態度である。ヘイト・アシュベリーでは、セックスをすることと男女の親密性がそれぞれ分けて考えられるようになっていた。伴侶を求める気持ちや孤独について、若者たちはより率直に語れるようになっていた。性欲と親密性を分けられるようになったことによって、この街で、そして世界中で、青春期というものの意味が変わりつつあったのだ。

ヘイト・アシュベリーにおける孤独の再定義はハリー・スタック・サリヴァンのいう生との接触に根差したものだった。人間が生まれながら持っている「血の通ったもの」と接触を求める気持ちである。成長に従ってこの欲求が「周りからの優しさ」を求める気持ちになり、さらに児童期には「相互承認」を求める気持ちへと精錬されていく。青春期の「柔らかな性の結びつき」への欲求も、遡れば「生との接触」を求めることが原型となっている。成長の過程に邪な圧力が加わらない限り、これは私たち皆にある発展のプロセスである。[原注1]

ヘイト・アシュベリーという社会実験によって青年は生命に触れるようになり、それを純粋に楽しむようになった。生命に触れることをどうにかして社会全体にとって無邪気な行為に戻そうとするかのようでもあった。それはエデンの園から離れて以来のことである。セックスにあまりに偏重した社会において、性をまた無邪気なものにしようとする試みは些末なことではない。

耳に残る子守唄[原注2]のなかにも生と接触することへの欲求はある。ヘイト・アシュベリーを歩いていると時々、小さい頃に聞いた小唄を思い出した。「真っ暗な山」での嵐の一夜について「おちび」に語る父の声である。

　くらやみのなか　すすみました
　なにもみえません、なにもきこえません、なにもわかりません――
もみの木のねもとまで、やってきました
　うしろには、大きな岩があります
雨がつよくふっていました
　あまやどりしましょう
そのときなにかが。
　かさかさ。かさかさ。
　　みどりの目がふたつ、こちらにむいています
おおかみが、となりにやってきました
おちび

こわがらなくていいよ
ふたりはだきあって
　さむいさむいよるがあけるのをまちました
おおかみがいれば、あたたかい
おおかみとおちびは
　じぶんたちがきょうだいだとおもいました

この唄の安心感が私にとっては最初の記憶である。同じ世代であれば一度は聞いたことがあると思う。家から遠く離れて嵐に襲われても、暗い山のなかにさえ私たちと同じように血の通った生き物がいる。

六〇年代半ばに吹き荒れた政治の暴風は人類全体を危うくするものだった。そのなかで若者はどうにかして生命あるものと真っすぐに触れ合うことを望んだ。髭を伸ばして片手に花をもつ若者が子供たちと喋っている様子は、ほんの五年前まで通行人から疑念の眼を向けられたものである。すわ性犯罪ではないか、と。しかし今はどうだろうか。都市部の親たちは、ヒッピーが子供の頭をふと撫でているのをみて何も危険を感じなくなった。多少変わった服だろうと、子供の頭を撫でるくらいなんでもないだろうと考えられるまでに人々は実際に変わったのだ。

初対面の男性同士が挨拶代わりにハグする様子なども特別でなくなった。しかしこれもやはり五年ほど前までは、つまり六〇年代中頃まではかなり奇異なものと映ったはずの振る舞いである。いまとなっては遠い昔のようだが、特にアメリカの中産階級出身の人間にとっては、互いの肌に触れることがほとんど忌避されていた時代があったのは事実である。今それを思い出すと、まったく愚かしい思い込みに囚われていたと感じるだけであるけれども。

二十世紀初頭に生まれた私のような人間にとっては人前で互いの身体に触れないのが当然だった。学童なら大目に見られていたけれども、それでもなお相当の制約があった。異性同士であればなおさら。愛情表現のちょっとした仕草さえ「はしたないこと」だった。女性同士のちょっとした接触も最小限にしなければならなかった。男性同士の抱擁などはもはや文化的禁忌《タブー》であって、前青春期の男の子たちは特に、友人や父親に触れることについてさえ敏感になっていた。

触れ合うことの禁忌が解かれたのは、六〇年代におきた革命の一つである。この変化について考えるとき、ビートルズの楽曲、特に「抱きしめたい I Want to Hold Your Hand」を無視することはできないように思う。ビートルズと習俗の変化のどちらが先だったかと決めることはできない。いずれにせよタイミングはぴたりと合っていた。

――当時、ある精神病院の青年期病棟で治療プログラムの参与観察をしていた。身体接触の禁忌がなくなる過程は、そしてそのプロセスに大人と若者の間で乖離のあったことは、精神病院のなかで顕著であった。

私が病棟に出入りするようになったのは一九五九年だった。十八カ月間にわたって、約四十人の青春期の患者を観察した。東海岸の大都市にある百五十床の精神病院で、精神分析の訓練機関でもあった。あらゆる年齢の患者が六つの病棟に分かれて入院している。仮にサウスサイド病院としておこう。

医師や看護師のほとんどが私よりも年下だった。スタッフは例外なく、青年期の患者のあらゆる身体的接触を性的なものとみなし、恐れていた。誰もが性についてフロイト式の考え方に囚われていて、患者同士のあらゆる接触を慢性不適応の前兆として解釈していた。

同性といることを好むなら患者は（少なくとも潜在的な）同性愛者に違いないとカルテに書かれたし、異性に興味を示すならそれは性格障害の徴候であるとされた。そして患者が一人で過ごすのを好んだ場合にはナルシシズム神経症であるとかとされて予後不良の烙印を押されるのだ。

こんなこともあった。十六歳のマリア、よく気が付く可愛らしい子で、周りの患者とも大半の時間はうまくやれていた子である。マリアは自由な外出を許可されているくらい、病状が安定していた。

ある日、マリアが病棟の外で若い男性患者と手を繋いでいるところを上級看護師が目撃した。その一件だけで、上級看護師はマリアの外出を一切禁止するように他のスタッフに指導した。また別の日には、マリアには「憂慮すべき同性愛の徴候がある」と病棟会議で精神科医が発言していた。デイ・ルームで他の女性患者の手を取ってじゃれていた、と。さらに別の日には、看護記録に「マリアが嫌がっても必ず院内学級に行かせること」と申し送りされていた。その前日にマリアは部屋に一人でいるところを目撃されており、看護師はマリアが布団をかぶって自慰行為に耽っているのだろうと考えたらしかった。

この時代、精神病院においては特にそうだったけれども、セックスが大人たちの頭にほとんど憑りついていたのである。同性といれば同性愛、異性に興味を示せば問題行動、一人でいればマスターベーションだ、と。そのいずれもが一刻も早く禁止されるべき危険な変態性欲であると考えられていた。性の忌避は、それ以外のあらゆる解釈を不可能にしてしまうくらいに強烈だった。

マリアの症状はごく安定していたにもかかわらず、病棟スタッフの間で不安がひとりでに膨れ上がって、遂には「より厳重に監視するため」彼女は遠くの閉鎖病棟に移送されてしまった。入院しているからには異常に違いないという先入観、それが少しでも表面化したら責任問題になるという恐怖、この二重の鎖によって、病院スタッフは身動きが取れなくなっていた。それがさらに彼らのセックスに対する忌避感情を大きくしていた。（ただしこれは精神分析の訓練を受けた人間に限った現象ではない。大学でジャーナリズムを専攻した私の個人的な友人も、自分の娘をみながら同じ類の心配を漏らすことが稀ではなかった。）

動物に生まれ変わりたいと言った少女もいた。動物は何をしてもみんなに可愛がってもらえるから、と。まだ十歳にもならないエレノアは、猫になった気分が楽しいからといって寝るときに白い手袋をつけたがった。

夜勤の看護師はそれを見て、自慰行為をしないために手袋をつけているのだと思ったらしい。しかしこの看護師は、アジア系だったためか、[1] そのことを特に記録することもなかった。狼狽したのはむしろ日勤の看護師たちである。病院にいると隠れてマスターベーションをしてしまうだろうからと、次の日から学校に行くよう言い渡されてしまった。手袋を毎日洗うのはエレノアの病的な潔癖強迫症である、とも。ある日、エレノアが看護師長にこんなことを尋ねた。「大好きな学校の先生と手をつなぎたいって思うのは病気なの？」と。それに答えることなく看護師長は、マフラーを編んでみたらどうかと言った。「そうすればマフラーがエレノアちゃんの代わりになって先生に触ってくれるから」と。病棟を指導していた精神分析家は、あろうことか、このような指導を「病的衝動」を抑えるための名案として賞賛したのだった。

参与観察の最初の一年間、私は週に一度は病棟に泊まり込むことにしていた。夜の精神科病棟は昼間と違う。少女たちの感じているところを本当につかめたような気がするのはいつも夕方を過ぎて会ったときだった。(男性病棟には、もう寝支度をしているだろう時間帯だったし、あえて入ることはしなかった。)

もちろんどの少女とも日に一度二度と顔を合わせてはいるのだけれども、夜に会うとまた印象が変わる。私が部屋にやってくるのを喜んでいたように思う。娯楽スペースの椅子とかあるいはベッドの側に腰かけて少しの雑談をした。いつの間にか少女たちは私に母親をみるようになっていた。気づけば私自身、母のような立ち居振る舞いを取っていたかもしれない。部屋から出るときにそっと肩に触れたり、頭を撫でてやったり。

サウスサイド病院の重く緊張した雰囲気のなかでは少女たちに触れるのも勇気のいることだった。けれども自分にとってはその方がずっと自然であったし、無理して子供たちと距離を取るようなことはしなかった。

――ドリーという子がいた。退院の近くなったある日に彼女は、年上の女性に対して感じるちょっとした「憧れ」とか「ときめき」が怖いのだという話をしてくれた。私はドリーに、十代の頃には誰でもそのような感情を抱くこと、それは異常でも病気でもないことだと教えてあげた。私だってティーン・エイ

1…………アジア系の女性は性に大らかであるというステレオタイプが北米にはある。

ジャーのときには担任の先生にどきどきしたことがあったし、それが次第に落ち着いたり、あるいは他の方向に向いたり、感情は揺れ動いていくのも含めて普通のことだよと話した。精神科医も一応は怖がらなくていいと言ったらしかった。ドリーは自分のその感情を、担当の精神科医にも話していた。

「でもあなたは、」ドリーが言葉を継いだ。「ひとに触れることを本当に怖がっていないんですね。」

この内気な少女にとって、私がその肌に触れたことは大事件であったのだ。しかし一九五九年には、肌に触れることに意味があると考えていた人間は、全米有数のこの精神科病院のなか、私の他にもう一人いただけだった。

一九六六年のヘイト・アシュベリーでは身体に触れることがもう当たり前のことになっていた。若者はすっかりユートピアのなかで変容していて、誰かを落ち着かせたり安心させたりするためにごく自然に触れることができるようになっていた。街に初めてやってきた誰かを迎え入れるために、当然のこととして腕を拡げて抱きしめることができるようになっていた。抱擁は温かく気さくであって性別も年齢も問われなかった。もしかしたら一見しただけでは男女の区別が付かないようになっていたことも関係していたかもしれない。長髪はもう女だけのものではなかったし、リーバイスも男だけのものではなかった。

たとえばアルコール中毒の老人が刺々しい言葉を吐きながら通りを歩いていたり、ドラッグで錯乱した黒人男性が怒鳴っていたりしても、着飾った人たちは近寄ってきて、穏やかに話しかけて、そして肩に触れるのだった。緊張していた局面がまるで魔法のように収まるところを一度ならず目にした。プログラムに参加していた研修医がこのタイプの危機介入の例をもう一つ目撃している。

「オラクルの編集事務所に、ある晩いきました。ゾロアスター教の司祭の説教がきける日だったのです。百五十人くらい集まってました。司祭の話が盛り上がってきたころ、酒にひどく酔った六十がらみの男性が入ってきて、場を乱すようになりました。聴衆は最初、男性を無視しようとしましたが、それも上手くいかず、やがてどこかからやってきた女の子が男性を隅まで連れて行って、頭を撫でてやったりしているうちに、鼻つまみ者だった男性はおとなしく眠り込んでしまいました。」

ある晩、プリント・ミントの出口で若い母親と立ち話をした。連れてきていた幼児が泣きだしたために席を立ったところらしかった。ぼろぼろのベビー・カーを押している。子供が生まれてから初めての外出と言う。子の父親はベトナムに行っていて籍は入れていないようだった。出産した病院のソーシャル・ワーカーは子供を養子縁組に出すように勧めたけれども、そうはしなかった。彼女は中西部の田舎町出身でハイ・スクールを中退していた。幼いころに母親を失くしたらしい。

皆がちょっとずつ立ち止まっては声をかけていた。赤ん坊をさりげなく撫でながら、食べ物とか寝るところがどうにもならなくなったら声をかけてねと言い残して、またどこかに歩いていくのだった。高い教育を受けた人もいたし、そうでない人もいた。持っていた紙コップからコーヒーを一口飲ませてやった人もいた。

優しさに包まれるようだった。砕かれそうになっていた母親の自尊心にそっと手が添えられていた。サウスサイド病院では精神病者とされていた女性患者たちも、もしヘイト・アシュベリーに住んでいたなら、なんとか暮らしていけたのではないか。そんなことを思ったのが一度ではなかった。

サイケデリック・ショップでは、あばた面の太った少女も、若い男性から何気なく肩に手を回されたり、親しげに声をかけられていた。見ていると、ほとんど泣きたいような気分になった。外見を問わず愛情を向けてもらえることなど、この街の外では望みえないことだ。

身体障害者も大通りで普通にしている。自分の幼かったころを思い返せば、ちょっと障害のあるだけでバスや電車のなかで不躾な質問をいくつも浴びせかけられたものである。農場の傷ついた動物の方が、傷ついたヒトよりもよほど丁寧に扱われるらしいと幼心に思った。けれども、たとえ巣から墜ちたとしても、ヘイト・アシュベリーでなら雛鳥は飛び立つことができるようだった。

例によって、つまりヘイト・アシュベリーにおけるその他の価値観の変化と同じように、「身体に触れる」ことの意味の変化についても黒人コミュニティの影響があった。（身体接触についての習慣は西海岸に特有ではないかもしれない。ワシントンD.C.でも白人児童に比べて黒人児童の方が身体接触はずっと多い。）

個人的な体験から挙げるとすれば、ブラック・ピープルズ・フリー・ストアに立ち寄ったとき、挨拶代わりのハグをされた瞬間、地に足の着いたような不思議な感じをもったことがあった。店番をしていたこの友人は、性別とか肌の色に関係なく親愛の情を伝えるためにハグをするのだった。けれども私自身は、自分の育った世代のうちに処方されていた以上の方法で感情表現することが今でもできないでいる。

孤独に対するヘイト・アシュベリーの処方箋は、公式の精神医学が差し出すものとは対照的であった。一九六〇年代まで中産階級出身者にとっては精神分析に通うことこそ孤独や無気力への正しい対処法であった。しかしバークレーの秀才たち、そしてヒッピーはこの時代になると精神医学に不信の目を向けるようになっていた。そして黒人にとっても精神病院は恐ろしいだけの施設であって、少なくとも助けてもらえる場所とは考えられていなかった。

精神医学への不信はケン・キージーの『カッコーの巣の上で』がよく読まれていたことにも表れている。著者自身よくヘイト・アシュベリーに出入りしていた。派手に装飾された彼のステーション・ワゴンをしばしば見かけたものである。パンハンドルの公衆トイレでは「どうぞ。いい本です」と書かれてキージーの著書が置いてあった。『カッコーの巣の上で』は、アメリカの州立病院で今も行われていることの証言である。アルバート・ドゥッチ[2]の言葉を借りれば、「我が国の恥」である精神病院群で――。

ヒッピーのほとんどが子供時代に何らかの形で精神分析について見聞きしていた。親世代の大半が精神分析家のオフィスに通った経験を持っていたためである。精神分析が無力であることを若者はよく理解していた。私自身、二つの精神病院から研究資金をもらっていたから、そのことを改めて突きつけられて惨めな気分になったものだけれども。

一方で黒人が精神医学と言われて思い浮かべるものは高級住宅地にある精神分析家のオフィスではない。その代わりに彼らが思い浮かべるのは、人生の墓場としての精神病院である。閉鎖病棟には不幸な生育環境に育った患者たちが閉じ込められていて、そこには脱人格化された官僚主義の暴力が蔓延していた。スラムに住む黒人にとって精神病院に入ることは人生の終わりに等しい。家族の誰かが都市部から遠い州立病院に収容されてしまったら、もう戻ってくる見込みはなかった。迎えに行くための旅費も時間もないか

2……………Albert Deutsch（一九〇五－六一）アメリカのジャーナリスト。三〇年代中盤より医学史、特に精神医療史の領域で多くの調査報道を行った。

らである。

ぎりぎりの余裕がもしあったとしても、その後の療養のことを考えれば迎えに行くことは躊躇われた。その日一日の食料、わずかの鶏の首肉とパン片すら危うい状況で、働けるかどうか分からない人間を置いておけるだろうか。

アメリカの精神医療はあまりにも長い間、その用語体系と実践の両面において、ドイツから輸入されたものに頼りきっていた。無菌培養された学問は現実のアメリカの大地では不毛だった。閉鎖病棟のなかに患者は沈殿していった。カルテには「患者家族は無関心、三年間で一度も来院なし」とでも書かれていたことだろう。大都会の密林から出ることができない親は、息子や娘はもう狂ってしまったのだと自分に言い聞かせるほかなかった。スラム街ではたった一度の失調も運命の終わりであった。

けれどもヘイト・アシュベリーでは徐々に、本来の意味での予防精神医学が作られつつあった。白人ヒッピーは自分たちの経験を体系化することで精神医学を乗り越えようとしたし、ゲットーに住む黒人の体験がそれを補強していた。

若者たちによる新しい精神医学はフロイトを乗り越えるものだった。まず第一に赤ん坊を性欲に囚われた邪悪な存在と見なすことがなくなった。むしろブロンソン・オルコットがそうしたように、乳児は善の存在として見直されるようになった。第二に、人間存在についての知識が、精神科医の診察ではなくて、音楽によって受け渡されるべきものに変わった。そして第三に、分析用のカウチで一人虚空に向かって呟くことではなく、仲間と語り合うことの方がずっと有効であると確認された。ハリー・スタック・サリヴァンのいった「対人関係論」を知らなくとも、黒人たちは大都市の狭間で生きるためには孤独が第一の敵であることを、そして友情が第一の薬であることを知っていた。

ヘイト・アシュベリーにあった開拓時代のような一体感はなんだったのだろう。

あるときサイケデリック・ショップの一部が改装中で、店番の女の子に聞くと、夏にやってくる人たちのための休憩所をつくっていると教えてくれた。(「夏学期が終わったらすぐ、ニュージャージーから友達がみんなやってくるの!」)「増設」されるらしいスペースが余りにも小さいのを見て、私はほとんど恐怖を覚えたものだった。全米のあらゆる大都市から、ミシシッピ州ヴィクスバーグのような小さな村から、あるいはオハイオ州ワインズバーグから、このカリフォルニアの一区画に若者たちが参集するのだ。店の一角に休憩所を建て増すくらいで対処できないのは明らかだった。おそらくは数ヵ月にわたって、食べ物と寝床が欠乏するだろう。涙を流すときに寄りかかれる肩もない。新参者に手ほどきをするディガーズがそれほどの大人数いるわけでもなかった。

けれどもどうしてか、まるでヨハネ書の一節のように、現実の窮乏を癒すのとは別の種類のパンと魚が配られるような予感があった。街にやってくる若者は、街ぐるみの協働が地に深く根を下ろしているのを見るだろうし、それは将来のアメリカの全体に広がっていくだけの確からしさを備えているものだった。この街の一角にやっと咲いた隣人愛である。小さな大学の、変わり者が集まる文学同好会みたいなものだったかもしれない。けれどもそれが少しずつ大きくなって、世界のどこにいても家族といるような結びつきの感覚を生むまでに育ったのだった。ヒューマン・ビーインの思想である。

もっと切れ味の鋭い、外科手術のような精神医学も行われていた。ヘイト・アシュベリーでは自己紹介するとき自分の「病歴《ケース・ヒストリー》」を短く言い添えることが好まれた。聞いた側は、自分の来歴との共通点とか相違点について一言だけ返す。この往復が毎回のように器械的に繰り返されるものだから、まるで研修医が教え込まれる症例提示でもやっているように感じた。メアリーは五歳のときに父を亡くした、トムは十一歳のときに遠くに引っ越して友人ジェリーと会えなくなってから引き籠もってしまった、ジョンは父のようにプリンストン大学に進学するよう言われたが私立の進学校に居場所はなかった、アリスはお金があるにもかかわらず万引きを繰り返した、父と母が嘘をつきあっているのに耐えられなかったから——、云々と。

　街に新しくやってきた人に対しては、先に住んでいた方が自分から（人種的な）出自について語るという不文律もあった。当然とされているアメリカという神話から、ヘイト・アシュベリーの住人として距離を取っているのだということを伝える目的だったらしい。WASPの伝統がここまで忌み嫌われたことにはトクヴィル[3]も驚いたに違いない。それも結局は父と母の物語である。母さんは貧しい地区の生まれだった、父さんはだから母さんを攻撃した、でも父さんだって、ユダヤ人の血が入っていることを気にして、名字を変えていて——そういう類の話。

　出自による社会的なスティグマ、そして逆境体験は、この街ではオープンに話し合われるべきことであった。専門家だけの閉めきった会議室で話されることはない。閉めきった会議室——そこに患者本人はいなくて、倦み疲れた担当者が、患者の人生をばらばらに切り分けて語る。「指導医」とか「スーパーバイザー」とかの役職者が、患者本人とたった一度さえ顔を合わせることなく重大事項を決めてしまうこともない。

　ヘイト・アシュベリーでは、少なくとも、当人がその場にいる。（少し考えれば当たり前のことだけれども、これが新鮮に響いてしまうような世界に私たちは生きているのだ。）話し合いの場には、この病んだ社会においては自分自身もまた患者であると率直に認められる人間だけが参加するのだった。

この特異な自発的症例報告の一端を、先に引用した「春は稼働されず」にも見ることができる。作者は「狂詩翁フォードル」の息子を名乗り、そして「俺のことを嗤うか？　嗤えばいいさ、俺も父を嗤ったものさ」と続ける。当然、狂詩翁なんて名字も称号もこの世にはない。この詩には代々伝わる名跡や出身国の伝統といったものに対する一夜の諧謔を見てとることができる。狂った父親は、根無し草、落ちぶれた芸術家、浮かび上がる希望のたった一つさえない人間だろう。このWASPの国に外人として生きることの狂騒といってもいいかもしれない。アメリカ国旗のもとの統合なんて実際には砂上の楼閣である。水膨れした移民排斥がこの国にずっと続いていたことは、サッコとヴァンゼッティ、ローゼンバーグ夫妻の事件をみても明らかなことではないか。[4]

ヒッピーの広告塔となった文学者も一つのアメリカという幻想を乗り越えるために働いていた。以下に『オラクル』誌から引用する。[原注3]

シュナイダー：「祖父はIWW[5]のメンバーで、銀のフルートが自慢だった。」

3……Alexis de Tocqueville（一八〇五－五九）フランスの政治家。民主主義の価値と未来を、アメリカ社会の分析を通じて論じた『アメリカのデモクラシー』（一八三五－四〇）で有名。

4……一九二〇年ボストンで起きた殺人事件について、明白な証拠のないままイタリア系移民のニコラ・サッコとバルトロメオ・ヴァンゼッティが逮捕され、二七年に死刑判決、同年のうちに執行された。その十二年後、ボストン司法委員会が再審請求を取り上げ、二人の無罪が立証された。

5……一九〇五年にシカゴで結成された労働組合。社会主義者、無政府主義者を中心としていた。第一次大戦後に合衆国政府の弾圧により解散する。

to know who everyone's grandfather was. Your grandfather was a"wobblic."
SNYDER: He was a wobblie, a homesteader, and he played a silver flute and sat in a black leather chair with a white mustache.
WATTS: My grandfather was private secretary to the Lord Mayor of London.
LEARY: Who is your grandfather?
GINSBERG: He was a black-hatted man with a black beard who came from Russia and walked down steps in Newark and said his prayers every day.
WATTS: Tim, who was your grandfather?
LEARY: Oh, he crawled out of a sludgy pool and learned how to breathe without gills.
WATTS: Oh God, I have another grandfather come to think of it. (laughter)

On my mother's side he was a bibliologer and I have, I don't know where they are now, they have disappeared, but I have wooden boxes full of all the books of the Bible in separate volumes carefully annotated, careful handwriting.

So we only missed one generation there.
SNYDER: It's just like the Indians. Like grandfathers and the American Indians have their hair long and they follow the tribal ways.

The fathers have their hair cut short, they're Christians and they drive pick ups. The children are growing their long and they're joining the Native American Church.
WATTS: They are? In what numbers?
SNYDER: In pretty significant numbers.
GINSBERG: Larry Bird used to be alone among the Pueblos.
SNYDER: I don't think he really is. I think the kids who are seventeen, eighteen now are going to be long hairs. And that's the difference in Indians, whether they're long hairs or short hairs.
GINSBERG: What's Leary's grandfather?
LEARY: My grandfather was a watchmaker who had a nervous house with about 40 people living in it and he lived on the third floor in a room filled with books. (laughter)
GINSBERG: What city?
LEARY: Springfield, Mass.

LEARY: I have to leave now, and I want to make one motion, that we act upon every idea that was expressed tonight (laughter).
GINSBERG: You were very clear tonight. Very clear. I would say a little...funky...at moments, (laughter) but for practical suggestions, and for definition of drop out...
LEARY: What were you tonight, Allen?
GINSBERG: The majesty of the law! (laughter) ...just sitting here listening, and sort of re-reflecting my experiences in Berkeley.
LEARY: Yes, you've been very influenced by your turn-on session with Mario Savio. In addition to you turning him on, he turned YOU on... And you're concerned about him.
GINSBERG: Well, I sought him out.
LEARY: Yes, but still he turned you on, and you're concerned about him...and we consider him a tremendous energy center for good in this country, and that we want him to move along with us, dropping out, turning on, tuning in and dropping out and dropping in and turning on. But he's got to keep turning on.
GINSBERG: Well, turn on to drugs necessarily? To marijuana or LSD?
LEARY: I mean get out of his game...
GINSBERG: He IS...He lives without a telephone. He's less GAMED than any of us.

And wondering whether the Haight-Ashbury people would survive because he's facing jail. As many are facing jail in the Haight-Ashbury, many are also facing jail there in Berkeley.
LEARY: Well, I'll give one message of reassurance to him: If anything will survive in the whole world, it's going to be Haight-Ashbury, because Haight-Ashbury's got two billion years behind it. I worry about Clark Kerr and Governor Reagan and the Berkeley activists, but one thing will survive, and it's what is going on...
GINSBERG: But there's some big weird fascist stomp-out, which is what he thinks about.
SNYDER: Yeah, but Tim is right. Weird fascist stomp-outs only last for a few generations.
GINSBERG: Now wait a minute!
SNYDER: Well, sometimes they last for a millenium.
WATTS: I suppose many people who are now in jail on charges of pot smoking and so on, will in a later age be regarded as martyrs and saints.
LEARY: Let's get away from martyrs; that's a messy game.
WATTS: Wait a minute... Aren't you playing that game?
LEARY: No.
SNYDER: Oh come on, Tim...
GINSBERG: That's a really good question. That's beautiful. Aren't you playing the martyr game?
LEARY: What! Don't you think I'm happier...
GINSBERG: It's whispered in all the urinals of Cornell that you're playing the martyr game. (laughter)
WATTS: Oh, you can be a happy martyr! But I do think that there may well be, in times to come, a second Saint Timothy. And I feel honored that you're with us this evening.
LEARY: We're writing our new myth...and we have to, in our sessions, relive the Christ thing, the Buddha thing, the Krishna thing...
WATTS: I know we do, right...
LEARY: We are creating a new myth, and we won't have saints.
WATTS: But we do it, everybody in his own way discovers the immemorial truth which has been handed down, and that's the only way you can get it.

Because you can't imitate it ...you can only discover it out of your own thing, and by doing your own stuff you keep repeating the eternal pattern. This probably is the sort of situation we have.
LEARY: The seed-carrying soft body should not be embedded in steel, it does no one good, and I have no intention of going to jail, and I won't go to jail. No one should go to jail.

And I'm not going to provide any kind of model for people to go to jail for spiritual purposes.
WATTS: Well, that's gutsy; I like that (laughs).
LEARY: That's cellular! Shanti, shanti.
WATTS: Shanti, shanti.

is where it's at, you know.

This is where it's at, and everybody is playing this game, you know, and they'll end up playing like YEAOOW on the mark and suddenly they realize that that's not where it's at.

So many people today are on the other side. Let's go out in the Haight-Ashbury and see what's happening over there because maybe something's happening!

SNYDER: Instead of the emphasis on the dropping out, and I

think it worth the point to say there's something else going on.

GINSBERG: It doesn't sound alliteratively correct though. Tune in, turn on... there's something else by God! (laughter) Unless his language is interpreted in a way which is understandable and acceptable...

WATTS: Well now, look here Tim, in that thing at Santa Monica you made two points. One was: (a) you can't stay high all the time because when you finally come down from the high you realize that the ordinary state of conciousness is one with the high state.

This to me has been the most fantastic thing in all my LSD experiences. That the moment I come down is the critical moment of the whole experience. I suddenly realize that this everyday world around me is exactly the same thing as the world of the beatific vision.

Now, then, how do you integrate that realization with the drop-out?

BANNED IN SEATTLE

LEARY: Now, Seattle, you know, we were banned in Seattle. We went up there to talk about Menopausal Mentality and Drop Out. And at all the cocktail parties they said: "What does he mean?" Drop Out, Menopausal, Menopausal, Drop Out? I would agree to change the slogan to "Drop Out, Turn On, Drop In."

WATTS: Yes, that's always been the pattern. You have got to go alone into the silence, into the isolation, and then come back.

LEARY: It should be better, "Drop out, turn on, drop in."

GINSBERG: The other one sounded prettier.

LEARY: Yeah, it's too easy, and youth should figure that out for themselves.

WATTS: But the thing is, that at the moment, it is strongly indicated that all the values which are creating the disturbance, that is to say acquisitive values: that of buying things, possessing them, holding on to property, etc. etc. Suddenly this has become of no interest to the people who are really with it.

GINSBERG: That's where the point of it is really; that there is an actual, empirical, cultural change.

SNYDER: It's not just in our heads.

WATTS: Now we've got to remember, that at the same time, and this has to sort of be stated for the record, there is always created an illusion, which is referred to in the Gospels, "...do not pay attention to them when they say of the Messiah!" Now he is here, now he is there, now he is in the inner room, now he's in, you know, some little secret society that's going on, something special. ALL is the special thing.

UPAYA

First of all it seems to be what some group has got that's out beyond you. But really, that's the donkey's carrot, you know, tied to a collar, dangling in front of him.

You'll never get it because you have it. Really, you have the thing that is where it's at in your self all the time, only it always looks as if it's out there; some group has got it.

But the thing is that the wise group of people who are in the know, these people who know that you have it yourself, in you, you don't have to go to East Village, to the Haight-Ashbury, to anywhere, Big Sur, etc. It's with you all the time.

But the group that indicates that it's in us, will seem to the others, as if they had it out there and they'll become beguiled and interested. This is what is called in Buddhism, UPAYA, skillful means, a kind of trickery. (laughter)

LEARY: It's no question that we're suffering less, because we're striving less and that can't be underestimated in energy power. Anyone who came to the Be-In can see we're suffering less.

SNYDER: And you're suffering less if you learn how to accept suffering.

LEARY: When we're sitting around this table, we are suffering less.

WATTS: The thing that was so fascinating about the Be-In was that I...not having been able to be there, and having just read about it in the press...was that everybody was baffled as to what it was all about.

LEARY: No, just the press were.

A NEED OF NONSENSE

WATTS: There must be something going on in every healthy culture which is, in a way, nonsense. If a culture cannot afford an area in itself where pure nonsense happens, and where it is not practical, it has no objectives, it was for no reason whatsoever...then this culture is dead.

Because, after all, God is the most useless being in the universe.

But that God, you know, is in it's own existence, reality. The nature of reality is useless, it is not useful FOR something else, it is not a means to an end, it is not somethingthat, when you look at it, you could say "So what?" Because it's IT!

LEARY: I want to put in a plug for the old teaching.

WATTS: What do you think I've been talking about, Tim?

LEARY: You take these old things about the Bible and all the old prayers and just turn them in, instead of out, the mistake is always that...they have taken the internal fears of..."have no graven images before thee." That means don't get hung up on plastic plates. "Our Father who art in Heaven..."

WATTS: Don't get hung up on THAT Father bit...

LEARY: All the fathers and and mother, you know: "Hail Mary full of grace." That's all it is, all the mothers, all the fathers. Great! As long as you center it inside.

Almost every prayer that has lasted more than two generations, cellular and mythic, works, if you address it within.

WATTS: In other words, when you get to the point in life when you realize that you're as stupid as your own grandfather, and therefore he no longer impresses you and you come at last to realize that you're out there just the same way he was.

SNYDER: My grandfather was an I.W.W. and he played a silver flute.

LEARY: I think it's important

リアリー：「お互いの祖父について知ることは大切だね。活動家だったとは初耳だ。」

シュナイダー：「活動家で、移民で、銀のフルート吹きで、白い口髭で黒の革椅子に座ってたのさ。」

ワッツ：「私の祖父はロンドン市長の私設秘書でした。」

リアリー：「アレン、あなたの祖父は？」

ギンズバーグ：「ロシアからやってきた、黒い髭と黒い帽子の男。ニューアークで階段を行ったり来たりしながら毎日お祈りを唱えていた。」

ワッツ：「ティム、あなたは？」

リアリー：「泥水から出てきて肺呼吸をやっと覚えたような人だったよ。」

黒人のディガーズには別の方法もあった。家出した少年少女についてのソーシャル・ワーカーを交えた会議で、彼らは「若いころどれだけ世界を呪っていたか」を包み隠さず語るのが一番なんだとよく言っていた。弱いところを隠さないでいることがヘイト・アシュベリーの通行手形である。路地裏の治療技法と呼んでもいいかもしれない。「誰にも分かってもらえない」ことの痛みを和らげるための妙薬。尊敬を集める年長メンバーまでも負い目とか後悔について率直に語るものだから、若者たちは「自分だけの問題」を背負い込む必要がなかった。

そのうち、この地域全体が一種の中間施設[原注4]であると私は考えるようになった。三六五日二四時間利用可能で、煩わしい入所基準などもなかった。金に困っていると入れてもらえないとか、大量の書類を自力で埋められるまで話も聞いてもらえないとか、そういうことがなかった。そしてヘイト・アシュベリーという中間施設は、どのような刑務所、州立病院、矯正施設よりも社会病理そのものを問い直すシステムをしっかりと持っていた。

——一九六七年一月、水曜日の夜遅く、ヘイト・アシュベリーから百二十キロメートル離れた州立病院での数日がかりの仕事を終えて、高速バスに乗ってサンフランシスコに戻る最中のこと。重症者病棟に出入りした後で私はぐったり疲れていた。少女が二人、後ろに座っている。平日の夜中、十五歳かそれくらいの女子が遠くサンフランシスコまで出かけるのは普通ではない。参与観察をやっている最中の人類学者として、なにか職業病のようなものが頭をもたげて、私は二人の来歴についての情報取集を無意識のうちに始めていた。

バスに乗り込むとき、二人とも前歯が少しだけ欠けているのが見えた。髪にはパーマを当てていたけれども、美容室でやってもらったのではなさそうだ。おしゃべりの様子はどこか興奮していて、緊張含みだった。サンフランシスコは初めてらしい。何かトラブルを抱えているだろうことは間違いなかった。

通行税を払うためにバスがゴールデン・ゲート・ブリッジで停まったとき、二人は運転手のところまで行って「ヘイト・アシュベリーってとこにはどこで降りたらいいですか」と訊いた。運転手の返事は聞こえなかったけれども、少女は安心したような様子で席に戻ってきた。

束の間、そのときだけディガーズになって、この二人を助けてやるべきだろうかと逡巡した。そして同時に、この水曜日の夜、少女二人の身に何が起きるだろうかと想像した。バスが着くのは真夜中過ぎだ。でも大通りはまだ賑やかだろう。一晩をどこで過ごしたらいいか誰か教えてくれるに違いない。警察さえ余計なことをしなければ、安全な場所で朝を迎えることができる。セント・マーティン喫茶室だろうか。あそこの店長ベンなら、ホールの片隅にでも二人を泊めてあげるはずだ。警官に見つかれば厄介だけども、ベンならきっと上手くやってくれる。朝になったら数人が走り回って、ひとまず歯の治療を受けさせてやって、そして話し相手にもなってくれるだろうか。数日したころに、一旦はお家に帰るようにときっと誰かが説得する。行き先を親に伝えてきたらまたおいでと言い添えるかもしれない。二人にとってこの小旅行は人生を変えるほどの価値をもつはずだ。

街が一つの治療単位として機能していることを、まどろみのうちに私は確信したのだった。若者たちの孤独と苦悩について、この街区はどこの専門家よりも信頼できるようにも思えた。そう感じていたのは私だけではない。ベイ・エリアで精神科の指導医をやっていた友人が、自分の担当している難しい患者に「ひとまずヘイト・アシュベリーに行ってみるように」とアドバイスしたことを苦笑しながら伝えてきたこともあった。いくつもの病院をたらい回しにされていた患者である。すばらしい助言だと思いますよと、もちろん私は答えた。

セント・マーティン喫茶室には、店長のベンを知人に紹介されていたこともあって、ときどき顔をだしていた。店は中心部から少し離れていた分だけ初期のヘイト・アシュベリーにあった雰囲気がよく残っていたように思う。初めて訪れた夜、テーブルには蠟燭が立てられており、客のほとんどはチェスに耽っていて、その脇にはやはり客が持ち込んだらしいチョコレートやらスープ缶やらがあった。ホールの隅では誰かが艶っぽいギターを弾いていた。第一印象は『ユリシーズ・イン・ナイトタウン』だった。何年か前にケンブリッジでやっていた学生演劇。一九〇四年、ダブリンのパブに迷い込んだようだった。

この店が現実に存在しているということが嘘みたいだったし、大道具に囲まれたような緊張感が失われることなく保たれているのも不思議だった。空気をゆらす話し声は優しく、照明がぼんやりと照らす壁は写真や詩に覆われている。居座った客の格好はどこなく愉快だった。ベンと喋っていると、年配のご婦人が席までやってきて、「素敵なお店ね」とイギリス風のアクセントで言った。「また来ますわ」と言って帰る女性をベンは慣れた様子で送り出した。

ほどなくして警官がずかずかと入ってきて、巡視だとだけ告げて、店のなかをうろつき始めた。横柄としか言いようのない態度で、くつろいでいる客の顔をのぞき込み、腰にぶら下げた拳銃をがちゃがちゃ鳴らした。ベンの店が「クリーン」であることは皆に知られていた。ドラッグを売り買いしたり使用するための店ではなかった。警察署がそれを知らないはずはない。警官が帰った後、「ああいう嫌がらせは、ここしばらくなかったんですけどね」とベンは苦々しい顔をして呟いた。

いや、警察官の気持ちがまったく分からないわけでもなかったのだ。私自身、初めてこの街で飴玉をもらったとき、最初に生じたのは不信感とか疑念であったから。親愛の情が全員に向けられることなど、ましてやそこに一切の金銭が介在していないことなど、当時は考えられなかった。裏で何か違法なことをやっているに違いないと考えるのが普通だった、少なくとも私はそうだった。ベンがどうやって収支をつけているのか、賃料はどうしているのか？　私もそれが気にかかっていたことを隠すつもりはない。

あるときなど頼まれるままにベンは客に売上金を貸していた。「レジから必要なだけ取って、伝票に書いといて」と。貸した金が戻ってくる場面は一度も見ていない。ギターの演奏とか詩の朗読が金の代わりとされている現場は見かけたが――。

実のところ経営の秘密はシンプルだった。他の仕事で埋め合わせていたというだけである。ベンは五〇年代に形成されたノース・ビーチの芸術家コロニーの一員だった。彫刻をやって多少の金を作ることもできたし、また（彫刻家は足場を組んだり細かい造作に長けていたので）建築現場で一稼ぎすることもできた。店の賃料が払えなくなりそうなときには、数日間だけ店を友人のヒッピーに任せて、現場仕事をして臨時収入を得ていた。セント・マーティン喫茶室はベンにとって仕事というよりもプライドであったのだ。

十二月にはこんな出来事もあった。新しく街にやってきたらしい青年が喫茶室に入ってきたところ。

青年：「寒いですね、余ってるコートはありませんか」

ベン：「いや……ないね。困ったな。」

青年：「申し訳ありませんが、これからすぐに外出されますか？」

ベン：「いや、あぁそうか、じゃあ僕が着ているのを貸してあげるよ」

ベンは自分のジャケットを青年に着せてやると、また椅子に座った。二、三時間したら返しに来ますからと言って、青年は店を出ていった。

ベンは私のことまで守ってくれようとした。書き留めていたフィールド・ノートの一節。

セント・マーティンに着いたときベンはまだいなかった。養護施設か何かで打ち合わせがあって遅れたらしい。彼が到着するころには私以外にもベンと話をしようとする人が列をなしていた。スケジュールがおしていたのだ。

いかにもヒッピーといった装束をまとった若いカップル。軽く挨拶をしている間に、ベンは他の人たちから色々な告白を受けている――まるで精神分析をやっているみたいだ。カップルは結婚したばかりらしい。大きな婚約指輪。家には生後八カ月の赤ん坊がいて、喫茶室に来るためにわざわざベビー・シッターを雇ったらしい。赤ん坊もいるので、妻はここに来るのが久しぶりで、フロアが前より清潔になったと言っていた（私から見れば清潔とは言えないが）。夫はよく来るらしい。ベンと話をしたらサイケデリック・ショップに向かうとのこと。妻は初めて。

夫婦は現在ヘイト・アシュベリーから離れたところに住んでいるけれども、今でもセント・マーティンは大切な場所とのこと。夫は郵便局に勤めていて、朝四時に出勤するが、それでも帰る途中にたまに寄っていく。まだ若い二人が喫茶店にノスタルジーを感じているのは、どこか哀しい。二人にとってベンはまるで親戚の一人であるかのようだ。ベンと若い夫婦は近況報告したり、赤ん坊の写真を見たりしている。まるでベンが唯一の信頼できる親類であるみたいに――。

そのうちにホット・ワインが出てくる。ベンは金を受け取らない。そういう決まりであるかのように。お別れの時間がやってくると、外は雨降りだったので、ベンは二人を車でサイケデリック・ショップまで送っていった。雛を見守る親鳥のようだ。ベンが戻ってきて、そろそろ私も帰ろうかと腰を上げたところ、傘を持ってきてなかったのに気が付いて、結局ベンは私の分まで車を出してくれた。

ヘイト・アシュベリーは孤独を乗り越えるための闘争でもあった。その観点では戦況は悪くなかった。一九六〇年代中頃までサンフランシスコの自殺率は世界的にみても高い方で、そこにさらに大量の若者が、しかも家出していたり中退していたりと社会経済的に不安定で自殺率の一層高い集団が流入したのだから、六〇年代後半には自殺率は跳ね上がるはずだった。しかし、街の自殺率はサマー・オブ・ラブと呼ばれた数年間を通じて上昇することがなかった。[原注5] 寛容なコミュニティ、そして新参者を受け止める気風が自殺率の上昇を抑える役割を担っていたのだと結論するほかない。ヒューマン・ビーインの思想は日常となって「寂しい人々」に他の大都市では望みえなかった慰めを与えたのだった。

第十一章

うら若き少女

She

(What did we do that was wrong)

is having

(We didn't know it was wrong)

fun

(Fun is the one thing that money can't buy)

Something inside that was always denied for so many years

(Bye, Bye)

She's leaving home

(bye bye)

——ジョン・レノン、ポール・マッカートニー「シーズ・リーヴィング・ホーム」

Hey, Jude, don't let me down
You have found her
Now go and get her
Remember to let her into your heart
Then you can start
To make it better

——ジョン・レノン、ポール・マッカートニー「ヘイ・ジュード」

いくつかの偶然が連鎖したことによって、この数年間のアメリカでは性思想についての革命が起きていた。その影響を最も大きく受けたのが中産階級出身の白人男子学生であったことは間違いない。革命の前線に立っていたのは各地の大学キャンパスの学生運動家である。ポケットには幻覚剤があった。ドラッグによって友情とセックスはより近いものとなっていた（一つ前の世代がアルコールによって不安を打ち消し、邪悪とされていたセックスに立ち向かっていったのと似ている）。

地下新聞の三面記事を読んだらしい評論家たちは「性の暴走」を危惧してみせた。暴走というよりも、それまでの世代が散々に抑圧してきた性への恐怖や疑念が表面化しただけのものではなかっただろうか。過去の私たちは純潔だったのではなく「性に金縛りにされた」国民だったのだと発言したのはサリヴァンである。

われわれの属する文化において性に投げかけられているおどろおどろしくさだかならぬ光は、元来、二つの因子より成る関数である。われわれは一方ではまだ婚前性交をやめさせようとしている。結婚前の禁欲を守ることが道徳にかなった生き方だとしている。しかも早婚をやめさせようとしていて、実際青春期における性欲の目覚めから、結婚するまでの条件がととのうまでの期間はしだいに長くなるばかりである。この二つの因子が多数の文化的規約を修飾するために、結局、——私の知る範囲では——われわれがいちばん性に金縛りにされた国民となってしまっているのである。[原注1]

この章では女性を取り上げる。革命に最も大きく影響されたのが男性であったとしても、しかし次第に女性ヒッピーも目立つようになっていた。様々の出身階級からなる、大抵は「家出の不良少女」と見なされるだろう年齢の少女である。女性が家出することなど私の世代からすれば考えられないことだった。家出少年がヒーロー扱いされるのに比べて、家出少女は「不幸な結婚」とか「非嫡出子」とかの連想を生じるものである。

一九六七年六月、グライド教会の資金援助によって「家出人のためのハックルベリーの家」が設立された。しかしマーク・トウェインの描いた少年の名を冠したのがいけなかったのか、最初の年、このサービスの援助を受けた少女は少なかった。[原注2] そもそものところ、大きな後ろ盾のある施設に保護されるのでは、女の子たちの家出の目的はほとんど放棄されたに等しい。少女たちは、二十世紀初頭の婦人参政権論者《サフラジェット》と同じように、保護される対象としての女性像から卒業しようとしていたのだから。

人生を楽しむことは堕落でも退廃でもないと女性たちは考えるようになっていた。ビートルズの歌詞に登場するような奔放な女に自分がなってもいいのだ、と。妊娠に伴うスティグマ、差別、両親から見放されることの恐怖――文化的貞操帯から女性は逃げ出せるようになっていた。同時に、少年たちも性に彩られた感情を表すもっとシンプルで適切なやり方があることを発見しつつあった、ジュードのように。両側からの変化によって、男女はもはや序列付けされるものでなくなり、多様性としての性的差異をもつ一つの人類に統合されたのである。

男性を優れたもの、女性を劣ったものとする考え方は、私の世代の女性にとって人生を取り囲む壁であった。ボーヴォワールが述べたように女性は「第二の性」だった。そしてフロイト派の精神分析がこの壁をさらに高くしていた。男尊女卑に唯々諾々と従っていれば女性は「被虐性愛者」と呼ばれ、それに反発すれば「ペニス羨望」だと言われた。精神分析はこの時代、自律しようとする女性を貶める方向にばかり機能していた。

エレノア・ルーズベルト[1]がどれだけ活躍しても、この勇敢な女性を揶揄する声は止まなかった。どれだけ理知的で活動的な女性であろうとも第一に求められたのは乳母としての役回りである。子育てよりも社会進出を選んだ女性の子供が立派に育てばそれは父親の業績となり、そうならなければ母親が責められた。

一九六七年一月のヒューマン・ビーインから数週間が経ったころ、自分のなかに奇妙な幸福感の育って

1……Eleanor Roosevelt（一八八四－一九六二）アメリカの社会運動家。女性や社会的少数者の人権擁護に取り組み、第二次大戦後には世界人権宣言を起草した。

いることに気付いた。中年に差し掛かった女も人類の未来に関わっていいのだという感覚。人間であることに対する例の「適格性基準」が消えていた。黒人にだけ課せられていると思っていたものが、気づかないうちに自分にも浴びせられていたことの発見でもあった。おもえばエデンの園においてさえ女性は付き従う存在である。

以前からアルバ・ミュルダール[2]はアメリカにおける黒人差別と女性差別が法律の面でも風習の面でも似通ったものであると指摘していた。[原注3] ヘイト・アシュベリーの求道者に対する私の興味は、黒人問題に対してだけでなく、女性の地位についての因習がどうやって解かれるかという関心でもあった。

不安もあった。一九六七年二月、サイケデリック・ショップに三月上旬「女性ディガーズのための井戸端会議」が開かれると告知するガリ版刷りのポスターが貼られていた。「男にはできないことをやろう」「私たちの得意技を発揮しよう」などとある。しかしどうして女性が集まるとなると「井戸端」なのか。普段のmeetingという言葉でなくて（お食事会でも想起させたいのだろうか）meatingという造語までみえる。裁縫とか弁当作りで内助の功を求められるのだったらうんざりだった。それは既に音楽家や詩人、そしてライト・ショーの取り仕切り役として活躍していた女性を圧し潰すものでもありえたからである。私がヘイト・アシュベリーにおける女性問題に注目するようになった当初は、必ずしもすべて薔薇色だったわけではない。一方で、この街の新作造語がいつもそうであるように、meatingという言葉もやはり心をどこか不思議にかき乱すものだった。食事とか料理することをわざと混ぜっ返したことは、女性が物心ついて以来いつも感じるであろう八方塞がりの感覚からすれば心地よいものでもあった。

まだ私が子供だったころ、成人した女性は絶えず食事準備に追われていた。牛肉とか鶏肉を抜かりなく下処理して、そつなく給仕をして、まるで召使いのように働いていた。腕利きの料理人であり、華やかなフロア係であり、若々しいセックス・パートナーであり、優れた秘書であり、卓越した教育者でないといけなかった。女が自分自身である時間はあっただろうか？　女はいつも片割れに過ぎず、食肉の一片だった。あまり勉強はできない方が欠片としては優秀なのだというメッセージを伝えられることも日常であった。

そうやって人間性が削ぎ落とされていくことの感触は、裏庭で夕食用の鶏をしめるときの感触と結びついている。牧草をはんでいた子羊、ふわふわの雛鳥も、殺されるために育てられていた。夕食前に裏庭の雌鶏を処理しておくようにと父に言われたこともある。首を切り落として、さかさまに吊るして血抜きする。笑顔で食卓を囲みながらモモ肉にナイフを入れるのはひどく残酷なことに感じられた。

女は生まれつきに貞淑で物静かであるとされているけれども、どうだろうか。血の雨を浴びることもあるし、人間存在でなく所有物として扱われることもある。自動車みたいなものだ。

従属的な女性像を問い直そうとすることは〈実りの村〉でも行われていた。男性メンバーは女性を対等な地位に置こうと努力したが、結局のところ問題は解決できなかったらしい。その葛藤がユートピアの解体にもつながった。チャールズ・レーンもブロンソン・オルコットも共に、女性の生活時間のあまりに多

2……Alva Myrdal（一九〇二-八六）スウェーデンの政治家。戦間期には女性の権利擁護や格差解消のために活動し、戦後には核軍縮に取り組んだ。八二年にノーベル平和賞を受賞。

くが食事準備と日々の雑用に割かれていると憂えていた。〈実りの村〉で採られた解決策は日々の食事から肉、魚、漬物類を排除することである。「人類に希望はない、」レーンとオルコットは一八四三年八月に書いている、「女性が肉の下処理と皿洗いに隷属している限りは。」[原注4]

肉を食べることの禁忌はかなり厳格に守られていて、隣村に招かれたとき魚の尻尾を少し口に入れたというだけの女性が〈実りの村〉から追放されたこともあったようだ。[原注5] 男性や女性と同じように動物もまた皆平等に幸福であるべきだという思想もあった。同時期に入植を始めたブルックランドでは牛や馬が使役されていたために、オルコットはこの同志の村を低く見ていたような記述もある。しかし農作業に動物を使わないことは代わりに村民を鋤や鍬に縛り付けることとなった。男性が日々の食糧のための畑作業に取られたために結局はそれ以外の仕事の全部を女性が担うことになり、村に移住してくることをアメリカ全体に呼びかけるための運動は下火になっていった。

〈実りの村〉の終わりころには、女性の役割分担の面から進んで、女性が男性に従属させられていることのより大きな問題群が注目されるようになった。女性が男性の目的――はっきりとは書かれていないが、性にまつわるもの、そして妊娠出産――のために濫用されているのではないかという懸念である。十九世紀中葉にはまだこの問題意識を言い表すための単語がなかった。名のない不安であるだけに、それを解決しようとするプロセスは痛みを伴うものとなり、そして不完全に終わった。

チャールズ・レーンはアメリカに移民してくる前に一度離婚していて、それもあって初期には独身主義者であった。彼は一人息子のウィリアムスと〈実りの村〉に入植する。オルコットには四人の娘がいて、村を立ち上げたとき結婚十年目の四十三歳、妻は四十二歳であったからまだ子供を作ることができただろうけれども、しかし〈実りの村〉の高い理想を軌道に乗せるためにはそれ以上の子供をもつことが困難であるのは明らかだった。

子供を作ることについてレーンとオルコットがどのような議論をしたかの記録はない。けれども考えなしであった可能性は低い。この二人は共に〈実りの村〉の近くにあったシェーカー教徒の宗教共同体を高く評価していた。シェーカー教はマザー・アン・リーという女性創始者をもち、厳格な男女平等と異性間交渉の禁止を特徴とする。〈実りの村〉が行き詰った後にレーンは息子ウィリアムスと一緒にシェーカー教徒の村に住むようになるが入信することはなかった。オルコット夫人の影響もあって、彼が性行為そのものを高潔かつ労働能力を向上させる営為と捉えていたからである。数年してレーンはこの村からもでて生まれ故郷のイングランドに戻る。いま振り返れば〈実りの村〉を立ち上げた二人はユートピアと結婚を相反するものとは結論付けなかったことになる。オルコットはレーンに幸せな結婚も可能であると伝えられたのだと考えることもできるかもしれない。

ヘイト・アシュベリーでも女性の地位や役割分担についての葛藤があった。そして〈実りの村〉で試されたよりも穏やかな変化、もっと地に足のついた変化が進んでいた。

ある日プリント・ミントに顔をだすと天井からD・H・ロレンスのポスターが吊るされているのに驚いた。店番の青年は、やってきた中年女性がこの「ヒップ」な小説家を知っていることを不思議に思ったようだった。遠い昔、同級生の女子——つまり近代英文学を専攻する女子大生——と私はロレンスがいかにひどい男かと語り合っていたことを思い出す。大学生だったころ、つまり一九三〇年代には男性がロレンスのように自分でパンを焼いたり掃除をしたり靴下を編んだりするのは女性に対する冒瀆であった。しかし気づけばヘイト・アシュベリーにはロレンスが溢れていた。子供の頭を撫で、焼き菓子をつくり、花壇の水やりをするような若い男性たち。

これは男女の両方にとって暗闇を払う新しい光だった。仲の良かった女の子がそっと教えてくれたことがある。「子供ができたらまた色々あるのかもしれないけど、でも夫は私に私の考え方をもってほしいって、思ってるの。」数日間にわたって私のなかに響き続けた言葉である。男性から知的であることを期待されるのはそれくらいに新鮮なことだった。

〈実りの村〉と同様にヘイト・アシュベリーでも肉食は避けられていた。直接には、性別による役割負担とは関係のない動機からだった。肉を摂らないのはヒッピー独特の内省や覚醒体験に至るためであり、オルコットが目指したような女性の家事負担軽減や動物の解放のためではなかった。

マクロビオティックな食事はLSDの代替となる、しかも安上がりな方法として推奨されていた。また第二次大戦前後の技術革新によって家事労働、特に食事準備にかかる時間は大幅に短くなっていた。一九四〇年以降には缶詰や加熱済食品も広く流通している。肉食をするにしても、裏庭で鶏を飼うとか何時間もかけて食事の準備をすることがなくなり、その分だけ女性の家事労働が思想とか日常風俗に及ぼす影響は小さくなっていた。

さらに重要であったのがピルの登場である。サンフランシスコの求道者はピルの時代に暮らしていた。一生を共にするのでなくとも性交渉を楽しむことができるようになったのである。それもあって食卓なりベッドなりで女性が「使われるused」ものであるという観念は古臭くなった。〈実りの村〉の時代よりも理想郷にだいぶ近づいたことになる。

男女の両方にとって考えうる最善の世界が実現しつつあった。女性は親とか実家から離れても生きていくことができたし、そのことで不良品という烙印を押されることもなくなった。地層学者のような産科医に検分されることもない。そして男性も我が子に自然な愛情を向けても女々しいとかと言われることがなくなった。繕いものをしたり台所に立ったりオムツをかえたりしても品格が問われるようなことはなくなった。衣服についての制約もなくなった。男女がそれぞれ身の回りのことについて自律するようになったのは一八一二年の第二次独立戦争以来のことである。

日々の家事は性別に関係なくどちらか得意な方とか時間のある方が行うものとなり、子供を産み育てることについては同等とは言えなくても、大学生が同棲しているような生活スタイルが普通になった。性別によって役割を固定することをやめれば家を誰が汚したとか臭くしたとかの言い争いから自由になれる。それは一方では、清潔強迫から足を洗うことでもあった。当時は化学石鹸こそ文化的生活の象徴であり、家庭内の物品は何であれ消毒され無臭化されるべきだった。

女性像の変化は相互的なプロセスとして男性像をも変えていった。しかし男性にとって最大の変化はやはりベトナム戦争によってもたらされたとみるべきだろう。ヘイト・アシュベリーに暮らしていたのは実のところ徴兵に従うか忌避するかの瀬戸際にあった青年ばかりである。こっそりとカナダに亡命するか、堂々と逮捕されるか、あるいはおとなしく入隊して軍の内部で反戦運動を展開するか——。実験の初期には徴兵されないように姿をくらますことがゲームのように行われていたが、これが本質的な解決でないことは自明だった。下宿やアパートの門に掲げられた表札は、この成人したばかりの子供たちの悪ふざけで青々しかった。糞喰衛門、雛豆鉄砲製作所、I・M・ピース伯爵、N・O・ファイト親王などと……。髪も髭も伸ばし放題にしてビーズ細工を身にまとうことはビートルズや他のロック・バンドを真似してのことだった。殺されたくないという「女々しい」感情はSF小説『キャッチ＝22』[3]のヨサリアン大尉に仮託されて笑われた。

一九五〇年の朝鮮戦争のとき徴兵されたのは比較的に少ない人数であり、ホモセクシュアルを装って徴兵忌避した者も多くはなかった。その十五年後に始まったベトナム戦争では徴兵された人数からして桁違いであり、その分だけ反戦感情はずっと強烈であった。精神分析家が「愛対象の選択」の問題である云々と言い張っても説得力はもう失われていた。

際限なく伸びる頭髪は政府の理不尽な抑圧に逆らっていた。既成権力のなかには「一つのアメリカ」という幻想はいつも強く、その分だけ「よそもの」――彼らはユダヤ人、ボルシェビキ、共産主義者、労働運動家ということにされる――を排斥するときには執拗だった。アメリカの歴史を通じて繰り返されてきたことである。体制からの弾圧によって、はじめ流行りの髪型で[原注6]しかなかったものはずっと大きな意味をもつようになる。もみあげや髭を伸ばし放題にすることについても、最初のころ大半の若者はそれほど深く考えてやっていたわけではなかったのだが、しかし連邦政府なりサンフランシスコ市当局が大騒ぎすることの背後にあるものが浮かび上がってくるころには、新しい髪型はただのファッション・スタイル以上のものになっていた。長髪や立派な口髭は自分たちの思想信条を公にするためのシンボルとなっていた。髪を伸ばすことは、ホモセクシュアルであるとかホモセクシュアルでないとかと示すためのサインではなくなって、自分が人間としての譲れない一線については妥協するつもりがないことを示すための行為になっていった。誰かを傷つけたり殺したりする機械仕掛けの政策には協力しないこと、戦争を餌付けするロボットとなった集合体を拒否することもそこには含まれていた。

若者にとっては既存の髪型を否定することこそ道徳にかなう行為であった。長い髪は、誰にも危害を加えない、つまり無邪気な人になろうとすることの象徴である。髪を伸ばすこと、多色ビーズで着飾ること、花を片手に持つことは生命を讃えることだった。同時に、それまで女連中の手仕事として低くみられていた美容や服飾にかかわる仕事の価値が見直されて、これに携わる男性が「ホモセクシュアル」として馬鹿にされることがなくなった。女性がやっと人間となったのと同様に、美容や服飾を仕事にする人々もやっと人間となった。これほどの意識変容がわずか数年のうちに完了したことはほとんど奇跡に近い。互いを気遣い、穏やかに暮らし、それぞれのなすべきものに尽くすのを理想とすることは、やはり十九世紀アメリカのユートピア運動以来の変化であった。

ヘイト・アシュベリーを観察していて印象的だったのは、街ですれ違う一人ひとりをはっきり見分けられること、しかも時間がどれだけ経ってもその顔つきの特徴がしっかり私の頭に残っていることであった。皮膚の色、鼻や眼の形が様々にあり、そして髪の毛もそれぞれに彩られていた。家族アルバムをみてゴー

3……ジョセフ・ヘラーが一九六一年に発表した長編小説。理不尽な軍規（「精神異常なら除隊できるが精神異常と自己申告できるなら精神異常ではなく、自己申告がなければ精神異常かどうかは判定しない」など）に翻弄されるヨサリアン大尉の精神異常を描く。

ルドラッシュのころの祖父や大叔父が他の誰とも違った顔をしているように思えたときのような感触である。祖父は少し丸顔、落ちくぼんだ眼、口髭がそれを強調していて、もみあげはペンで描いたように細く、ボタン穴にローズゼラニウムが一輪。反対にハイ・スクールのときに交わったはずの男の子たちの印象はすっかり薄くなっていた。短く刈り揃えられた髪、ネクタイ、白いシャツ、それだけ。家の近所にいた赤毛少年の方をよほどよく覚えている――。

華々しい衣装にも独特の作用があった。宿なし人であっても陽気で、髭を念入りに尖らせていて、黒の幅広帽を被りながら奇麗なステッキを片手にしていた。どれだけ堅苦しい哲学の持ち主もさすがに微笑んでしまう。仕事の日、ステッキを箒に持ち替えても陽気な雰囲気はそのままだった。

南北戦争の哨兵の格好をしている男性もいた。扮装によって使命とか挺身の精神をアピールしていたのだろう、没個性を目的としたＦＢＩの制服とは真逆に。あるいは長くたらした口髭と古い兵隊ズボン、蝶ネクタイ、大きな旅行鞄の男はスティーブンソン[4]の生まれ変わりだった。この文豪がカリフォルニアのモントレーにやってきたのは九十年も前だっただろうか。パンハンドルの午後、細切れになった冬の陽光のもと玉ねぎのスープを啜っていた彼らの表情を忘れることはないだろう。教会のステンドグラスのように眩しかった。

六七年の夏が終わったとき彼らは泣いていた。もう笑顔はなかった。土石流のようにやってきた全米、いや世界中からの若者を慰めることが自分たちにはできないと知って。食料さえ調達してやれない現実を前にして。けれども全ての努力を果たした後の涙であった。勇敢な涙であって、それを情けないと思う人間は誰一人いないだろう。

合衆国の歴史には二つの大きな流れがある。巨大な坩堝に投げ込まれることの拒絶と、皆で同じ坩堝に飛び込むことの願望。拒絶を強くした人々は自分たちこそ「真の」アメリカ人であると過激に主張してきた。幻想でしかない主張であったけれども一部ではカルト宗教のように固定化された。先住民族を除けば、誰しも家畜のようにぎゅうぎゅう詰めにされてヨーロッパから運ばれてきた移民であったはずなのに、〈実りの村〉の時代にはもうこの信仰は侵しがたいものとなっていたらしい。

――〈実りの村〉の最初期のメンバーであったジョセフ・パーマーはその風貌から「ユダヤ老人」と呼ばれていた。頑として自分の鬚を剃らなかったからである。その当時、髭を伸ばしておくことはアメリカ人らしからぬことだった。伝記を書いたサーズによれば「鬚を剃らないことはパーマーの信念であり、土地の法も教会の忠告も彼の信じるところを揺らすことがなかった。そのためパーマーは終生にわたって理不尽な迫害に苦しめられた。どれだけ時代が進み人々が啓蒙されたとしても魔女狩りや異教徒排斥が終わらないのと同じ理由で、彼は攻撃された。主流派と少し違った視点を持っているだけで迫害されることは、迫害から逃れてきた人々によって建てられたこの国においても稀ならぬことであった。[原注7]」

バークレーの学生活動家やヘイト・アシュベリーの着飾った人にもそのまま当てはまる記述である。ジョセフ・パーマーも、その百年後の若者と同じように、最終的には投獄される。髭を切り落とそうとやってきた四人の男を前にして、ナイフを構えたことを罪とされた。牢獄にいる間にも看守は髭を剃り落そうと

4……………Robert Louis Stevenson（一八五〇－九四）イギリスの小説家。『宝島』、『ジキル博士とハイド氏』などで知られる。

繰り返し試みたらしいが、とうとう釈放の日までパーマーは抵抗を続けた。それから何十年かが経ち、パーマーが死んで建てられた墓には、主の遺言の通りに、髭をたっぷりたくわえたパーマーの顔と「この髭のために投獄された男」との文言が彫り込まれたのだった。

当時の平均的な考え方からすればパーマーはほとんど狂人であった。教会権力を否定して、その代わりに「結婚したと手書きした紙を家の近くの松の大木に貼りだして布告した」。住んでいたのは近隣で「まちでなし」と呼ばれる土地、祖父がインディアンとの戦争で武勲を挙げたためにマサチューセッツ管轄植民府から割譲された区画である。居住地がどの行政府の管轄でもないことを主張してパーマーは納税さえ拒否している。

信心深い男であって無神論者というのではなかったけれども、セックスとキリスト教会を分離することには熱心であった。この点でも百年後の若者たちとよく似ている。ヘイト・アシュベリーでは愛し合う男女がゴールデン・ゲート・パークで向かい合って、愛の宣言を友達に見守ってもらえればそれで結婚は果たされた。その後には飲み物と音楽がふるまわれた。

ルース・ベネディクトが『文化の型』に書いたように、「わたしたちの文明においては、教会と結婚の承認手続の分離は歴史的にはっきりしている。しかし数世紀にわたって結婚の宗教的儀式は、性行動と教会行動の両方の展開に方向づけを与えてきた」[原注8]。かつてに比べてキリスト教がずっと弱くなった今日であっても宗教典礼の形式に私たちは依然として縛られている。教会の関与しない民事婚においてさえ宗教絡みの詩句の一つでも口にしないと落ち着かないような気分になるものだ。けれどヘイト・アシュベリーの若者は、ジョセフ・パーマーのことを自分たちの先達と認識していたかどうかは別にしても、キリスト教会と「成人二人の同意に基づいて日常的な性交渉の関係性を定立すること」を分離することに向けて歩き出していた。

性の革命の一環として、特に若年男性の間ではホモセクシュアリティの再定義が進められていた。悪の烙印が押される代わりに適応の一種と考えられるようになっていた。ヘイト・アシュベリーの先導役を務めていた大人の一人、詩人であったものには、ホモセクシュアルな同盟者がいた[5]。恒久的でなく一過性の対人関係としてもホモセクシュアリティが認められるようになっていた。一種類の関係性にだけ留まっていることは、一度も外国語を勉強しないとか一度も海外旅行しないのに似ている。あえて言うならば制約された生き方である。人生の経験をより深く有意義なものにしようとしたヒッピーにとって、ある一種類の生き方を否定することは生き方の可能性全体を否定することに等しかった。

『キンゼイ・レポート』が一九四八年に出版されても、少なくとも五〇年代のうちは、男性が成長過程のうちにホモセクシュアリティを通過することが稀でないことは無視されていた。たとえば高名な精神病理学者であったエドワード・J・ケンプは一九一七年にアカゲザルを使った実験報告の形でこの点に触れているけれども、当時は学界から黙殺されている。

5……ここでは詩人アレン・ギンズバーグのことを指していると思われる。

霊長類の動物では、ヒトと同様に、ホモセクシュアルな興味がヘテロセクシュアルなそれに前駆することが通常である。ホモセクシュアルな興味は両性に観察されるが特にオスにおいて顕著である……情緒的な渇望の対象が同性から異性に移るのはきわめて繊細な生物学的過程であり、それを恐怖によって抑制するべきではない。[原注9]

社会はその反対に、性愛の移り変わりに恐怖の色を塗ってしまった。「繊細な」配慮どころかプロセスを複雑怪奇にするばかりの文化が蔓延している。その第一が教会権力と結びついたセックスの忌避である。ユダヤ教やキリスト教の文化はエデンの園という御伽噺にすっかり囚われていて、セックスをすれば人類が堕落するとか楽園から追われてしまうとかと本当に信じているかのようだった。しかもよりによって楽園を守る努力をこれまで一度だってしたことない連中が笛を吹いているのだ。

けれども民主主義の枠組みそれ自体が女性にとっては足枷となった。女性の法律上の地位は、ちょうど黒人と同じように、未定ないし宙に浮いたような状態にあった。

男児は学校に入る前までは女性（母親や姉妹）と情動的な結びつきをなるべく強くするように育てられる。そして学校に入った途端、女子生徒が自分たちよりも一段低いところに置かれていることを発見する。男子は女子が自分よりいい成績を収めることを恐れるようにもなる、なぜなら自分は女子よりも「優れている」ことを期待されているのだから。けれども現実には、大学に入る頃には女性に追い付けない。[原注10] 女性と親密な性関係を結ぼうとする年代において男子学生はその足元を不安定にしていることになる。

近代英米文学の自伝的作品でこのジレンマについて言及したものは多い。そのうちの最も有名な作品、D・H・ロレンスの『息子と恋人』からの一節だけ引用しておこう。

彼は自分の周囲の人々を見廻した。彼が知っている中で一番感じがいい男達の多くは、彼と同様に自分の童貞に縛られて、そこから抜け出ることができずにいた。彼等は女にひどく気兼ねして、女を傷つけたり、女に少しでも辛い思いをさせるよりは、いつまでも女を知らずに通した方が増しな感じがするのだった。彼等は、夫に何の遠慮会釈もなく自分の秘密を奪われた女達の息子に生れたので、彼等自身は余りにも内気で、決断力を欠いていた。女を悲しませるよりは、自分の欲望を抑えている方が楽なのだった。それは、すべて女というものは彼等にとっては彼等の母親達の同類で、彼等は自分の母親というものを忘れることができなかった。それで、女を苦しめるよりは、彼等は童貞のみじめさに堪えて行く道を選んだ。

民主主義を謳いながら女性を非人間化することは、つまり平等な地位を与えないことは、女性をすなわち男性の所有物とみることであった。若い男性はいわば買い手《バイヤー》であって女性は車と同じステータス・シンボルであった。たとえばハイ・スクールの男子生徒が高嶺の花を手に入れようと争うのにも、高級車を誰よりも先に所有しようとする大人たちと似た機序が働いている。シャイな男の子であれば女性から背筋の凍るような拒絶を食らうこともあるだろう。そのときには求めていた性快楽を何か別の方法で代替することになる――空想含みのマスターベーションか、そりの合う同性者ともう少し長く一緒にいるか、あるいは悲嘆に暮れながら時々の夢精をするか。いずれかの道をとって性対象の移行はしばらく先延ばしにされる。ホモセクシュアリティは多くの若年男性にとって孤独と性の焦燥感を乗り越えるためのより安全かつ不安の少ない過程でありうる。

ヘテロセクシュアリティの途上に生じる西欧に独特の緊張はヘイト・アシュベリーでは優しさや励ましによって和らげることができるものと信じられていた。私がこれに気が付いたのはセント・マーティン喫茶室で午後を過ごしていたときである。しばらく街を離れていたらしい男性が戻ってきたのを友人たちが歓迎している場面。戻ってきた男性のイヤリングが変わっていることに友人の一人がそっと言及した。街を出るときには一つだったのが、戻ってきたときには二つになっていたと。この街ではホモセクシュアリティからヘテロセクシュアリティに移ったことを示すサインである。添えられたのはごく控えめな祝福であった。

それから一年くらい経って初めて「ヘイ・ジュード」[原注11]を聴いたとき、この一幕が頭をよぎった。その音楽は、少年の独特に繊細な移り変わりの時期と結びついて、そして彼らのこれから生きるところを前進させるためには女性に平等な地位がなくてはならないことを歌っていた。これまでの青年にとって大人になるとは他者を冷たく締めだすようになることであったけれども、For well you know it's a fool / Who plays it cool / By making his world a little colder と歌われたとき、その状況は乗り越えるべきものとして新しく知覚されたのだった。私がここまで書き連ねてきたものはすべて、ポップ・ソングのなかに既に歌われているものである。

「ひとといること」それ自体に治療的意義のあることがスキゾフレニアの若い男子患者ばかり診ていた精

神科医によって報告されている。一九二〇年代後半、彼自身孤独だったサリヴァンによってデザインされた病棟は、入院患者と看護士二人が一緒になって対話することを中心にしていた。看護士二人が自分について話しているのを患者がその場で聞くことも治療構造に含まれている。

幼少期とか青春期の性への恐怖心が話題になることもあった。そこにサリヴァンが「これは実にひどい話で、そういうたぐいの経験をした人の実に多くが、それ以外のことをまったく考えられなくなるみたいで、ものごとを片づけるのにもっとずっといいやり方もあるんだが、それに全然きづかなくなるものなのだよ」というような言葉を添える。[原注12] 対話の文脈のなかではホモセクシュアリティのことを指しているのは明らかで、医師のコメントによって動物的とされていた同性間交渉の意味がずっと柔らかくなるのだった。セックスを道徳と切り離す効果もあった。不安を掻き立てずにシンプルに欲求を満たす方法があるなら、それが当人にとって悪いはずないだろうというのが彼の意見であった。別の機会には以下のような発言もしている。

> 私が最終的に発見したいほんとうの問題、患者に満足してもらい明確な洞察を持ってもらいたいものは、何が邪魔をしているのかだ。つまり、ありきたりの、したがって比較的単純な、正常とみなされる順応を行なう中途を邪魔するものの正体は何だろうかだ。つまり私は同性愛というわゆる疾患実体などを治療するのじゃない。同性愛は私は一つの発達的な誤りだと思う。そう思っている。一番単純なことがやれない場合の代用品的行為という、文化社会ご指定品である。だから私は一番単純なことがその男にはやれない理由を探索しようとする。そういう探索で問題が解

けることもあるのだ。[原注13]

ヘイト・アシュベリーの若者が両形式を、つまりホモセクシュアリティとヘテロセクシュアリティの両方を試していたのだということをここに改めて書き記しておきたい。女性同士のホモセクシュアリティも隠されていなかった。グループ・セックスも行われた。可能なものはすべて試してみようという精神があった。飾り窓の内側とか汚いモーテルとかオフィスの裏とか公衆トイレでこそこそとセックスをすることより良い方法があるはずだった。誰かを傷つけないために必要なことでもあった。

『オラクル』誌が性感染症予防のための無料診療所の広報をしていたのもその一環である。気付かないうちに自分が誰かに感染させてしまうことを防ぐために。あるとき不思議な記事広告が載った。

誰の性病[原注14]

州立大の学生
フィルモアのゲイ
マリーナ港の機械工
テンダーロインの立ちんぼ
アーウィン血液バンクの献血者
モンゴメリー通りの重役秘書

大手航空会社のスチュワーデス
ヘイト・アシュベリーの恋人

さて、誰の性病？

コーエン編集長
どうしてこのような「記事」を私たちがあえて貴誌に掲載依頼したのかと疑問に思われるでしょうか。もちろんサンフランシスコ保健局は特定の人口集団を指さして批難糾弾することを目的としているのではありません。性感染症は人類共通です。「フィルモアのゲイ」が黒人とは限りません。「テンダーロインの立ちんぼ」は男かもしれないし女かもしれません。持ち場が路地裏のこともあればバーの内側のこともあるでしょう。コール・ガールがビジネス街を仕事場にしていることもご承知の通りです。
パシフィック・ヒルズやロシアン・ヒルズにお住まいの貴婦人や未亡人の方々なら関係ないでしょうか。いや血液バンクを介して輸血を受ける可能性は小さくありません。性感染症は、警察官、消防士、あるいは意気揚々とした若手経営者にさえ無縁のことではないのです。

ジェイムズ・アッシュ
疾病対策担当官

この公共広告を若者の多くが真剣に受け止めたようだった。遅ればせながらサンフランシスコ市公衆衛生当局がヘイト・アシュベリー向けの広報が実質的にはアメリカ全土への広報に等しいと気付いた頃である。全米から注目されていたこの地域において市民が公衆衛生に対して主体的であったために、合衆国政府の無策無能にもかかわらず爆発的感染拡大が食い止められていた側面もある。

『オラクル』誌をその一例として、ヘイト・アシュベリーの男性が性を語るときの気迷いのなさは若い女性にも波及していった。観察者であるはずの私自身まで多少の影響を受けたくらいだ。

男性は勃起現象のあることを一因として、性をめぐって自分の身体がどう変化するか、それをどう使うかということにある程度は自覚的であった。一方で女性は、特に私のように二十世紀初頭に生まれた人間は、自分の身体について何か教わることもなかったし、局部についてあれこれと実験することも差し止められていた。知識といえば、「自制しなさい」、それだけだった。この曖昧な文言は若い女性の身体を、特に月経機能を押し隠すことによって具現化されていた。さすがに貞操帯はもうなかったけれども、二次性徴の頃になれば当時フェリス・ウエストと呼ばれていた矯正下着を買わされた。腹部や胸元を「女性らしく」するための針金が襟足から飛び出すと、顔が赤くなるくらい恥ずかしかった。もう少し成長すると大仰なブラジャーを着けなくてはいけないことになり、ストッキングも履かねばならなくなり、さらにストッキングを留めておくためには専用のベルトが必要になるのだった。

しかし二次性徴のメイン・ディッシュはなんといっても布ナプキンとサニタリー・ベルトである。この二つの装置については親友といるときでさえ口にするのが憚られた。尿便を抑えるための大変な括約筋訓練が済んだころにやってくるそれは少女の自尊心を脅かすものでしかない。意志の統御がきかない毎月の生理出血は他の排泄物と同様に汚く不快で臭いものとされた。

少女は月経に対して大防護壁を築くようになる。周期をいつも正確に測っておいて、適切な装備なしに遭遇することがないように絶えず警戒する。攻撃に備えて二種類の兵器が入った茶色の紙袋を誰にも気づかれないように学校にもっていく。当時はまだ学校の女子トイレに生理用品の自販機はなかったので、家で作ってきた重い布ナプキン（不要になった幼児用オムツを縫い直して作ることが多かった）と頑丈なサニタリー・ベルトを装着し、さらに表面がゴム加工された調理用エプロンを裏表にして洋服の下に着ていた。最初数日の「重い」日の標準装備である。

そしていかなる代償を払っても、日中にナプキンを替えることは避けなければならなかった。以降の時間ずっと汚れたナプキンを持ち歩くことを意味したから。大戦後の「節約は美徳だ」の時代、布ナプキンは家で密かに洗って次の敵機襲来に備えて乾かしておくべきものだった。

逆説的だが、月経よりももっと酷いものは――月経が「ない」ことである。その頃の平均的母親は周期通りに月経が来るかどうかに血眼だった。月経が来たら来たで騒ぎ、来なければさらに大騒ぎだった。周期通りに来ないというのは「いいこ」でなくなるということで、つまりこれから醜く腹を大きくするだろうということだった。十歳のときクラスメイトの一人が放校になった。これから「ふとる」からだろうと学校では噂になった。

ブラジャー、ガーター・ベルト、ガードル、名前を口にしてはいけない例のあの生理用品、自分ではコントロールできずしかも自分をコントロールしてくる月経、「わるい」と宣告されることの恐怖――いずれも「相手をみつける年」になるまでのことだと言われていた。しかし年齢を重ねて解放されただろうか。そんなことはなかった。それどころか大学生になって親元を離れてもまだ心身は縛り付けられたままだった。

女性が喫煙することについての大論争もあった。喫煙は女性の身体だけでなく「別の問題」を引き起こすだろうというのが女性喫煙反対派の主張だった。私自身、大学生になって女友達から煙草を勧められたとき同じ理由で断ったことがある。私のことを昔気質だと笑った可愛らしい柔らかそうな同級生のことを私は嫌いじゃなかった。けれども二年後、彼女はボーイフレンドが不審死をしたのを追って自殺した。死の「経緯」を知っていた教授連中は剖検に反対したらしかった。新入生のときにふと口にしたことがまるで予言のようになってしまったことで、私はセックスをこうも歪めているもの全体を空恐ろしく感じるようになった。まるで成人儀礼の最中に彼女は喰われてしまったかのようだった。

私たちの世代に課せられていた性の制約の全体像をやっと客観視できるようになったのはヘイト・アシュベリーについて女性の同僚と話をしたときだった。研究所のシニア・スタッフにはヒッピーのことを快く思っていない人もいたから、印象について聞くときに少し身構えた。けれどもその同僚はアシュベリー・ストリートを通るたび若者たちが優しく思いやりにあふれていることを肌身に感じていたらしく、独特の「乞食」の作法についても気にしていなかった。金銭偏重から抜け出すことは中年を過ぎた白人研究員にとってとても見るべき展開だった。

その同僚が、もう引退したある知人のエピソードを聞かせてくれた。――立派な業績を残した白髪の紳士、ヒッピーを不愉快に思っていると常々公言していた人物。彼がヘイト・アシュベリーのいきつけのテニス用品店に向かう途中、着飾った美しい少女がやってきて「お金ください」と尋ねてきた。若く美しい少女まで物乞いをしなければならない世の中になったかと老紳士はひどく心を揺さぶられて、彼はポケットにあった有り金をすべて渡そうとした。けれども差し出された手から少女はコインを二枚だけ摘まみとった。

老紳士は震えながら訊いた。

「それを、何に使うのですか。」

「あ、ナプキン買わなきゃいけないの」

――同僚が言うには、この一件があってから老紳士のヒッピーに対する態度はがらりと変わった。彼のそれまでの価値観に照らせばとても受け入れられるはずのない発言だったが、少女の見せた率直さ、隠すべきことではないといった様子が、男性を若返らせたらしかった。

私は現場に居合わせたわけではないけれども作り話ではないと思う。よく似た会話が街角で「男女混合」のグループのなか交わされるのを目撃したことがある。年寄りを驚かそうとしてやっていたのではない。一瞬の交流はむしろインスタント・シアターであって、即興的なやり取りによって無用の制約や世代間の壁が崩されたのだとみるべきだろう。

老紳士と少女の出会いについての話を聞いてからも同僚としばらく雑談していた。女性らしく立ち話を、ということになるだろうか。不思議にも、普段だったらしないような月経についての昔話になった。周期外れで生理がきたときの恐怖、それを口にすることの忌まわしさ、思い出したくもないくらい恥ずかしかった事件など。誰にでもあるのだ、しかし誰も話せなかった。

それから数日間、少女時代のことが頭から離れなかった。――生理が始まってから数年が経ったころ、友人家族と海水浴に出かけたことがあった。一週間後に来るはずだった生理に対して私は何の準備もしていなかった。その頃には薬局で高品質の使い捨てナプキンを買えるようになっていたが、いずれにせよ自分で買ったことはなかった。母の目を忍んで旅行先の見知らぬ町で薬局に向かう。レジに女性が立つタイミングを狙うために四回も行きつ戻りつした。当時、使い捨てナプキンのコーテックスは陳列棚にはなくて店員に奥から出してきてもらう必要があった。男性薬剤師に頼むなどありえないことだった。

アメリカの少女の身体は、貞操帯こそ着けていないものの、ほとんど鍵と錠前で閉じられているようなものだった。生殖器は固く閉じておくほか何もできなかった。『卒業』でミセス・ロビンソンの会話がぎこちないことを主人公が不審に思ったのも不思議ではない。ミセスは一つ昔の女性であり、主人公は新しい世代の人間であったのだから。

ヘイト・アシュベリーに出入りするようになってから、気付くと私は女性用下着をつけることをやめていた。我慢する必要を感じなくなったという方がいいかもしれない。四十年以上にわたって正常であるはずの私の身体構造を変形させてきた拘束衣からこの街は卒業させてくれた。

女の子はブラジャーをしていないことが普通で、代わりに胸元にはそれぞれ好みのアミュレットが揺れていた。口紅もつけていない。対照的に目元の化粧は濃くはっきりしていて、まるでこれから舞台に立つかのようだった。もしインディアンの言い伝えの通りに目には魂が宿るのだとしたら、街ではただ魂だけが求められていたことになる。それでいながら女性の身体感覚は何一つ否定されていなくて、一緒に時間を過ごす相棒を——異性であろうと同性であろうと——見つけたいという気持ちは真っすぐに表明されていた。身体の柔らかい曲線は世界の現実に対して無邪気であり雄弁であった。

カリフォルニアに赴任してくる数年前に訪れた〈実りの村〉の記憶の断片が、やはり月経についての会話をきっかけに形をとっていた。

いまはもう誰も住んでいない〈実りの村〉だが一八四三年当時の人口を考えると一軒ずつの建物があまりにも小さいことに驚かされる。オルコットの家も予定では娘四人を三階の屋根裏部屋に住まわせるように建てられていたらしい。しかし一家が〈実りの村〉に移ってきてすぐ、長女のアンナだけ二階に一室を与えられる。母親の隣の部屋だ。家の狭いことを考えれば十二歳の少女には立派すぎる場所だった。一帯を案内してくれたガイドからこの話を聞いたとき状況をうまくイメージできなかった。

しかし今にして思えばそれはアンナが初潮を迎えたからではなかっただろうか。思いつきに過ぎないことだけれども、最近になって参照できるようになったアンナの日記によれば、彼女は一家が引っ越してくる直前の四月に十二歳の誕生日を迎えているし、また六月十五日には（当時も今も月経に伴う体調不良を表す語彙であるところの）「おなかがいたい」との記述がある。二十六日には「お部屋がもらえそう。私の部屋、私だけの場所」[原注15]とある。オルコットがこの間の家庭内事情について書いたものは知られている限り残っていないが、長女が初潮を迎えたことで、一人前の女性となるためのプライベートな空間を与えたのだとみるのは自然である。オルコット夫妻は自分たちの娘が少女から大人に変わっていく僅かの期間だけでも一人になれる時間と場所が必要であると考えたのではないか。そうだとすれば一九六六年のヘイト・アシュベリーがアメリカの少女たちに与えようとしたものとよく似ている。

十九世紀中ごろのアメリカ北東部の寒村に起きた小さな事件をここで取り上げたのは、百年以上にわたって潜在していた変化の兆しが、六〇年代後半のわずか数年のうちに完成されたことを示すためである。私がこうして報告するのがもう時代錯誤に思えるくらいにヘイト・アシュベリーを起点とした革命は決定的であった。

女性にとって最も大切な身体機能は子供を産み育てることである。そしてこの点こそヘイト・アシュベリーの世代において最も根本的な変革を迫られたところだった。子をもつことはそれ自体として美しくまた人生を奮い立たせるものであり、どのような法律も慣習も、女性から子供を産み育てることを取り上げることはできないはずだ。

街で売られていたペーパーバックの裏表紙に「「私と神様の間にできた子です」、少女は警官に言った……」[原注16]という宣伝文句を見たことがある。必ずしも胎児の父親と一緒に住んでいるわけではなかったヘイト・アシュベリーの母親たちにとって、これはほとんど必然となった考え方である。すでに述べた通り、街の若い男性は前触れなく姿を消して、しばらくするとベトナムで戦死した報せとなって帰ってくるのが日常だったから。子供を特定の男性よりもむしろ宗教的なものと結びつけることはコンコルドの超越主義哲学に通じていたし、またある意味ではキリストを身籠もったマリアにまで遡るといえる。

子をもつことは生命の祝福である。そして新生児が誰の所有物でもなく、また子供を育てることが崇高なプロセスとされていた以上、母親の法的ないし社会的地位が問題とされることはなかった。子供は周りの大人たちがみんなで育てた。誰が「母親」「父親」であるかはっきりしなかった子供もいる。そして子供に対しては女性も男性も同等の責任を負っていた。若い親が無責任とみえるときほど周りの大人たちは自分たちの責任を果たそうとした。実際に、ヘイト・アシュベリーで路上に放りだされた子供を目撃することは稀であった。

誰の所有物でもなく世界の恵みとなったことで、幼児は自由を謳歌していた。ゴールデン・ゲート・パークの噴水の縁を三、四歳の子供がよちよちと歩いていても、周りの大人たちは金切り声をあげることもなく、そっと穏やかに見守っているのだ。幼い生命は恩寵であったから幼児の歩みは信頼されていた。おそらく何度となく噴水にどぼんと落ちてしまったこともあるのだろう。そうなったときすぐ救い出してあげればいいさ、という余裕があった。道で子供が叱られているところを見かけたのは一回だけで、珍しくて思わずフィールド・ノートに書きつけたくらいだ。

特定の男性と法的に結びついていない女性が意図せずに妊娠したとしても子育ての希望は保たれた。周りに一人で子育てを問題なくやっている女性がたくさんいたから、行政上の区分だけを理由にして中絶するとか養子縁組の準備をするとかの必要がなかった。もちろん全員がそうではなかっただろう。けれども学校教育とか報道を通して私たちが信じ込まされているよりもずっと多くの人が街全体の一部となりつつ子育てを実践していた。スラム地区では母親にかかる圧力は特に強かったけれども、既に述べたような教会やコミュニティ内部の相互作用によって解決策の見つかることが多かった。

これまでこの国のソーシャル・ワークの伝統は「子供のために」と言いながら未婚の母を暗に身勝手であると責めたて、乳児を養子縁組に出すことを推奨してきた。押し切られた若い母親は往々にしてその後悔を一生涯つづけて、そして養子縁組に出された子は、特に女児は里親家庭で心理的虐待を受け、精神を破綻させた。里親に虐待を受けた女児は身体が成熟していくにつれて遠い記憶のなかの母親を憎むようになり、同時にその母親に近づいていく自分の身体をも憎むようになる。「母親の愛」が偶像化されたことの悲劇である。

もう十年もすればアメリカの女性が生まれたばかりの子を「引き取ってもらう」ことは相当に少なくなると思われる。これに関連する社会構造の変化は色々にあるけれども、それの少なくない部分がヘイト・アシュベリーの着飾った人たちに負っていることを忘れてはいけないだろう。今のところ、中産階級出身の未婚の母たちが置かれている状況は実のところ黒人貧困層のそれとあまり変わらない。生活費を稼ぐためには長時間労働するほかなく、親は大半の時間を息子や娘から離れて過ごすことになり、その間に子供たちは拘置所、刑務所、あるいは路上での喧嘩沙汰に一歩ずつ近づいていく。そうすればまた次の世代にも不幸は連鎖してしまう。黒人も白人も共に、あの狭い街区の内側から全体の悪循環を終わらせようとしていた。

性愛を生命の祝福として喜べるようになったことで、セックスの歓びを妊娠出産の喜びと今まで混同していたことに女性は気付き始めた。ひとつながりとして捉えることも可能ではあるだろう、しかしそうしなければならないというのではない。数年前までは考えられなかったくらい中産階級の娘たちはセックスに素直な関心を向けるようになっていた。このことを実感したのはサイケデリック・ショップに警察の手入れがあった日である。店員二人が「ポルノグラフィ」を販売したとして連行された。レノア・カンデルの『愛の本』。混雑した店内で若者たちは狼狽していた。全米放送網の記者が中継にも来た。状況は緊迫していた一方で、窓の方に目をやると、二人の少女が熱心に外を眺めていた。裏庭で犬が交尾していた。警察によって壊されたかのように思えた店の雰囲気は少女の好奇心のなかに残っていた。ポルノグラフィであるとされたカンデルの詩は人間の性交渉とエクスタシーについて謳ったものである。その点では犬の方が人間よりよほど自由かもしれないと思った。むしろ二十世紀前半までの性の方がよほど窃視症的でなかったか。地下出版される本、それを隠し持つ大人、犬が互いの躰を嗅いでいると目を逸らし、動物園と称して猿を狭いケージに押し込み、交尾しないように雌雄を別々に管理して——。警察の判断を仰げばおそらく私も猥褻犯ということになるのだろう。

アメリカの都市化も女児が性に触れる機会をずっと少なくした一因である。かつてのように大部分の人口が農村部にあった時代には畜産動物の交尾をみることは普通であった。（隣町から種馬を借りてきたときなどはさすがに女人禁制であったけれども。）雌牛が仔牛にミルクをやるところなども日常である。「産む」がどういう意味かも具体的に知ることができた。しかし都市部で育つことが一般的になるにつれて生のまま性を目にする機会はほとんど無くなった。授乳は恥ずべきことになり——乳房は赤ん坊ではなく成人男性のため——女児はクラスメイトの身体さえ、思春期前後には特に、見ることを遮られるようになった。

反動という要素もあった性への好奇心は新しい娘たちをホモセクシュアリティに近づけた。隠すべきことでもなくなったという方がいいかもしれない。私の世代では、女性が同性に近づくようになるのは主に結婚の望みがなくなった、二十代後半を過ぎたころであった。少年が早い時期から同性愛的な実験をしていたのとは対照的に、例の文化的貞操帯によって女性はホモセクシュアルな交わりを若いうちに経験することができなかった。ヘイト・アシュベリーを起点にした性観念の革命のうちで注目すべきものの一つは、男性と同じように女性もまた異性愛へと移行するまでに同性愛の時期を通過すると明らかにされたことだと思う。

一九六七年の春頃からユージン・シェーンフェルド医博が『バークリー・バーブ』紙にコラム「非ポクラテス」を連載するようになった。[原注17] 読者投稿されたセックス、ドラッグ、その他諸々に関する質問に医学博士が回答していくこの連載はベイ・エリアで人気を博した。秀逸な回答は切り抜きが街角の掲示板に貼られたりもした。読者から寄せられるのはしばしば博士を困らせてやろうとする意地悪な質問であったが、博士からの回答はいつもユーモアの効いた、それでいて事実に基づいたものであった。非ポクラテス先生はその他大勢の教師と違って説教臭いところがなかった。読者から肛門性交は汚いですかと質問が来れば「口腔内の方がバクテリアは多いです」と返ってきたし、性病検査を勧めるときには「舐めても分からないので」と書き添えたりしていた。[原注18]

中高年の読者からは評判が芳しくなかったようだが、けれども公衆衛生の啓発という本来の目的からすれば相当の効果があったのは間違いない。サリヴァンのような優れた臨床家もよくこのアプローチを使っていた。見下されるのではないか、下劣なことばかり考えるなと言われてしまうのではないかと心配している若年者には、事実を普段使いの言葉に乗せる努力をしなくてはならない。実際的にも、あるいは象徴的な意味でも、俗語とか冗句を使いこなせなければ話にならないのだ。

私がサンフランシスコを離れてからも面白い記事が載っていた。ある女性が「小陰唇が大陰唇からはみ出しているのなんて見たことないと夫に言われたのですが、私は病気なんでしょうか」と質問したところ、シェーンフェルド博士は病気ではないと断言したうえで、「ご安心ください旦那様の観測範囲はあまり広くないようです」と……。[原注19]ちょっとした軽口によって伝達される情報の多くは女性の心を軽くするものだった。知らないうちに重い病気に罹っているのではないかという不安、奇形ではないかという心配はしばしば解消されることがないままに膨れ上がっていく。それを煽り立てるだけの言い伝えやら「おばあちゃんの豆知識」も少なくない。人間を盲目にしていた秘密の数々は勇気ある若者と責任ある大人の協働作業によって解消されようとしていた。ヘイト・アシュベリーの自殺率が抑えられていたことはこのような地道な努力に負うところが大きい。シェーンフェルド博士の仕事もこの方向に踏み出された一歩だった。[原注20]

ここまで六〇年代に起きた性の革命について美しく明るい側面ばかりを取り上げてきたけれども、暗く痛々しい結末となった実験のあったことも事実である。それを無視するつもりはない。あらゆるルールや制約から自由になろうとすることは方向をまったく見失ってしまう危険性と隣り合わせであった。すべての不正義を一振りに清算しようとすることは、いくら高貴な精神に端を発するものとはいえ、人間の能力を超えたものであった。

一部の白人女性は、人種間の不公正をなくすための唯一の手段は黒人男性をセックス・パートナーとして受け入れることだと考えて混合コミューンをつくった。その結果として、自分よりかなり教育程度の低い男性と一緒になり不幸な人生を送ることになった女性もいた。数百年にわたって黒人男性を抑圧してきたことの自覚が生じたための、それを埋め合わせようとしての挺身行為だったのだろう。自分自身を黒人

HIPpocrates

(copyright 1968)
Eugene Schoenfeld, M.D.

"Dear Dr. Schoenfeld:

"A couple of weeks ago my girlfriend and I got loaded and were making love. She told me that she wanted to show me something new that would be a real thrill to me. She said that one of her old boy friends liked to have her do it to him often, so without knowing what it was, I agreed to let her try it.

What she did was to stretch my scrotum out tightly, then she took a pair of finger nail clippers and cut a small hole in the sac. I began to get scared then but she said not to worry, it was fun and didn't hurt much. Next she stuck a small plastic straw into the hole in my sac and started blowing air into it.

My sac got bigger than a baseball, but surprisingly it didn't hurt much and felt kind of good. I began to worry that it might burst so she stopped blowing and removed the straw. Then she quickly put a piece of adhesive tape over the hole to keep the air in. Then we continued with intercourse and I had a climax that was out of this world.

Afterwards she removed the tape from my scrotum and squeezed the air out with her hand. Then she dabbed my scrotum with rubbing alcohol (to prevent infection she said) and retaped the hole. When she put the alcohol on it it burned like hell. The next day my penis was swollen to about double its normal size and it itched like hell, but two days later it was ok again. What I want to know is could this practice cause me any harm? And what caused my penis to swell the next day?"

"Dear Dr. Hippocrates:

"My girl friend was experimenting and blew a large quantity of air into my urethra. Well, she says it feel great to her to feel that balloon strike bottom. I do get a thrill from it, albeit a masochistic one because, God, it hurts. Can this form of fun in any way injure me?

Write soon, cause I don't want to stopunless it might really hurt me."

ANSWER: I hesitated for a long time before deciding to print the above letters about very literal "blow" jobs. They appear in print only to point out that pleasurable sensations should be weighed against potential dangers.

To use drugs as an example, shooting speed (amphetamine) undoubtedly gives great immediate pleasure, but at the potential price of hepatitis, thrombophlebitis, deterioration of the personality and sudden death through overdosage. Heroin users quickly become heroin addicts. Nineteen known deaths have been caused in the last year by inhalation of freon gases from glass chiller aerosol cans.

If any readers doubt that the practices mentioned in the letters are harmful, I shouldpoint out firstly that more bacteria exist in the mouth than in any other bdy orifice. Our skin is a natural barrier to bacteria and other microorganisms which arenot normally found in the bladder or scrotum. Infections of the bladder (cystitis) may continue up the urethra to the kidneys. Infections of the scrotum? Not a pleasant prospect. Even more dangerous is the possibility of an air ambolism. Air forced into a closed tissue space may enter the blood stream, go to the heart, lungs or brain and cause sudden death or a stroke.

QUESTION: I have a "condition" which seems to worry my husband more than myself. Ever since my teens my inner or minor vaginal lips have hung outside my major lips.

Because they are not tucked neatly within the major lips my husband believes this could indicate some disorder. What do you think?

ANSWER: There is nothing abnormal about the labia minora protruding through the labia majora. Why some of my best friends....

Dr. Schoenfeld welcomes your questions. Write to him c/o Berkeley BARB, PO Box 5017, Berkeley, California, 94715.

Catch 8 1/2

by GK

"A lot of Democrats who are doves of Vietnam are hawks in their support of Israel against the Arabs...(this) has made it a new ball game" -- Steve Murdock, People's World, June 17, 1967.

"Peace movements don't cause governments; governments cause peace movements" -- this column last year (or the year before). So, take your pick: we now have a pro-Israel peace movement, a pro-Arab peace movement, but a get out of Vietnam, we have no movement whatsoever. Instead, we have a "new ball game."

Listen -- do we have to take this?

I would like to see members of the above peace movements answer the following, a poem from a 13 year old Berkeley student entering West Campus next semester:

"I am at school today because my father and mother want me to carry on tradition of learning (hate, propaganda, and how to kill someone without feeling). However, it's not my parent's fault, they had parents who thought the same thoughts. I plan to break this tradition, not maliciously, but with love. And mind."

I, for one, don't intend to play this new ball game. I plan to break this tridition.

Don't trust anybody over 13. Drop out. G.K.

FANS WANT MORE POPS

from page 3

pany, Country Joe and the Fish, The Quicksilver Messenger Service, and The Steve Miller Blues Band performing in the afternoon and Moby Grape and The Jefferson Airplane in the evening. Janice Joplin, of Big Brother, brought the house down belting out blues with her magnificent voce.

Country Joe, too, gave an excellent performance which included an LSD commercial and ended with The Vietnam Rag. Mama Cass, seated behind us, exclaimed, "Who else has guts like that?"

But it's not just guts that makes Joe so exciting.pHis music, as Al Kooper pointed out to BARB, is extremely complex.

Kooper, Canned Heat (a sloppy L.A. blues group), Paul Butterfield and Mike Bloomfield filled out the Saturday afternoon bill.

Tall thin Al Kooper, formerly with The Blues Project (he left because of a nervous breakdown, he told BARB, and because he couldn't keep up with their pace, "Im just a skinny sort of guy.") played two of his arrangements beautifully, but "Wake Me, Shake Me" simply needs more than one voice!

Butterfield's performances were, both that afternoon and agan in the evening, were magnificent, far surpassing even his recordings.

Mike Bloomfield's new group The Electric Flag, climaxed the afternoon's performance (the program seemed a little heavy on blues groups) and got a reception that seems to insure them of continued success.

NUMB

By evening we were almost numbed to anything except outstanding performances. Aside from Butterfield, the only really outstanding performance was Otis Redding's. Otis was king. He came on in bright red with a driving rhythm and tore the place apart. Kids were dancing all over the arena, making muddy air out of the dust and fog.

The rest of that evening's program included Hugh Masadela, (who wasn't up to his small club performances), Laura Nyro (whom we could have done without), Booker T. and the M.C.'s. (almost unnoticeable, but they provided Otis with his background), and the Byrds.

POLITICS

The Byrds must be a studio group. Their live performances just don't come up to their recordings. But David Crosby, leader of the group, felt he had some social commitments to fulfill after Country Joe, and spoke out more politically than did any other performer.

After concuring with Paul Mc Cartney's recent statement that LSD could end war if ingested by the proper authorities, he went on to say, "The TV will edit this out, like they'll cut all the groovy things Country Joe said, but I'm gonna say it anyway. John F. Kennedy was shot from a number of different directions by a number of differeny guns. The facts have been suppressed, witnesses killed -- and this is your country, ladies and gentlemen."

CHANCRE

Sunday afternoon's Ravi Shanker concert (pronounced chancre over the PA) was probably the outstanding event of the festival. It was more than his music. He got a reception that exceeded anything given any of the other performers and the love and respect seemed mutual.

Sunday evening brought the festival to a close with the audience still crying for more. The Blues Project led off, dedicating "Flute Thing" "as always to peace and an end to this dirty and dishonorable war." Their new group doesn't seem quite to have gotten together yet, though they have great potential. Right now they sound like they're doing somebody else's songs.

T0ey were followed by the low point of the festival, The Group with No Name, a group of middle-aged teenyboppers. A list of suggested names immediately went the rounds of the press area: The Bummer, The Mistake, The Shits.

Big Brother did another fine set, and The Buffalo Springfield (with David Crosby) and The Grateful Dead both performed well, but the The Who and The Jimmy Hendrix Experience were outstanding.

The Who ar more than great musicians they put on one hell of a show which climaxes with the group destroying drums, guitars, mikes, lights and the stage in general and brought perplexed and angry stagehands running from the wings to salvage what equipment they could.

But even this was topped by Jimmy Hendrix. Hendrix, too, is a fine musician, working with a beautiful blues voice and exotically complex electronics. He plays absolutely every part of the guitar with every part of his body, and to the extent that he resorts to gimmickry (playing with his teeth and behind his back) it only seems to further demonstrate his complete control over his instrument.

He closed the "the English and American anthems combined," a wild electronic version of "Wild Thing," during which he humped his guitar into the amps and tore everything apart all over again, burning his guitar and throwing the pieces into an audience which was climbing all over itself just to get a look.

Then the evening and the festival closed with the vocal magic of the Mamas and the Papas and the fairgrounds were still.

After all this I still find it difficult topsum the festival up. It was excellent, the best that could be done within its form.

Perhaps the program could have

HIPpocrates

(copyright 1967)

Eugene Schoenfeld, M.D. M.P.H.

QUESTION: I would like to use birth control pills to cut down the frequency of menstrual periods or avoid them altogether. Do you have any advice on how long it is safe to postpone periods?

ANSWER: Some state mental hospitals use birth control pills to stop or decrease the frequency of menstrual periods in mentally retarded or severely disturbed female patients who are unable to attend to their own needs. But relatively large doses of birth control pills must be given to prevent "break-through bleeding", a procedure certainly not recommended for normal females. It is only done because of the hygienic problem presented to the hospital nursing staff and is potentially dangerous.

My question is why this normal physiologic function of your body should be the cause of such distress to you. Menstruation has been described as but the uterus weeping for the loss of its child.

QUESTION: Your comments to the first question in your column of May 19, 1967 regarding penis size were interesting and perhaps (but I doubt it) reassuring to the questioner; however they failed to answer the question. Please indicate what, if anything, could be done to increase penis size at the age of 20, or younger or older.

ANSWER: If gonadotrophic (gonad stimulating) hormones are given before or during puberty there will be an increase in the size of the penis as well as an intensification of the secondary sexual characteristics such as facial and body hair. But these hormones will also cause closing of the epiphyea or growth centers of the long bones, thus stoppping vertical growth of the individual.

Several urologists have verified the fact that nothing can be done to increase penis size after maturation. Something can be done to end the phallacy (pardon pun) that penis or breast size is somehow related to sexual prowess. Some of the most sexually hung up men and women are very well hung.

QUESTION: I have colitis and when I smoke grass I feel some pain. Is the grass injuring the tissue or just sensitizing me to the pain?

ANSWER: Ulcerative colitis is an inflammatory disease of the lining of the colon. I suspect you are more sensitive to the discomfort of colitis when smoking marijuana. If you are not under the close supervision of a physician you should be since ulcerative colitis can be a most serious disease.

QUESTION: Is anal-lingus (oh not to the exclusion of other "linguistic doings") not to be enjoyed under any conditions?

ANSWER: There are more bacteria present in the mouth than in any other body orifice. Assuming there are no diseases present such as gonorrhea, syphilis, typhoid or infectious hepatitis, it just comes down to a matter of taste.

Dr. Schoenfeld welcomes your questions. Write to him c/o:
Berkeley BARB
P.O.Box 5017,
Berkeley, Calif. 94705.

RESISTANCE HAMPERS HERSHEY

Twenty-five demonstrators from Berkeley made it, but General Hershey didn't.

Hershey was going to speak at a Banquet for the convention of the Reserve Officers Association in San Francisco, Wednesday. Instead he stayed in Washington.

The new draft law was passed Tuesday night and maybe Hershey had to stay by Johnson's bed side to explain the details of it.

The twenty-five demonstrators were organized by the Resistance, the group that is organizing to send back draft cards on October 16th. They carried signs that read, "We won't Go" and "Oct. 16" and held a banner which read, "All is Champ!"

男性に奉仕する奴隷と考えて絶対服従するようになった女性もいた。女性の服従をいいことに男性は少しずつ荒れていった。男がいなくなると女は泣き、互いを慰め合っていた。後悔を忘れるためにドラッグが濫用されることもあった。けれども自分たちのやっていることがまったくの見当違いであることの自覚は曖昧なままだったようだ。一般論として、中産階級の白人女性が貧しい黒人男性に性的奉仕をすれば問題が解決されるとは考えにくい。

――しかしそれでもなお私は、彼女たちがやろうとしたことを無益だったとか徒労だったといって切り捨てるつもりにはなれないのだ。人種とか社会階級の壁を打ち崩そうとすることは今現在もアメリカ各地で行われていて、少しずつ成果を挙げている。始まりには失敗や不幸が多いはずだ、けれどもその価値は失われない。この女性たちが不幸な道に迷い込んでいることは周りからも認識されていた。彼女たちの苦しみに恥の烙印を押すものはいなかった。

オルコットに育てられた娘たちはその後に高名な小説家となり画家となった。『若草物語』を著したルイーザ・メイ・オルコットと、優れた静物画を遺したアビゲイル・メイ・オルコットである。娘を一人前の人間として育てようとした父の思いは十九世紀のアメリカに果実をもたらした。ヘイト・アシュベリーに流れ着いたかつての家出少女たちもオルコットの娘と同じように、これからのアメリカを輝かせるだろうと私は信じることができる。今となってはヒッピーのコミューンは街から消えてしまって、谷や丘の向こうに僅かに残るだけであるけれども、しかしオルコットの遺産もやはりコンコルドからはもう無くなっているのだ。

かつてほど両性が足を引っ張りあうことはなくなった。うら若き少女と少年はむしろ優しさによって互いを惹きつけあっている。慣れない、ぎこちない接近であり、時には危険を伴うほどであるけれども、しかし過去の世代からは錆びた恐怖の鎖と、品のない当てこすりと、煽情的な広告物の一覧表を渡されただけだったのだ。誰に少女と少年を責める資格があるだろうか。どうにかして傷つくことなく、傷つけることなく生きようとしていた。銃創、伝染病、絶望から身を守ろうとしていた。セックスを悪徳から切り離したのは彼女たちである。セックスを生命と友情と結びあわせたのは彼女たちである。

第十二章

沈黙の終わり

「一貫性のなさ」ということをお話した時に、その言葉をどういう意味で言っているのか説明しましょうと私は言いました。それは、いわば、私が恐怖を感ずる時、死ぬほどひどい恐怖を感ずる時に起ってくる、一種の一貫性のなさなのです。私が直面したくないような事で、現に起りつつあること、あるいは今にも起ろうとしていることがあります。

あるいは、もっと良い例として、母親を殺して押入れの中に入れた私の友人があるとしましょう。私はその事実を知ってはいますが、彼と私はそのことについて話したりはしないでしょう。ということは、結局、私はその死体が押入れの中に入っていることを知っており、私が死体のありかを知っていることを彼も知っていて、彼と私とは坐って二、三杯の酒を飲み、お互いに親友のようにやっていますからその事件のことを喋れなければ、すぐに二人は何の話もできなくなってしまうということです。たとえ何を言っても、私は不注意にこの死体のことで口を滑らせてしまうかもしれません。

——ジェイムズ・ボールドウィン『誰も私の名前を知らない』より、「仮想の小説のための覚え書」、132頁六〇年代が終わろうとしている今、ポール・サイモンの詩には応答があったことになる。アメリカ全土で、大学キャンパスも、スラム地区も、インディアン居留地も移民労働者ばかりのセントラル・バレーも、もう口をつぐむことはないだろう。

私が筆をとったのは二年前、悲劇に終わった六七年十月のペンタゴン行進に参加した直後だった。そしてこの本のプロローグは同年九月に終わったとされる黄金時代への追悼文である。憑かれたように書き上げてから、ここに未来への希望が、一抹の明るさがあるのはなぜだろうかと思った。

――六八年は執筆にかかりきりだった。大量のフィールド・ノートを客観的記述として書きだす作業と、私自身が街の一部となって巻き込まれていた時間体験の間に、私は板挟みになっていた。

外に目を向ければ、ヘイト・アシュベリーの若者も含む青年団がユージン・マッカーシーを予備選で勝たせるため雪深いニュー・ハンプシャーまで遠征し、この無名だった候補者に「風」を吹かせて、現職大統領だったジョンソンに立候補を取りやめさせるという大番狂わせを演出していた。そしてこのニュースの数日後にキング牧師が暗殺される。二カ月後にもう一人の候補者であったロバート・ケネディも殺された。母国がアメリカに爆撃されているのを知ったパレスチナ出身の青年が犯人だった。戦争がもう何も状況を改善させないのは誰の目にも明らかであった。八月にシカゴで行われた民主党大会は混乱の極地となり、党大会での分裂はその後も収拾がつかず、前評判に反して共和党のリチャード・ニクソンが大統領選に勝利した。

六九年になっても動揺は続いた。最後の数章を書くころになっても状況は流動的なままだった。もがくように前進することをアメリカの若者は止めず、軍と大企業がつよく結びあっている現状、そこに大学が取り入ろうとしていることへの批判を激しくしていた。軍産複合体の巨大王国に学問が編入されることは、すなわち校門の外にいる立場の弱い群衆を餌にすることであり、ワシントン、バークレー、ケンブリッジの象牙の塔からスラム地区に暮らす人間を見殺しにするに等しいことだった。

結託を批判することは若者の生命を今まで以上の危険に晒した。大学は国防総省から供給される莫大な研究資金に依存しており、大学運営者は資金供給を保つためには武力による学生弾圧も辞さなかった。同年春、バークレー校の敷地内に「人間のための広場」を作ろうとした大規模な学生運動に対して、大学当局は米軍治安部隊と手を組み、大学構内であるにもかかわらずヘリコプターから催涙ガスを散布した。学生に対する発砲もあり、このとき学生一人が殺されている。

五月の戦没者追悼記念日には治安部隊が広場全体を鉄条網で囲い、内側に留まった学生は閉じ込められた。不死鳥のようにサンフランシスコ・マイム・トループは柵の外側に並んで公演をやってみせ、それを内側から眺める学生は、拍手の代わりに花を持ち合わせて応えたけれども、その後も大学当局が軍と結んで自校の学生に銃を向けたこととの緊張が解かれることはなかった。数週間たって鉄条網が撤去されても緊迫した空気のままだったのは当然だろう。

バークレーの声は北米大陸を横断してハーヴァードまで届いていた。ある日の『ニューヨーク・タイムズ』をみると武闘派活動家として名前の載っていたのは私がカリフォルニアで顔見知りになっていた青年だった。知り合った当初はまだハイ・スクールを卒業したばかりの、物静かな、詩人か哲学者になるのだろうと感じさせる童顔だったが——。金銭によって学問と軍隊が結びついていて、しかもその一切が秘密裡に進められていることを、彼は自分の将来を捨ててでも世に訴えようとしていた。自由が蝕まれつつあることが書斎に籠もることを不可能にした。

ジェイムズ・ボールドウィンが言った通りクローゼットには死体があるのだ。けれども若者は、もはやアメリカに暗部があることから目を逸らそうとしない。何体もの死体がクローゼットに押し込まれているのだと公言する。あえてこの不愉快な話題を持ちだす人間は装束や髪型や言葉遣いにおいてたしかに奇異かもしれない。奇異——中産階級の伝統とは違う。しかし価値観の根本に誤りはなかったはずだ。この合衆国の歴史は、あるいは世界史の全体といってもいいが、ヒッピーの掲げた価値を求める人々の歴史でもある。年齢や性別と関係なく、奇人変人も風来坊も一緒になって過ごすことができるような温かい場所がこれまでずっと追い求められてきた。コンコルドの「異端の三人組」[原注1]、エマーソンとオルコットとソローもその隊列に加えられるべきだろう。

アメリカ社会には一種の周期的律動《リズム》がある。この国家の動力源は一定期間の経つたびに交替してきた。合衆国が建てられてから最初の転換は一八四〇年代のニューイングランドで起きた。米墨戦争と奴隷戦争の非道徳性に疲れた一世代は、自分たちの親世代が求めた物質的豊かさに反旗を翻して、エマーソンを新しい首領とした。運動体としては決して大きくなかったけれども、これを起点として国家原理の一つが変更されることになる——奴隷制が。わずか二十年のうちに国家の根本価値が改められたのだ。

ヴァン・ヴィック・ブルックスが書き残した文章から引用しよう。

この世代の精神は、すなわち時代の特徴となった想像力と感性に富む精神は、まったく不満であった。上層部に立つ人間はただ流行の衣装に着替えただけで実質のところでは何も変わっていなかった。すげ替えられたのが市民生活の外形だけであることを若者は批判した。フレデリック・ダグラスの演説、『奴隷にとって七月四日とは何か』によって、いま謳われている「自由」が自分たちの自由ではないこと、謳われている「解放」が自分たちの解放ではないことを青年は知るようになった。……若い人は過激で、そして神秘である。重厚長大な工場、水膨れした統計数値、積み上がったドル束に無関心である。むしろ内面世界を、思考と情緒の深度を求めている。巡礼者《ピルグリム》であった建国の父に立ち戻ったのだ。[原注2]

一八四〇年の若者には、人間の一部分ではなくその全体に対して意味のある貢献をしなくてはならないという信念があった。そのためには現存するすべての常識、当たり前とされていることを再検証する必要があった。それは建国の父からの遺言でもあった。ブルックが残した、当時の彼からみれば青々しい世代についての記述は、いま読めばまるで一九六七年のヘイト・アシュベリーを描いているかのようである。

社会の側から近づくか詩世界の側から近づくかの違いはあったけれども、いずれにせよ若人は現状の認識において一致していた。商業的な利害対立のために文明は冷徹になり、凡庸になり、卑下、妥協、偏狭ばかりが膨らんでいた。文明はもはや想像力の自由飛行を差し止めるだけの検閲機構に成り下がっていた。唯々諾々とそれに従わねば労働の機会は奪われる。目標は低く据え置くように当時の子供は躾けられた。生気ある良識ではなく、固定された大理石像を人々は求めていた。「前進」よりも「待機」が美徳であり、「獲得」よりも「保持」が高貴であるとされた。裕福な人間の立ち居振る舞いはただ一言で説明できる――自分が良ければそれでいい。

魂と身体感覚を取り戻すためには、実在し、拡張し、独立した一人の人間になるためには……横笛を摑み、あるいはワチューセット山から景色をみるための望遠鏡を、ポケットにはテニソンの詩集を、そしてアンドヴァー川を歩き……そして頭髪を真ん中で分けて、巻き毛を肩に乗せて農作業着に身を包めば、無惨な修道院のようになった学校を忘れることができた、少なくとも数日間は。[原注3]

守旧的な思想や価値観に異を唱えることは反奴隷制運動の土壌となるものだった。合衆国の歴史においておそらく最重要の書である『アンクル・トムの小屋』を生んだのもその成果である。一九六〇年代にもこのプロセスが高速で繰り返された。六〇年代初頭の政治改革を求める正面きっての運動、中盤のヘイト・アシュベリーにおける内面世界の探索、そしてこの十年紀の終わりに生じたよりラディカルな改革要求である。

若者が精神世界についてこれほど語るようになったのは、この国の歴史を振り返れば一八四〇年以来のことである。フォーク・ソングの優しい歌声が無視されれば、彼らは叫ぶだろう。それでもなお無視されれば社会運動に身を投じる。そこまで来れば芸術家も活動家もヒッピーも関係なく一つの塊となって動く。アメリカの一九六〇年代にはパレードのような穏やかな平和行進もあれば過激な政治闘争もあり絶えず揺れていた。その間に衣装も変わった。官憲から加えられる暴力の種類も様々になった。しかし十九世紀の哲学者たちがやったように二十年間もかけて運動をする余裕はなかった。なぜなら人類はヒロシマを知ってしまったから。

行動する若者なんて少数に過ぎない、アメリカの健全な若者の大多数はそんな風に考えていないとの声があった。数千の口が数千の媒体を使って、それを言った。合衆国大統領となったニクソンも同じことを言っている。

「非常に混乱した、不安定な時代に私たちは生きています。ドラッグ、犯罪、大学での暴動、人種間の対立、徴兵拒否――古き良き生活が危機に晒されています。古き良き価値観、古き良き国家像が危うくされています。」ニクソン大統領の一九六九年サウス・ダコタ州マディソンでの発言である。「大声をだす少数派《ヴォーカル・マイノリティ》は、文明がこれまで継続してきたところの経緯を無視しているのであります。これまでの価値観を次の世代にそのまま受け渡すことこそ大事なのであります。分断があると声を大きくするほど分断は大きくなるのです。」

大統領は「もの言わぬこと」をアメリカの伝統と考えているようだ。従順であることこそ受け継がれてきた美徳である、と。赤白青の星条旗によって固く結びあわされた一揃いの価値規範がある、と。しかし本当だろうか。声なき民でいてくれた方が自分にとって好都合だというだけではないのか？

ニクソン大統領は多数派に従うことがアメリカ古来の伝統であると信じているようだが、皮肉なことに、その「古き良き時代」には既にこのような盲信と無根拠な万能感がアメリカを危機に晒すものであるとして批判されている。以下はトクヴィルが一八三五年に書いた文章だ。

万一にもアメリカで自由が失われることがあれば、少数派を絶望に追いやり、実力に訴えることを強いた多数の全能に責めを帰すべきであろう。このときはたしかに無政府状態になろうが、それは専制の帰結として生じたのである。原注4

ニクソン大統領の娘もトクヴィルが予見したものを体現しているといえるかもしれない。一九六四年、当時まだ父は大統領ではなかったが、ニクソン家の長女トリシアは十八歳でニューヨーク・シティの高級住宅地に両親と共に住んでいた。この頃、民主党のジョンソン大統領のもと通過した公民権法を祝おうと南部のニグロがニューヨークにやってくることが頻繁になっていた。

『ニューヨーク・タイムズ』によれば六月三日、三人のニグロ青年がレスター・マドックス氏の経営するレストランの駐車場に車を停めたところ、マドックス氏が拳銃を片手に飛び出してきて敷地から出ていくように命令した。店長であるマドックス氏は車を蹴りつけ、さらに斧を持ちだしてきてボンネットに叩きつけ、さらに店内にいた（すべて白人の）客に「みんな武器をもってでてくるんだ」と叫んだ。女性も含む

二十数人いた客は、店内の隅に置いてあった木箱からそれぞれ武器を取りだし駐車場に集合したのだった。[原注5]
今では黒人差別をする白人の代表として、そしてアラバマ州知事として全国的に知られるようになったマドックス氏だが、この時点では一介のレストラン経営者に過ぎない。だからトリシア・ニクソンがマドックス氏に送った手紙というのは事件後に書かれているはずである。その手紙には、レストランではなくて会員制クラブということにすれば問題はないと示唆されている。[原注6] まさにトリシアは多数派である白人の万能感に基づいて、一見したところ非暴力的な解決法を提案している。筆跡や言葉遣いもおそらくは丁寧なものだっただろう。表面をみれば、父が言う通りの、アメリカ的美徳に則って彼女は行動したことになる。
しかし実質においてはどうだろうか？ トリシアが勧めているのは連邦法の抜け穴をくぐること、法の精神を骨抜きにすることである。これが果たして美徳だろうか。そして南北戦争によって獲得された奴隷制反対という道徳規範を無視することである。これが果たして美徳だろうか。いま私たちがニクソン一家について知っていることを勘案すれば、長女一人だけが抜け駆けして手紙を書いたのでないことは明らかだ。長女一人の思想ではなくニクソン一家に共有されていた思想である。ニクソン大統領が「次の世代にそのまま受け渡すこと」をしたのは法の抜け穴を利用して奴隷制を維持しようとする精神であった。これが果たして守るべき伝統だろうか。
確かに、トリシアは手紙を書いた時点ではまだ若かった——十八歳である。しかし同時に、世の若い十八歳の青年たちは徴兵拒否をすれば逮捕され収監されていたのだ。しかも議会による正式な宣戦布告すらされていない戦争のための徴兵である。[1] ニクソン大統領は、そのような戦争であってもなお徴兵忌避は非倫理的で非アメリカ的であると主張するのだろうか。そして自分の娘に、意図的かつ暴力的なレイシストに法の抜け穴を使うようにアドバイスさせるのだろうか、美しきアメリカの伝統の名のもとに？

合衆国の歴史を振り返れば、建国の夢を鮮やかなまま握りしめていたのはその時々の多数派ではないことがよく分かる。独立や前進の気概を曲げなかった者はどの時点においても少数派であった。志がほとんど失われてしまったかのような局面もあった、それでも最後には良心の声が響いてきたのだ。

新世代に対する拒絶反応はいつもあった。古き良きアメリカの心は失われてしまった、というのが常套句である。ときに拒絶反応はヒステリーといってもいいくらい激烈になった。

世論はこれまで熱心に「世代間の断絶《ジェネレーション・ギャップ》」について語ってきた。しかし本当の断絶は年齢によるものではなかった。良心にあくまで従うか、それとも束の間の利害に目を奪われるか、その二つの態度における断絶であった。年齢にかかわらず断絶を自覚した人間はそれを埋めようと努力した。その作業は、これまで果たされなかった大事業を完成させること、その多くが失敗の跡地である断絶の谷間にどうにかして橋を架けようとすることであった。

一八四〇年代のニューイングランドに咲いた花を期待させるような、一九六〇年代の新しい蕾がいま満ちている。青年はいま立ち止まって考える時間、問うことの前提となる知識、夢見るための勇気をもっている。その親世代は、つまり私自身をふくむ一群の人間集団は、不幸にも沈黙がちで後ろ向きだった。慰めを求めるとすれば、私たちの世代が親となり教師となり彼らを育てたのだとうそぶくことになるけれども——。

1……駆逐艦が北ベトナム軍に攻撃されたとの報告を捏造（「トンキン湾事件」）し、アメリカ軍は合衆国議会の正式な宣戦布告がないままベトナム戦争を開始している。

ブルックスは一八四〇年代において親であった世代を「かつての厳格なピューリタン精神と、いまの自由な青年の間にあった緩衝材」と書いている。私たちもそうかもしれない。物言うことをせず、理想を諦め、前に進むことに冷笑的であった親世代は、真空地帯となって若い世代のための緩衝材となったのかもしれない。私たちが正義に消極的で、人種間の平等に無関心で、倫理をないがしろにしたからこそ若者は立ち上がったのかもしれない。現代の若者は親である私たちの有様を私たち自身よりもよほど真摯に受け止めたのだ。私たちが手渡したものといえば『一九八四年』や『すばらしい新世界』くらいである。見通しを暗くするものばかりだ。

もし本当に、誰かが言うようにヘイト・アシュベリーがただの一部少数派に過ぎないなら、それはアメリカの体現してきた希望がとうとう潰えたということだろう。もし彼らがアメリカの奥底にある精神を代表しているのでなかったら、それはすなわち合衆国がもはや手足を失ったということである。石油にたかる吸血虫である億万長者に、重火器と化学毒を売り捌くことが愛国的献身であると吹聴する企業家に、飢餓が蔓延している事態を前に「しっかりと緊張感をもって注視していく」ことしかしない政治家に、アメリカは四肢をもがれたことになる。

正直に言えば私は今でも、自分たちの世代が不作為犯であったことを受け止められずにいる。若かったとき「断絶」を積極的に埋めようとしなかったことを悔いている。今ではもう史劇の一篇のような事件の数々——戦争、大恐慌、戦争、そしてマッカーシズムの嵐——もその一因ではあるけれども、結局のところ世界の残り半分に背中を向けたのは私たち自身である。声を上げれば批難された。そのうちに沈黙が侵食し、絡めとられていった。だから冷笑的になった――いや、冷笑的であることを開き直るようになった。

このプロセスが確かに私たちの身に起こったことを認めなくてはならないと思う。そして認めたうえで自らを許さなければならない。自分の過ちを許すことなしには、良心の欠如を告発する若者を受け入れることはできないだろう。

染みついた冷笑を自覚するたびに怖くなる。自分は数十年間をこれまで無為に過ごしてきたのではないかと。あるいは冷笑から足を洗ったような気分のときには孤立無援になった感覚に囚われる。自分自身の声が何よりも恐ろしかった。一人呟くことさえ禁圧していた内声があることに気付く。


ブルーノ・ベッテルハイム[2]の著作『愛はすべてではない Love is not Enough』――シカゴ大学の、情緒障害をもつ児童を治療するための施設で書かれた本――が衝撃をもって迎えられたころ、私もシカゴの別の施設で参与観察をしていた。「愛はすべてではない」という文言は、とりわけ児童養護施設で、児童の福祉ではなく職員の都合のためにのみ行われる処置や介入を正当化する常套句となっていった。「愛情じゃ病棟は回らないのよ」と。

おかしいと思いながらも、まだ新人であった私は声を上げることができなかった。病棟長は普段と違うことがあるのを毛嫌いする人物で、私は「波風たてること」を言いだせなかった。病棟ではそのうち徐々

2……Bruno Bettelheim（一九〇三-一九九〇）アメリカの心理学者。一九五〇年頃よりシカゴ大学付属の児童矯正施設の長となる。自閉症治療の権威とされたが、死後には学位詐称や児童虐待を繰り返していたことが明らかにされた。

に「愛情」は非治療的かつ排除されるべきものと見なされるようになった。特に看護助手など低い階層にある――それゆえ患者と肌身の接する機会の多い――スタッフには「余計なことをするな」という圧力がかかった。情緒は治療を後退させるものであり、前進はただ治療の構造化と寸分たがわぬ病棟管理によって得られるとでも言うように。

二十年近く経った今でも、あの病棟が夢に浮かんできて睡眠が途切れる。愛がすべてではなかったかもしれないが、それ以上の何かを子供たちが受け取っているようには見えなかった。同じころリヴァプールの四人組は「愛こそすべてAll You Need is Love」と歌っていた。

サウスサイド病院でもよく似た体験をした。新人ナースや精神科研修医に浴びせられた呪詛の言葉――「救世主妄想を捨てなさい」という指導。自分の受け持ち患者が何か困っているときにそれをどうにか助けてやろうとすることは「自分が患者にとって救世主であるというファンタジーに浸ること」であると指導されていた。かつてシカゴで愛情が排除されたように、ここではスタッフの意欲が排除されていた。その様子を見ていた参与観察者は次第に病棟に立ち入らないようになっていく。余計なことをして「患者に肩入れしている」と言われるよりも当たり障りのない研究テーマを選ぶようになっていく。

それでも実地調査にこだわって頑張っていた研究者は、あるとき管理優先のために患者が不利益を被っていると上長に報告したところ「あなたは精神病院のイドを見るばかりで超自我を無視している」と追い返された。抑圧することも必要であると精神分析の術語によって主張したつもりらしかったが、その管理者は実際のデータをみてそう言ったのではなかった。そしてサウスサイド病院の世間的な名声が高くなっていくのと並行して、院内自殺も増えていった。

今となっては遅い。確かに私もイドをみようとした。救世主であろうともした。でもそれが精神病院というものではないのか？　今でも、鉄格子のかかった病棟の窓から、医局に一日籠もっている医者たちに拡声器で叫びたい気分になる。病室に来て患者と話をするのが仕事だろう、現実に何が起きているのかを自分の目で見ろ、それが怖くて何が精神科医だ、と。

同僚たちは優秀だったし、一人ひとりが人間性に欠けていたわけでもなかった。ただ唯一の誤りは、官僚制度の顔色を窺うことなしには自分たちの仕事――つまり学生教育や臨床研究など――が不可能であると思い込んでいたことだった。そのために州政府とか各種財団とか合衆国議会の方面ばかり気にしながら働くようになっていた。媚びるような冷笑主義は、精神病院で特に目視されやすかったというだけで、アメリカ社会のいたるところで観察される現象である。最たるものが一九五三年のローゼンバーグ事件であろう。夫婦は被疑事実も告げられず、正式な弁護も受けられないままに死刑宣告を受けたが、逮捕から裁判にいたるプロセスのうちに忖度の連鎖が起きていることは誰の目にも明らかだった。死刑執行の三日後、最高裁判所判事フェリックス・フランクファーターは「執行台の掃除が終わった頃に失われた二人の命について書くことは感傷的であるだけだ。しかし歴史に委ねるほかはもう何もできることがない」[原注7]と書いている。これと同じ調子の悲哀が、院内自殺について話し合う病棟スタッフの声にもあった。前兆について話し合われることはなく、既遂となった後にのみ発言があった。最高裁でも精神病院でも沈黙を破ろうとした人間がいなかったわけではない、ただいつも手遅れだった。もう一つの罠は、何もしなくてよいと思っていたわけではない分だけ、過ちを認めるのが難しくなることである。

私たちがぜんぶ悪かったのですと自虐的になるつもりはない。私の世代のうちにも、とうとう力をもつには至らなかったにせよ、癌腫のように広がっていく沈黙に抵抗しようとした無名の人士もいた。あらゆる世代、あらゆる地域に意志ある人々は生きていた。私の世代がとったアクションのすべてが冷笑だったのではない。倒れそうな細い木でも小さい実をつけることがないではなかった。私の見聞きした精神病院を中心とする狭い範囲に限っても沈黙のうちの発言が確かにあった。ある二人だけが交わすような一瞬の眼差しのうちに。何もかもが破綻したようなときにも儚い疎通によって伝達される希望があった。絶望によって塞がれそうになった目蓋を辛うじて持ち上げるような——。

ヘイト・アシュベリーに、もうその眼差しはなかった。人間は声を取り戻していたからである。けれども、かつて見たものの意味を私が理解できたのは着飾った人たちと関わるようになってからのことであった。そこを離れる日が近づいても私はまだフィールド・ノートを書いていた。かつての沈黙のうちの声と、そして現在の変革を求める声について書くことで、いま若者の表情が明るいことを記録しておきたかったからだ。

サウスサイドでは独特の眼差しを若い患者たちが交わしていた。あまりに深く沈みこんだ気配があったために私は自分の過去を遡ることになった。テレビカメラの前に立つ政府の広報官にも同じ眼差しの浮かぶことがあった。もっと昔に、どこかで、この眼差しを目撃したことはなかったか、自問した。それを思い出せれば病棟での一瞬の出来事にも新しい意味が与えられるはずだった——。

サウスサイドでは当時、異常な高率で院内自殺が続いており、上級医は病棟の一時閉鎖を話し合っているほどであった。最悪の緊迫感のなかである朝、看護師長とすれ違った。（よく気の回る女性で、彼女の病棟だけは院内自殺を一件も出していなかった。）病院幹部の朝のミーティングが終わって出てきたところ。唇は真一文字に結ばれていて、こちらに微かに会釈しただけで通り過ぎていってしまった。目つき鋭く、さっと私の顔を見やったときの表情は、責めるようでもあり怯えているようでもあった。発言することを封じられた人間の目だった。

状況は今朝、さらに悪くなっている。病院幹部は院内自殺の発生を力ずくで抑えようとしている。それじゃもっと酷いことになる。あなたなら分かるでしょう、病棟にいたんだから。私たちが、自分では声をあげられない患者たちの為にどれほど心を砕いているか。病院幹部なんて病棟に降りてこようともしない。

私のできることは多くなかったが、それでも病棟に入って当直帯の看護日誌を手に取った。師長の表情が物語っていたように状況は切迫していた。私にできるのはただ病棟にいることだった。師長や私がこれまで苦い危機を何とかして乗り切ってきた唯一の方法だった。けれども振り返ってみれば、非常事態であることを病院の外の社会に伝える努力をした方が、結果ないし本質において、ずっと多くの患者を救うことができたのだろう。

病棟事務員や看護士など、低くみられている職員を大学病院の構内で見かけると表情はいつも暗かった。けれども同じ人物に偶然に街のコーヒー・ショップで会うと例の絶望が消えている。大学病院の低級職（トーテムポールの下層に置かれた労働者）は仕事が終わると学生に交じってヘイト・アシュベリーで夜まで過ごすのだが、そのときには活気が、つまり専門職者の倫理観についてそれぞれの意見をもつことができていた。街の空気のせいだけではないはずだ、大学構内にいても私の研究テーマに興味をもつ人は非専門職者にずっと多かった。

ヘイト・アシュベリーにいると絶望が頬に刺すことはなかった。ドラッグによって濁った眼球もあったにせよ、希望を抜き取られていたわけではない。危機が過ぎ去ればまた一人の人間として扱ってもらえるという感触が残っていた。ヘイト・アシュベリーで経験を積むことができた人物は誰であれ、その後に旧社会の蟻地獄に落ちることはなかったようだ——指示系統に捕らわれて傷病者を見殺しにして、死体を積み重ねることでさらに指示系統を高みに持ち上げてしまう体制の罠に。

これから何があっても、もう若者が沈黙することはないだろう。

一八四〇年から南北戦争までの二十年間、政治家はニューイングランドの若者などごく一部の跳ねっかえりに過ぎないと繰り返していた。どこかで見たような光景ではないか。若者など大声を出すだけの少数派である、と以前にも喧伝されていたのだ。

しかし南北戦争の火蓋が切られる十六カ月も前からエマーソンは、奴隷制廃止を求めたジョン・ブラウンによるハーパーズ・フェリー蜂起こそが合衆国にとっての転換点であったのだと世に説いている。一八六〇年一月六日の演説から引用しよう。

紳士であるはずの議員先生方が、議会の内外にて、ジョン・ブラウンに共感するのは北部で千人もいないだろうなどと厚顔無恥にも主張されているのには、驚きを隠しきれません。合衆国民一人残らず賛成していると言った方が、まだよほど真実に近いでしょう。共感があるからこそ、勇気が示され、無関心が撤回され、恐怖を払いのけるまでの愛が示されているのです。[原注8]

いま断絶がどれほど大きいものに見えようとも、私はそれが越えがたいほどの決定的なものであるとは考えない。制度を守ろうとする行政官とそれを乗り越えようとする学生運動家、ヒッピーと老人、丘陵地帯の金持ちとスラムの貧困層の隔たりは、橋を架けることができるはずのものだ。私たちは、自分自身の過去を責める良心の声に怯えている。あるいは儚く美しい日々がもう過ぎ去っていて自分が路頭に迷っていると認めるのを恐れている。遠くで泣く声さえ煩わしく思うようになっていると自覚するのが怖い。それでも心は硬くなっていない、復活を待っている。たとえ黄金の日々の終わったことが事実であったとしても、たとえ無関心によって過去の日々を無為に過ごしたのだとしても、遅すぎることはないはずだ。

最後の大作となった『復活』においてトルストイは、彼の生きた時代のロシアに対して同じ問いを発している。モスクワ行き列車で受刑者五人が熱中症で死んだ実話をもとに、シベリア送りとなった捕虜が貨物列車に詰みこまれて死ぬ場面を描いている。「誰の責任でもない、でも男たちは死んだのだ」主人公は呟く、「彼らの死に何の責任も負わない人間の手によって彼らは命を絶たれたのだ。」

《こんなことになったのは何もかも》ネフリュードフは思った。《あの連中みんなが――県知事、刑務所長、警察署長、巡査などが――かならずしも人間を人間的に取り扱わなくてもいい立場が世の中にある、と考えているからなのだ。あの連中はみんな――マスレンニコフも所長も護送隊長もみんな――仮に県知事や所長や士官でなかったら、こんな暑さにこれほどまとめて人間を送ってよいものかどうか、二十回も考えただろう、隊列から連れ出し、日かげに入れ、水をやり、休ませてやっただろう、そして事故が起こったときには同情したことだろう。あの連中はそれをしなかった、ほかの者がそれをするのをじゃましたほどだった、あの連中が目の前に見ていたのは、人間や人間にたいする義務ではなく、勤務と勤務が要求するものであり、あの連中がその要求を人間関係の要求より上に置いていたことがその唯一の原因なのだ。ここにすべてがひそんでいる》とネフリュードフは思った。《ただの一時間だけでも、ただ一回の例外的な場合だけでも、たとえどんなことにせよ、それが人間愛より重要だと認めることができるのなら、自分が悪いと思わずに人間にたいしてやってのけることのできない犯罪はない[原注9]》。

生きることへの圧迫が日々強くなっていく今日、ヘイト・アシュベリーの少女を思い出す。小さな手には花束があり、いつかアメリカが平和と生命と愛の合衆国になると信じた女たち。その信念のうちには、ルイーザ・メイ・オルコットがやはり信じたように、一人前の人間として立ちあがろうとする勇気があった。もしも――そう、もしも――二度目の南北戦争が起きるなら、女はもう素人看護婦の立場に甘んじることはない。長い髪をピンで留めて、おそらくは黒人女性と一緒になって、二代目のジョン・ブラウンと共に蜂起するのだろう。今なら人類に未来を残そうと思えるはずだ。

私の世代は成功しなかった。それでも新しい一世代を生み育てることができたのだ。一八四〇年の若者に負けないくらい勇敢であり、旧世代の課題をよく解き、太陽に照らされたように視野は広く、抑圧された人間の知恵に対して謙虚であり、沈黙を破るだけの脚力を備えた一群の若者がいま花開いている。

すべての大学キャンパスから、スラム地区から、コミューンから、叫ぶ声が聞こえる。まだこれからだ。春はもう沈黙ではない。一九八四年なんて信じない。生命を祝福しよう。人間が人間でありつづけることは可能である！

エピローグ

一九六九年十月十五日
マサチューセッツ州ケンブリッジ

黄葉は鮮やかに、この北部の街に届くまでに薄くなった陽光はそれでも明るくハーヴァードの赤い煉瓦を照らしていた。校庭の外周に沿ってケンブリッジ・コモンまで歩いた。教会の鐘がベトナムに沈んだ魂を慰めるように響いている。『オラクル』でヒロシマの詩を読んだのが百年も前に感じる。「世に戻し給え、世に戻し給え」と鐘の音は心臓にまで響くようだった。

自分がまたヒューマン・ビーインの広場にいると感じたのは鐘のせいだろうか。ヒロシマとハノイで、ベルゼンとフエで、サイゴンとレニングラードで、そして名も知られない小さな村や谷間で絶たれた命を弔うために人々が集まっていた。

ケンブリッジ・コモンに着くと穏やかな活気があった。演説と聴衆があり、まったく別のことをしている集団もあった。その向こうでは何人かが集まっていて、あるいは旗を準備しているところもある。ここにも新しい部族がいるのだと思った。白い麻布を身体に巻いた男性が大事そうなことを何か言っていたが、音響の機械がうまくいかず、擦り切れたレコードのようだった。そのうちどこかから楽団がやってきて演奏を始めると、ハーメルンの笛吹きについていくみたいに平和行進が始まった。

鐘はまだ響いていた。行進は、進み、ときに止まり、また進んだ。行進とはそういうものだ。遠くに見えない障害物があるみたいだった。よく訓練された馬のように私たちは歩道に移り、あるいは花壇を飛び越えて、さらに進んだ。急げば、一つでも救える命があると考えたからである。同時に、どれだけ急いでも戻ってこない命のことを思った。ヒロシマの子は永遠に失われたのであり、永遠に満たされず、おそらくは永遠に弔われない。

その次に止まったときは長かった。空気の微振動は行進の先頭が穏やかでないことを告げていた。次第に、大麻草を燃やした甘いくすぐったい匂いが周りで濃くなっていった。秋風にのった雰囲気は、そのとき初めて思ったのだが、小さい頃にやった山焼きの匂いだった。蕾がでる前、ちょうど今くらいの季節に、春になったら芽がよく育つように少しだけ周りを燃やしておく。その香り。ヒヤシンスと白いスイセンが広がる景色も浮かんだ。

待ち続けた。緊張が少しほぐれると鐘がまだ鳴っていることに気付く。行進のなか立ち止まるのは何回目だろう、これまでの数年間に？　数えようとするが、思い出すのは街の気配や未来や絶望の残渣だけだった。古い不正義が契約更新されるのを見た。勝利したことは少ない。それでもゼロではなかった。リンカーン記念堂でマリアン・アンダーソンが歌ったとき家路につく私たちは落ちる涙に輝いていた。

行進のなか立ち止まることは悪い予感だった。国防総省を目指したワシントン平和行進のときには、後列にいた私たちが立ち止まればそれは遠くの最前列で何か恐ろしい事態が起きていることを意味した。平和を求める市民と、彼らの政府が、電気鉄線で隔てられていた。ホワイトハウスと議事堂の一帯が立ち入り禁止とされたのは何かを象徴しているようだった。五角形の要塞の屋上からは鉄のヘルメットを被った兵士たちが、真下にいる私たちにマシンガンを向けていた（彼らは一体何から頭部を守ろうとしたのだろう）。

けれども今日は、立ち止まることに特別の意味があった。十万人が全米各地から集まっているのだから。我ら思春期の英雄――ジョン・ケネディ、キング牧師、ロバート・ケネディ――のためではなく、英雄でない人間、戦死によってさえ何一つの名誉も与えられなかった人間のための葬列である。立ち止まって、都会の排気ガスではなく首都府の空気を吸い込む必要があった。

もう随分昔に亡くなった、英文学の担当教官を思い出したりもした。W・W・ギブソンの詩「勇敢なピーター」を教授が朗誦したとき学生は泣いていた。そのときには、兄弟や友人を戦争に行かせるようなことはもう二度と、と誓ったのだったが――。

肥溜めの掃除夫をやって
　それでやっとパンにありつき
戦争が、彼を外国にやって
　スズランの寝床に
　ぼとんと落とした[原注1]

ベトナムに死んだピーターは、少なくともそのうちの多くは、田舎町やスラムから出てきた青年で、清掃の仕事さえなく追い立てられるように船に乗せられ、その寝床はスズランではなく沼地であった。

葬列は魂を鎮める夜宴会《ウェイク》であった。この首都府を建てた移民の血がそうさせるのか。残された人間は、アイルランドで埋葬の前に行われるように、生命を思い出して祝うのだった。行進にやってくる若者には死を思って笑うだけの活気があった。マウント・オーバーン・ストリートを過ぎるとき、ハーヴァードの事務管理棟に明るい挨拶をしている。「俺たちも来たよ、ここに」と二本指を立てながら。

改装されたばかりの真新しいビルから芳しい反応はなかった。窓の向こうにはVサインを返すどころか若者に向けて親指を下に向けるものまで見えた。ニクソン大統領がいうところの勤勉実直な――沈黙を選び、変化を厭う――人々である。それに気付いて近くにいた少女は「平和行進に反対するって、どうしてなの」と怪訝な顔をしていた。

幼かった頃を思い出した。投票できる年齢になって初めての選挙が近づいてきたとき、それまで散々に教え込まれてきたことが建前ばかりだったと知った。選挙公報が回ってきて、そのなかでアメリカ社会党の主張が私の理想に近いと口にした途端、周りの大人たちが掌を返したように、口を揃えて、「そういうのが一番危ないんだ」と言いだしたのだった。それまで学校で教えられてきた人権保障や戦争反対がまるで危険な過激思想であるかのように。

行進は少しずつ盛り上がっていった。マサチューセッツ・アヴェニュー・ブリッジの近くでは巨大な星条旗が地面と平行にぴんと張られているのをみた。旗を支えもつ集団は髪を伸ばしていて、それを遠くから見ると旗に不均一な襟足が付いているかのようだった。ジョン・バーチ協会の一団かと思って、行進から遅れたらリンチされかねないと怖くなったが、というのも、二年前にワシントンでデモをやったときには僅かに集団から離れた途端に監視のＦＢＩから恫喝されたからだが、連れ合いに聞くと「大丈夫だよ」と返ってきた。「今日、僕たちは星条旗を再定義しようとしている。あれは僕たちの旗だ。」そのときウォルト・ホイットマンの謳ったような愛国心が――「河辺に生える木々の列のような友情を、大噴泉のような友愛を、広原にどこまでも拡がるような」――自分のなかにもあることを発見した。愛国心、純血主義者が濫費するために嫌悪感さえ抱くようになっていた言葉だ。しかし今日、その旗を掲げた若者は新しい国家を探していた、それもまたアメリカなのだと発言していた。だから自分たちにも国旗をもつ権利があるのだと。私は今までどのような旗も好きではなかった、けれども今日は、探し求められるものの象徴としての国旗なら、それは私の国旗でもあると思った。

車を通すために行進が一旦止まって、また再開した。そのときバギーに赤ん坊を乗せた母親が集団から遅れた。交通量の多い車道の真ん中に母子が取り残されそうになったわけだが、大きな旗をもっていた青年たちは気付かず、前に進もうとしていた。ホイッスルを吹きながら行進の調子を保っていた若者が一人だけ母子に気付いて、声を上げると、大波のようだった行進は穏やかに止まり、旗をもっていた青年が母子の周りに集まった。いたずらっぽい眼で旗をさらに高く上げると、バギーと母親を囲んだまま、ゆっくりと車道を横断したのだった。安堵の溜め息が漏れる。鮮やかな旗手に囲まれて、赤ん坊のバギーは法王の天蓋車のように神々しくなった。教会にいるような気分で私は、この旗が、いま一人の母親と一人の赤ん坊を守るために掲げられた旗が、二十年かそれくらいして、誰かを殺す口実に使われないことを祈った。

未来の政府が秩序を保っているか、あるいはそれを失っているかは分からない。未来の市民が殺人に同意するか、あるいはそれを拒否するかどうかも。

前を歩く男性は仕立ての良いブレザーに「トンキン湾ヨットクラブ」の標章を付けていた。アメリカ海軍第七艦隊の俗称をあしらった黒と黄色のワッペンは、それが実際に意味するところとは真逆に、イエロー・サブマリンを思わせるものだった。よくできた冗談だった。海軍がどんな陽気なニックネームを準備しても、もうここにいる若者は資本家や権力者が好き好んで戦争することを認めはしないだろう。行進に参加している一人ひとりが古くなった美辞麗句に皮肉を返そうとするのも心地よかった。「今日が新しい独立記念日だ」と堂々宣言するのは少し気が引けた。

チャールズ河に近くなると、行進していたうちの何人かがＭＩＴの建物のあることに気付いて、何か大声で言っていた。ケンブリッジに立つ研究棟群――ハーヴァード大学とＭＩＴ――は、つい最近までニューイングランドの学究精神の伝統を誇る場所であった、それが今ではアカデミアの格好をしたペンタゴンの傀儡である。「良い研究」のためにと差し出される札束によって赤レンガは縮んでいた。

行進がマス・アヴェニュー・ブリッジにかかると見慣れた河も恩寵であることを思い出す。河口では空と海が交わっている。本来であれば河の水は、生物すべてが飲めるはずのものだった。排気ガスがその約束を反故にしていた。けれども汚染に今は屈している河や空気も、新しい法律ではなく「塩の行進」によって、人間が人間であろうという意思によって回復させられるものに思えた。

飛行機雲が青いバースデー・ケーキを丸く切り取り、粉砂糖のように平和の紋様を描いた。声はなかった、何もかも止まったみたいに。歓喜の声がやっとどこかに上がったとき、自分たちが息を止めていたことに気づいた。これまでずっと、最後のところで、自分たちに果たして生命を肯定できるのかと疑問だった。今日の青空に答えがあると思った。

かつてペンタゴンまで行進したときには神秘主義者の一団が鉄条網の前でお祈りをして壁を取り崩そうとしていた。壁は硬かった。徹夜の祈りをして、そして普段だったらあるはずの簡易トイレが撤去されているのを知り、理不尽に怒ることもなく泣き、そしてペンタゴンの硬い壁に自分たちの精気を流したのだった。けれども今日、空に平和のサインが展開していることは壁を軽々と越えていくことの可能性だった。

行進の音頭を取っているのは男性一人と少女一人である。少女はぶかぶかの地面に引きずるくらいのロングコートの肩にナップサックをかけている。男性は片方だけ靴を履いている。もう片方の脚は毛むくじゃら。二人は警官と時々声をかけあう。数年前、サンフランシスコの最初の頃に比べれば、警官もずっと物分かりが良くなった。髪が長いだとか洋服が変わっているというだけで高圧的な尋問をしてくることが少なくなった。一つには、警官がそれに恐怖しなくなったからだろう。威圧はしばしば脅威を感じていることの裏返しである。この一団と歩いていると警官もどこか楽しげだった。サンフランシスコではそのうちシティ・ホールの階段に腰かけて大麻を一服する警官も現れるかもしれない、ボストンではまずないだろうけれど。その代わりにアイリッシュ・パブで一杯やったりするだろうか。

橋を越えてコモンウェルス・アヴェニューに入ると、中央の緑地帯には入れないために行進隊は左右に分かれた。（先導者は「左派も右派も大した違いはありませんよ」と。）すぐに最終地点のパブリック・ガーデンが視界に入る。上院議員が何か演説をしていたが誰も気に留めなかった。空にこれ以上のサインが要らないように、政治家の演説はなくても構わないものだった。

ひやりとする広場の芝生に座って、それぞれ好きに休憩し、長い遠征が終わったような気分に浸った。心のなかで折り重なっていたモザイクが整理されていく。空には、また別の飛行機が「ニクソンを支持します」と旗をなびかせていたが、ブーイングするものもなく、茫洋としたままの人間も多くいた。私たちは人類そのものを支持しているのであったし、たった一つの人名によって偽の歓喜とか恐怖に踊らされることはもうないはずだ。自分たちの足で歩いたという事実だけがある。これまで数多の人々が行進の目的地としたであろう地点に身を沈める。

窓からVサインを返してくれたトラック・ドライバーのことを思い出したりした。私たちはばらばらだ。変で、不均一で、着る服も使う言葉も揃っていない。ロシアの大草原、イタリアの葡萄畑、アフリカの海岸、日本の山々、中国の高原地帯から遥々やってきた人間の集団である。ここに辿りつくまでは茨の道で、その途中に深い傷を負ったこともあった。だけど今は柔らかく、堂々と手をつないでいる。それぞれ異なっている魂と身体をペイズリー模様に織り込みながら。

少し肌寒くなってきた。もう青年という顔ではない人間たちがぱらぱらと立ち上がる。壇上ではまた別の誰かが演説の準備を始めている。気負って聞くようなものでもないだろう。それを煩わしくも思わない。この足で哀歌を辿った以上もう追加説明は要らなかった。私も立ち上がる。驚くほど一瞬で、もう私は芝生に座っているのではなくなった。あそこの教会墓地には冷たい風に慰められた幽霊もいるだろうか。暮れかかる午後の日差しを浴びながら私は地下鉄の駅に向かった。

訳者あとがき

本書はHelen Swick Perry "The Human Be-In" (Basic Books, 1970) の全訳である。

原書に図版はなく、エスノグラフィに写真の一枚もないことは不思議に思われるくらいだが、原書はいわゆるヒッピーの時代の直後に出版されたものであり、読者の脳裏にまだ生々しくその光景が焼き付いていると考えてのことだろう。この訳書では本文にあげられている記事紙面をなるべく採録する方針とした。既に邦訳のある文章については原注内に出典を示した（なお原文で注のふられていないD・H・ロレンスおよびボールドウィンの訳文はそれぞれ吉田健一、黒川欣映の訳による）。

翻訳作業を手伝ってくれた大久保彩さんと北川真紀さん、大場雄一郎さんにこの場を借りてお礼を。

*

著者ヘレン・スウィック・ペリーは一九一一年メリーランド州キャピトルヘイツに生まれ、一九三三年にジョージ・ワシントン大学を卒業する。一九四三年からアメリカ戦時生産本部に勤務している。この間に学術誌の編集執筆に携わっていたというが、不詳。（なお戦時生産本部とはアメリカの戦時産業を統括する政府直属組織である。）

終戦後、一九四六年になるとワシントン精神医学校に入学し、そこで創立者の一人であった精神科医ハリー・スタック・サリヴァンの知遇を得る。この出会いが著者にとって人生の転換点となったようである。すこし脱線して、ここでサリヴァンについて述べておこう。サリヴァンは一九二〇年代から活躍していた精神科医であり、操作的診断基準を導入したことや、WHOやUNESCOの設立にかかわり精神保健を国際化したことから医学史上では現代精神医学の立役者とされている。しかし生前には学界内で反発を受けることが多く、ある種のアウトサイダーでもあった。

彼自身、アイルランド系移民の子供であり、また三〇年代後半には社会学者とともにアメリカ深南部に向かい黒人への精神保健運動の必要性を訴えたものの、レイシズムの特に強かった時代において一連の運動は黙殺されたような部分がある。また前青春期にみられる親しい同性者との非性愛的な接触、すなわちチャムシップを発達論のなかで重視したことなどが、サリヴァンの同性愛者であったことも相まって、当時には非道徳的であるとの批難を受けていた。

――出会ってすぐにペリーは彼の主宰していた『サイキアトリー』誌の常任編集者のポジションを与えられて、また憑りつかれたように仕事をするサリヴァンの私設秘書のような役目も引き受けるようになるが、その関係が軌道に乗りつつあった一九四九年にサリヴァンは国際会議のため滞在中だったパリで突然死する。(この死は、自然死とも、暗い冷戦に絶望しての自殺とも、あるいは彼を共産主義陣営のスパイと疑った合衆国政府による暗殺とも言われるが、はっきりした答えは出ていない。)

ペリーはその後、マサチューセッツ精神保健センターや国立精神衛生研究所で社会心理学を教えながら『サイキアトリー』誌の編集を五五年まで続け、さらに遺稿管理のため設立されたサリヴァン文書委員会のメンバーとなった。並行してペリーはサリヴァンの伝記を書くための資料収集を始めるが、六一年ころには文書委員会の他のメンバーとの仲が険悪になる。ペリーの調査によって、サリヴァンが青年期にスキゾフレニアであったことや、その性愛や社会改革にかかる思想の全体像が明らかになりつつあったが、これが世に出ることは文書委員会の他のメンバーにとって自分たちの権威を危うくするものであった。

妨害行為もあり伝記出版の計画までも頓挫したところ、彼女は東海岸の保守的な学界に見切りをつけて西海岸カリフォルニア州に移住する。そしてカリフォルニア大学で教鞭を執るようになってからの日々を描いたのが本書、『ヒッピーのはじまり』である。

こう見てくると、本書に一種独特の気配を漂わせている湿気というか、薄暗いような印象をよく摑むことができるように思う。ペリーは、師と仰いだサリヴァンとまったく同様に、優れた研究者でありながら権威主義的な集団のなかでは孤立しがちだった。南部州でサリヴァンがもった問題意識を、その死後二十年が経ってから追いかけるようにした『ヒッピーのはじまり』には、かつて共に過ごした人間への思慕の念も感じないではない。彼女にとって体制内他者であったサンフランシスコのヒッピーや、黒人、同性愛者はただ救われるべき対象というのではなかった。

本書が描いている時期よりも後のヘイト・アシュベリーについても記しておこう。エピローグで暗示されているように、薔薇色の時代が待っていたというのではない。むしろ悲惨であった。――無防備の平和行進に対する州兵の銃撃で大学生四人が殺されたケント銃撃事件があり、その十日後には、やはり無防備の反戦集会に対する警察の銃撃で学生二人が殺されたジャクソン銃撃事件があった。ローリング・ストーンズのフリー・コンサート中に黒人学生の殺された「オルタモントの悲劇」もあり、カリフォルニアの太陽は終止符が打たれたようになった。

一連のヒッピー・ムーブメントが破天荒ゆえに自壊したと考えられていることもあるが、現実としてはその相当部分が銃弾による抑圧である。

しかしすべて終わったのだろうか。翻訳していて、思わず手の止まったところがある。

もし本当に、誰かが言うようにヘイト・アシュベリーがただの一部少数派に過ぎないなら、それはアメリカの体現してきた希望がとうとう潰えたということだろう。

この一文に差し掛かったとき、偶然に私の部屋にはテイラー・スウィフトの歌う「ニュー・ロマンティックス」が流れていた。疑いなくこの楽曲だって巨大なショー・ビジネスの一部であり、シンセサイザーの音から何まで人工的であるには違いなかった。けれどもこの音楽が無数の、数えきれないほど沢山の人間に、今この瞬間にも聴かれているのだ。このことはアメリカの体現してきた希望である。

――『ヒッピーのはじまり』によってペリーは書き手として高く評価されるようになり、五〇〇頁近くなった伝記『サリヴァンの生涯』も、当初の計画から二十年以上も遅れたが出版にこぎつけることができた。そして伝記が出版されるとすぐ、彼女はそれまで交流のあった人々とすべて連絡を絶ち、カナダ西海岸のノバスコシア州に移った。路上生活者や困窮者のためのコミューン運営をしながら晩年を送ったという。二〇〇一年、九十年の人生に幕を下ろした。

二〇二〇年十二月四日

訳者　阿部大樹

p.169–171……THE TIMES THEY ARE A-CHANGIN'
Bob Dylan

p.198……………ELEANOR RIGBY
John Lennon / Paul McCartney

p.198……………I WANT TO HOLD YOUR HAND
John Lennon / Paul McCartney

p.228……………SHE'S LEAVING HOME
John Lennon / Paul McCartney

p.228, 246……HEY JUDE
John Lennon / Paul McCartney

楽曲クレジット

p.46……REVOLUTION
John Lennon / Paul McCartney

p.53……BLOWIN' IN THE WIND
Bob Dylan

p.62……YELLOW SUBMARINE
John Lennon / Paul McCartney

p.68……GREAT MANDELLA
Words & Music by ALBERT B. GROSSMAN, MARY ALIN TRAVERS and PETER YARROW

p.72–73……WHERE HAVE ALL THE FLOWERS GONE
Peter Seeger

p.78–79……A DAY IN THE LIFE
John Lennon / Paul McCartney

図版出典

p.63……………『オラクル』(第1巻第7号、1967年、35頁)
：対談(左よりティモシー・リアリー、アレン・ギンズバーグ、ゲイリー・シュナイダー、アラン・ワッツ)
p.99……………『オラクル』(第1巻第8号、1967年、29頁)
：ボブ・カウフマンの短詩「抗弁」
p.103……………『バークリー・バーブ』(1967年1月14日号、1頁)
：「ヒューマン・ビーイン」の告知
p.186……………『ヴェンチャー』(1967年8月号、表紙)
：ロイ・バラードは左から2人目
p.218–219……『オラクル』(第1巻第7号、1967年、40–41頁)
：前述の対談の続き。それぞれの出自について
p.262–263……『バークリー・バーブ』(1968年10月18–24日号)、同(1967年、6月23–29日号)
：シェーンフェルド医博のコラム

＊ 『オラクル』は、Allen Cohen, *The San Francisco Oracle: A Complete Digital Recreation of the Legendary Psychedelic Underground Newspaper Originally Published in the Haight Ashbury During the Summer of Love* (CD-Rom Edition), Regent Press, 2005. より再録。
＊ 『バークリー・バーブ』はIndependent Voices内のデジタル・アーカイブより再録。

18　前掲誌、1967年6月23－29日号（10頁）より。
19　前掲誌、1968年10月18－24日号（21頁）より。
20　現在では単行本として入手可能である。 Eugene Schoenfeld, *Dear Doctor Hip Pocrates* (New York: Grove Press, 1968).

第十二章　沈黙の終わり

1　アイザック・T・ヘッカー神父の回想より。Sears, *Bronson Alcott's Fruitlands* (Boston and New York: Houghton Mifflin, 1915) p. 84に記録されている。
2　Van Wyck Brooks, *The Flowering of New England* (New York: E. P. Dutton, 1952) p. 187.
3　前掲書、pp. 188-189。
4　Alexis de Tocqueville, *Democracy in America*, edited by Richard D. Heffner (New York: Mentor Books, 1956) p. 121.〔トクヴィル『アメリカのデモクラシー』第1巻（下）、松本礼二訳、岩波文庫、163頁〕。
5　1964年7月4日付『ニューヨーク・タイムズ』、ピーター・ミロンズの署名記事。
6　1969年5月9日付『ニューヨーク・タイムズ』、無署名の特別記事。「恥ずかしがり屋のトリシア・ニクソンがホワイトハウスの繭から出てきた。」
7　Walter and Miriam Schneir, *Invitation to an inquest* (New York: Doubleday, 1965)の序文より。
8　Ralf Waldo Emerson, *Miscellanies* (Boston: Houghton, Mifflin, 1892) p. 262.
9　L. N. Tolstoy, *Resurrection,* translated by Rosemary Edmonds (Baltimore, Penguin Books, 1966) p. 447-448.〔レオ・トルストイ『復活』（下）、藤沼貴訳、岩波文庫、268頁〕。

エピローグ

1　"Peter Proudfoot," in Wilfred Gibson, *Collected Poems* (1905-1925) (London: Macmillan, 1929) p. 489.

1976年、75-76頁。1939年の講演をもとにした記録〕。

2　ハックルベリーが開設されてから最初の1年間で支援を受けた少年は448名、一方の女性はその約半数以下の216名である。Rev. Larry Beggs, *Huckleberry's for Runaways* (New York: Ballantine Books, 1969) を参照のこと。

3　Alva Myrdal "Parallel to the Negro Problem", Appendix 5 to Gunnar Myrdal, *An American Dilemma* (New York, Harper & Brothers, 1944) pp. 1073-1078 参照。

4　Sears, *Bronson Alcott's Fruitland* (Boston and New York: Houghton Mifflin, 1915) 内の "The Consociate Family Life" の手紙（p. 48）を参照。

5　この記述はルイーザ・メイ・オルコットの手になる創作からとっている Sears 前掲書 "Transcendental Wild Oats", p. 163 を参照した。しかし類似の出来事が複数の手記において確認される。

6　ヒューマン・ビーインから2年以上が経った今、当時の写真を見返すと男性の髪型はむしろずいぶん保守的であるように映る。装おうことについての自由がこの2年間でそれだけ大きくなったということだろう。

7　ジョセフ・パーマーに関する記述は Sears 前掲書、53-67頁からとっている。

8　Ruth Benedict, *Patterns of Culture* (New York: Mentor Books, 1959) p. 50.〔ルース・ベネディクト『文化の型』米山俊直訳、社会思想社、1973年、77頁〕。

9　Edward J. Kempf, "The Social and Sexual Behavior of Infrahuman Primates, with Some Comparable Facts in Human Behavior," *Psychoanalytic Review* 4 (1917): p. 127-154. 特に153頁を参照。

10　少なくとも2つの有名大学で私は、入学試験および成績評価システムが内部では男女別々に行われているところを見たり聞いたりした。男女の「バランス」のためと言われていた。特に入試と学部教育の段階では女子生徒の方がより良い点数をとる傾向にあったため、評定を付けるときの基準点数が男女別に設定されていた。一方で経済的に困窮している黒人学生に対して同じことをしようとすると大学当局は強硬に反対することが常であった。

11　これは一解釈でしかない。ビートルズの音楽に込められた裏の意味についてこれまで多くの人が論考ないし分析を発表してきたが、当のメンバーによって否定されることがしばしばである。一方で私がヒッピーから学んだことの一つに、自分にしかできないことに誇りをもつという原則がある。チャールズ・クーリーであれば「共感的内省」と呼んだであろう解釈を、私がみた若者たちの行動を背景に、ここではあえてそのまま記述した。

12　Harry Stack Sullivan, "Socio-Psychiatric Research" (1930) in *Schizophrenia as a Human Process* (New York: Norton, 1962) p. 265.〔ハリー・スタック・サリヴァン『分裂病は人間的過程である』中井久夫ほか訳、みすず書房、1995年収録、「社会-精神医学的研究」363頁〕。

13　Harry Stack Sullivan, *The Psychiatric Interview* (New York: Norton, 1954) p. 237.〔ハリー・スタック・サリヴァン『精神医学的面接』中井久夫ほか訳、みすず書房、1986年、301頁〕。

14　『オラクル』第6号（1967年2月）。

15　Sears 前掲書、92-102頁。

16　Burton H. Wolfe, *The Hippies* (New York: Signet, 1968).〔バートン・H・ウルフ『ザ・ヒッピー――フラワー・チルドレンの反抗と挫折』飯田隆昭訳、国書刊行会、2012年〕。

17　発行初期の『バーブ』は収集できていないが、手元にある限りでは67年4月14日の号からこのコラムを確認できる。

第八章　お金は燃やして

1　Alexandra Tolstoy, *Tolstoy: A Life of My Father*, tr. by Elizabeth Reynolds Hapgood (New York: Harper & Brothers, 1953) p. 376.

2　前掲書、p. 337。

3　Sears, *Bronson Alcott's Fruitalands* (Boston and New York: Houghton Miffin 1915) pp.103-104.

4　前掲書、pp. 19-20。

5　Odell Shephard, *The Journals of Bronson Alcott* (Boston: Little, Brown 1938) p. 81. 1837年に書かれたオルコットの日記の抜粋とともに、当時の一般公衆がオルコットをどう扱ったかの説明と、彼のひらいた教会学校が閉鎖されるまでの経緯が書かれている。

6　前掲書、pp. 203-204。

7　ルイーザ•メイ•オルコットによる〈実りの村〉の回想録 "Transcendental Wild Oats" より。この著作にはフィクションも交じっているが、オルコットの日記を見る限りでは実情とほとんど違わないようだ。Sears 前掲書、164－165 頁を参照のこと。

8　『ヴェンチャー』誌、1967年8月号、9頁。

9　1967年5月18日のテープを文字起こしししたもの。

10『ヴェンチャー』誌、1967年8月号、9頁。

第九章　ロイ・バラードのこと

1　ボブ・ディラン「時代は変わる」より。

2　『ヴェンチャー』誌（1967年8月号）より。

3　日系人であったマミヤには、ヘイト・アシュベリーとフィルモア地区を結び付ける不思議な能力があったように思う。

4　この点でも、グライド教会の果たした役割はやはり大きかった。都市中心部にある教会の存在意義を新しくしたからである。

第十章　街と孤独

1　Harry Stack Sullivan, *The Interpersonal Theory of Psychiatry* (New York: Norton, 1953) p. 290-291.〔ハリー・スタック・サリヴァン『精神医学は対人関係論である』中井久夫ほか訳、みすず書房、1990年、325－326頁〕。

2　Bayard Taylor "A Story for a Child"

3　『オラクル』第1巻第7号（1967）40－41頁。

4　精神病院から地域生活に移行する前段階としての、保護的な性格をもった滞在施設のこと。

5　年齢別の自殺率は公表されていないので、「若年層の自殺率は上がったけれども、他の年齢層で自殺率が下がったために、全体の自殺率は不変だった」という仮説も一応は成り立つ。しかし他の年齢層で自殺率がそれほど大きく減少する理由も見当たらず、統計の解釈としては無理がある。

第十一章　うら若き少女

1　Harry Stack Sullivan, *Conceptions of Modern Psychiatry* (New York: Norton, 1953) p. 58-59.〔ハリー・スタック・サリヴァン『現代精神医学の概念』中井久夫・山口隆訳、みすず書房、

第四章　無邪気な生命

1　Van Wyck Brooks, *The Flowering of New England* (New York: Dutton, 1936). 特に第 9 章の "The Younger Generation of 1840" を参照のこと。

2　Harry Stack Sullivan, "The Cultural Revolution to End War," *Psychiatry*, 9 (1946) p. 81-87.

3　前掲書、p. 192。

4　Elizabeth Marshall Thomas, *The Harmless People* (New York: Alfred A. Knopf, 1959) p. 24.〔『ハームレス・ピープル――原始に生きるブッシュマン』荒井喬・辻井忠男訳、海鳴社、1982 年、25 頁〕。

5　前掲書、p. 251－253。

第五章　聖パウロの回心

1　フィルモア・オーディトリウムはサイケデリック・バンドの聖地であり、その経営者であるビリー・グラハムはサンフランシスコ・マイム・トループのマネージャーも務めていた。

2　J. S. Slotkin, *Menomini Peyotism: A Study of Individual Variation in a Primary Group with a Homogeneous Culture,* Transactions of the American Philosophical Society, 42, Part 4 (1952) : p. 572-573.

3　James Mooney, *The Ghost-Dance Religion and the Sioux Outbreak of 1890.* Extract from the Fourteenth Annual Report of the Bureau of Ethnology (Washington: Government Printing Office, 1896) p. 777.

4　From *The Oracle*, 1. No. 8 (1967): 29. Published subsequently in Bob Kaufman, Golden Sardine (San Francisco: City Lights Books, 1967). Used here by permission of City Lights Books.

第七章　フィルモアの黒人たち

1　E・フランクリン・フライツァーが "Black Bourgeoisie" (New York: Free Press, 1957) で書いたように、少なくともごく最近まで、黒人中産階級は白人と同じ過ちを犯していた。裕福な黒人は（白人と同じように）すすんで自由を手放し、服従し、そして落胆していた。

2　ヒッピーの装束をまとっていて、かつニグロであるということは稀であった。あるとしても、フィルモアから一日限りで出てきたような者ばかりである。

3　サンフランシスコでは大家が個人でゴミ収集を契約する。取り決められた数のバケツだけが回収されるから、住人の数に対して大家が出費を渋るようだとゴミは積み上がっていくことになる。定員よりも多くの人間がアパートメントにいることは、大家にとっては特段の害がなく、また店子にとっても都合が良かったので問題にならなかったが、しかしゴミ収集人は不衛生の責任を押し付けられがちで、それを忌々しく思っていた。

4　GROUP の活動をどこかで聞いて、フレンズ奉仕団が事務所借り上げと電話設置のための資金提供を申し出た。それまでは、女性たちが自宅で、資金も含めてすべて手弁当で運営されていた。

5　A・S・マカレンコ『教育詩』（モスクワ、外国語図書出版所、日付なし）。この本の出版されたことは 20 世紀前半における最良の社会的、教育的な経験の一つであろう。1920 年に設立されたゴーリキー・コロニーは 1917 年の革命の混乱のなか生まれ、田舎町をうろついていた家なき青少年を保護し、そして教育を受ける機会を与えた。

原注

プロローグ

1　Odell Shepard, *Pedlar's Progress* (Boston: Little, Brown and Company, 1937) p. 366.

第一章　異邦人、旧友

1　本書では「ニグロ」「黒人」という言葉を使うが、相互可換である。フィールド・ノートの記録と観察対象であった人口集団における一般的な用語法をそのまま反映させている。

2　テープレコーダーによる講義記録より。

第二章　街が観光地になる前

1　ヘイト・アシュベリー地区の聖アグネス女子修道会の教師でありシスターであったバーナデット・ジルスの修士論文のなかに、コード・ビバリー氏が撮影した当時の写真がある。(“A Changing Urban Parish — A Study of Mobility in St. Agnes Parish, San Francisco, California,” Gonzaga University, Spokane, Washington, June, 1959.)

第三章　アメリカ西海岸の公民権運動

1　*Bronson Alcott's Fruitland*, compiled by Clara Endicott Sears (Boston and New York: Houghton Mifflin, 1915) p. 41.

2　学生運動が西海岸でだけ起きていたわけではもちろんない。しかしカリフォルニア州、特にバークレー校を中心としたベイ・エリアでは運動が他地域よりも早く顕在化した。

3　Steven Warshaw, *The Trouble in Berkeley* (Berkley and San Francisco: Diablo Press, 1965).

4　フリースピーチ運動について最も信頼できる報告は『The Trouble in Berkeley』に収められたテキストおよび写真である。

5　ボイル自身に訊いても、これがいつから始まったのか分からなかった。けれども私の記憶が正しければ66年春の終わり頃だったはずだ。彼女によれば時々は友人たちも徹夜の祈りに同伴していたらしいが、当時の街にはたった一人での祈りという風に伝えられていた。私もそのように聞いた。

6　ラルフ・グリソンの評論文はいつも音楽を中心に置いていた。それでいながら、それ以上の何かがあった。ベイ・エリアの若者たちについて書かれた文章のうちで、彼の遺したものが最も「美しい」と思う。いずれも寸分の違いもなく正しく、そして繊細であった。

7　アラン・ワッツ、アレン・ギンズバーグ、ティモシー・リアリー、ゲイリー・シュナイダーによる対談（日付不明）より。『オラクル』誌の別冊として出版された。第1巻第7号（1967）35頁。

8　1966年12月11日、サンフランシスコの『エグザミナー』誌に掲載されたリン・ルドロウの記事より。

9　ジョン・レノン、ポール・マッカートニー「イエロー・サブマリン」。

ヤ行

ラ行

ワ行

欧字

ナ行

ハ行

マ行

索引

ア行

カ行

サ行

タ行

著者略歴

ヘレン・S・ペリー　Helen S. Perry（1911–2001）

大戦中には戦時生産局に働き、1946年以降は雑誌『サイキアトリー』の常任編集者となる。50年代から70年代にかけて精神科医H・S・サリヴァンの膨大な遺稿を整理編纂したが、以降は学界から離れてカナダのコミューン運動に加わった。

著書＝『サリヴァンの生涯1・2』（中井久夫・今川正樹訳、みすず書房）

訳者略歴

阿部大樹　あべ・だいじゅ

精神科医。松沢病院、川崎市立多摩病院等に勤務。
著書＝『翻訳目録』（雷鳥社）
訳書＝H・S・サリヴァン『精神病理学私記』（日本評論社、第6回日本翻訳大賞）、R・ベネディクト『レイシズム』（講談社学術文庫）

ヒッピーのはじまり

二〇二一年五月三〇日　初版第一刷発行
二〇二一年七月五日　初版第二刷発行

著　者　ヘレン・S・ペリー
訳　者　阿部大樹
発行者　和田　肇
発行所　株式会社作品社
〒一〇二-〇〇七二　東京都千代田区飯田橋二-七-四
TEL＝〇三-三二六二-九七五三
FAX＝〇三-三二六二-九七五七
振替口座　00160-3-27183
http://www.sakuhinsha.com

装丁・本文レイアウト　山田和寛（nipponia）
カヴァー作品　OverLightShow～大箱屋～
大場雄一郎　因幡英華　Rokka Ando　関口大
本文組版　米山雄基
編集担当　倉畑雄太
印刷・製本　シナノ印刷株式会社

ISBN 978-4-86182-845-4　C0036

JASRAC 出 2103290-101

27クラブ

ブライアン・ジョーンズ、ジミ・ヘンドリクス、
ジャニス・ジョプリン、ジム・モリソン、
カート・コバーン、エイミー・ワインハウス

ハワード・スーンズ
萩原麻理 訳

27歳の神話の
ベールを剥ぐ——。

偶然のほかに、彼らを結びつけるものは何か——?
27歳で夭折したスター(27クラブ)の中でも、最も有名な6人の
天才ミュージシャンの生と死を横断的に描くバイオグラフィ。

「こうしたスターが全員27歳で死んだことは偶然だ。生き急いだせいで、彼らはその人生を早くにすり減らせてしまった。しかし偶然の向こうには共通する物語がある」
——本文より